拜占庭帝国史

千年帝国的辉煌与衰落

（英）查尔斯·欧曼 著　王辰晖 译

应急管理出版社

·北京·

图书在版编目（CIP）数据

拜占庭帝国史：千年帝国的辉煌与衰落／（英）查尔斯·
欧曼著；王辰晖译．－－北京：应急管理出版社，2022
ISBN 978－7－5020－8992－4

Ⅰ.①拜… Ⅱ.①查… ②王… Ⅲ.①拜占庭帝国—
历史 Ⅳ.①K134

中国版本图书馆 CIP 数据核字（2021）第 222220 号

拜占庭帝国史 千年帝国的辉煌与衰落

著　者	（英）查尔斯·欧曼	
译　者	王辰晖	
责任编辑	高红勤	
封面设计	胡椒书衣	

出版发行 应急管理出版社（北京市朝阳区芍药居 35 号　100029）
电　话 010－84657898（总编室） 010－84657880（读者服务部）
网　址 www.cciph.com.cn
印　刷 北京市兆成印刷有限责任公司
经　销 全国新华书店

开　本 710mm×1000mm^1/$_{16}$ **印张** 21 **字数** 320 千字
版　次 2022 年 5 月第 1 版　2022 年 5 月第 1 次印刷
社内编号 20211267 **定价** 88.00 元

序 言

　　五十年之前，人们认为"拜占庭"这个词带有腐朽与颓败之意。历史学者并不会在拜占庭帝国[1]的历史研究上花太多心思，因为他们觉得拜占庭帝国的历史苍白无趣，人们无法从中找到积极向上的心态。爱德华·吉本[2]，这位博学多才的历史学家对查士丁尼一世与希拉克略一世的继任者的表现进行了最刻薄、最辛辣的批判。在此之后的数百年中，无一人反对爱德华·吉本的这些评价。

　　乔治·芬利 1856 年出版的著作和 J. B. 伯里 1889 年出版的著作让世人幡然醒悟，其中 J. B. 伯里的作品更与时俱进。这两部著作的诞生让世人发现：原来拜占庭帝国不仅阻止了撒拉逊人[3]的扩张，而且还在那个黑暗的历史时期积极地探索永恒的光明，无论怎样，后世都不该否定其功绩。拜占庭帝国也不再需要人们为它正名。

　　作者没用采用爱德华·吉本对拜占庭帝国的评价和看法，而是选择了

---

　　[1]　罗马帝国皇帝狄奥多西一世在 395 年 1 月 17 日去世。临终前，他将帝国一分为二交由两子掌管，分别为东罗马帝国和西罗马帝国。东罗马帝国一直延续了近千年，此间被人们直接称呼为"罗马帝国"。17 世纪，西欧的历史学家们为了方便区分古罗马帝国和中世纪神圣罗马帝国，便启用了"拜占庭帝国"这个名称。——译者注

　　[2]　爱德华·吉本（Edward Gibbon，1737—1794 年）：英国近代著名历史学家，18 世纪欧洲启蒙运动的代表人物之一，代表作《罗马帝国衰亡史》。——译者注

　　[3]　古代的阿拉伯人，原是沙漠之中的牧民。——译者注

以乔治·芬利与 J. B. 伯里的视角来为我们讲解拜占庭帝国的历史。此外，作者还要对那些参与希腊独立战争的退伍将士，以及身在都柏林的青年教授表示感谢，正是他们的鼎力支持才使得这本书可以顺利完成。

关于东部帝国的历史作品浩如烟海，虽然本书的作者无法全部拜读，不过对莫里斯的《战略学》、阿米安·马塞林 [1]、普罗科匹厄斯 [2]、"执事官"利奥 [3]、智者利奥、君士坦丁七世、安娜·科姆尼娜 [4] 以及尼西塔斯 [5] 等人的故事都有所了解。所以，他能够执笔完成如此重要的作品，也是意料之中的事情。

---

[1] 阿米安·马塞林（Ammianus Marcellinus，330—约 400 年）：拜占庭帝国时期的历史学家。——译者注

[2] 普罗科匹厄斯（Procopius，约 500—565 年）：拜占庭帝国时期的历史学家，他的著作为后世研究查士丁尼一世时期的历史提供了重要史料。——译者注

[3] "执事官"利奥（Leo the Deacon，950 年—? ）：拜占庭帝国时期的历史学家，曾任宫廷教士一职，被称作"执事官"，其代表著作《历史》记录了从罗曼努斯二世到巴西尔二世统治时期的历史事件。——译者注

[4] 安娜·科姆尼娜（Anna Comnena，1083—1153 年）：拜占庭帝国亚利克修斯一世的女儿，著名的学者、医生、历史学家，代表著作《亚利克修斯》。——译者注

[5] 尼西塔斯（Nicetas，1155—1217 年）：拜占庭帝国时期的历史学家。——译者注

目　录

第一章

由拜占庭走向君士坦丁堡

公元前 658—327 年

　　两千五百五十八年之前，有一支小型帆船队伍穿梭于达达尼尔海峡中，费力逆行，他们成功穿过了广阔的马尔马拉海域，来到了一个地方。这个地方风平浪静，环境舒适，于是他们于此抛锚停船。这里位于博斯普鲁斯海峡，靠近欧洲，也是一个入海口。海湾呈细长的新月形状，所以多年后有人便称这里为"金角湾"，随后这个名字便流传开来；而这个海湾有七英里长的部分延伸到了内陆。滔滔江水以汹涌澎湃之势奔向大海，而在汇入大海的一刹那，水面却意外平静下来。数百个殖民者下了船，来到了入海口，他们用最快的速度在海岸边竖起了简易的围栏，以保护自身不受野蛮部落的袭击。这块被围栏圈起来的方寸之地便是最初的拜占庭。

　　入侵者是从希腊而来的多里安人。曾经，这些人生活在迈加拉[1]，这是一个富饶的海滨城市，也是希腊最有上进心的城市之一。彼时，殖民扩张和经济扩张之势越演越烈。只要有船只驶入希腊的某一片不知名的海域，迈加拉人便会立即跟上。还有一支迈加拉的商队不远千里，在西西里岛建立了自己的殖民地。然而，更多的迈加拉人则将目标定在了东方，来到了云雾缭绕的黑海出入口，想要去更加遥远的黄金国。他们了解到在黄

---

[1]　地名，希腊的一座古城。——译者注

金国有一个被称作"金羊毛"[1]的国度，而这里的国王统治着科尔基斯的各个部落，坐拥无数财宝。在科尔基斯的瑟摩敦河畔生活着亚马孙人，女人就像战士一样骁勇善战。她们远离希腊，所以也一直没有侵犯希腊。传说，科尔基斯国内还有一处与世隔绝的沃土。倘若人们有足够的勇气，沿着瑟摩敦河向北方而去，便能发现在冷风过后那里仍生存着一批受天神保佑的人，而这些人竟然不知何谓冷风、何谓严冬。希腊人此行的目的便是找寻传闻中的黄金国，他们向东部和北部继续前行，走到了海洋尽头。虽然他们这一路上没有发现金羊毛王国的奇珍异宝；没能发现所谓的桃源富地；也没看到亚马孙部落，但是他们在别的地方却看到了很多珍贵的事物，比如科尔基斯自有的金属、帕夫拉戈尼亚的原始森林、博斯普鲁斯海峡和亚速海的优质渔场，以及第聂伯河和伯格河岸边的一片沃土[2]。这些对他们来说无异于天降横财。在刚到达此处时，希腊人将这片沿海地带称为"Axeinos"，即"荒蛮之地"。可没过多久，这里便成了商业兴盛、商品丰富的市集中心，在此定居的人也越来越多。在人们看来，位于海边的港口更适合定居。因此，这个地区又被称作"Euxeinos"，即"宜居之处"。此后的两千年间，欧洲的探险活动兴起，出于相同的考虑，"风暴角"便被水手改名为"好望角"[3]。

拜占庭的诞生仅仅是迈加拉人的伟大事业之一。与希腊人不同，迈加

---

[1]　金羊毛在希腊神话故事里被认作奇珍异宝。在很长一段时间以来，它被希腊人赋予了各种各样的传说故事，也一直是统治者和众多英豪争夺之物。而金羊毛不仅被人们视作财富的代表，也是百折不回的探险决心的代表，表达了人们对幸福生活和自我梦想的追寻。——译者注

[2]　谷物是该地的盛产之物。——作者注

[3]　"好望角"原本指的是"带有美好希望的海角"，坐落在非洲西南部的著名岬角。由于长年遭受暴风雨的侵袭，波涛汹涌，所以在最初被叫作"风暴角"。之后，来自西方的探险者发现通过这个岬角就可以通往富庶的东方国度——印度，便将其改称"好望角"。——译者注

拉人将眼光放在了黑海一带。在拜占庭出现的十七年前，一些迈加拉殖民者便已经定居在博斯普鲁斯海峡以及和亚洲距离较近的卡尔西登海边了。似乎是冥冥之中自有天定，强大的拜占庭帝国快要出现了。那时候在德尔斐神谕中有一个和新址有关的预言，传说希腊人接到太阳神阿波罗的命令，需要"将城市修筑于盲目之城"[1] 的彼岸，殖民者发现这和现在的事情十分吻合。于是这些在金角湾岬角上定居下来的殖民者便有了这样的想法——卡尔西登人是被蒙蔽了双眼，才会无视极为宜居的色雷斯海岸，而选择在没有丝毫优势的比提尼亚建立家园。

君士坦丁五世时期的金币

查士丁尼二世时期的金币及利奥三世时期的金币

拜占庭在最开始的时候便占据了得天独厚的条件，因此未来也会一片光明，其军事和商业方面都明显超越了其他城市。于色雷斯最东端的岬角

---

[1] "盲目之城"（Ciet of tue bliua）是卡尔西登人在比提尼亚修建的居住地。——译者注

上俯瞰拜占庭，可以发现这里一面朝着亚洲，一面背对着整个欧洲；四周无高地，两面海水环绕，又有城墙壁垒保护，有此地势，拜占庭无论是作为攻方还是守方都有天然优势。早期的拜占庭被攻打只是因为它遭遇饥年或背叛，但从未被外人占领过。在商业方面，拜占庭占据天时地利，掌控着整个黑海地区的商贸：不管是去塞西亚 [1]、科尔基斯，还是去多瑙河口的陆地、麦奥提斯湖沿岸，所有从爱奥尼亚 [2] 或希腊出发的商船都必定要途经拜占庭。故那些在黑海周边存在了几百年的希腊城邦的兴衰一直由拜占庭的帝王所决定。希腊人更擅长短途航行，因而他们的船只常常停泊于港口。这么一来，拜占庭便成了唯一的中转站，其商业自然也就会逐渐繁荣兴盛。同时，拜占庭还和一衣带水的色雷斯内陆的各个部落有贸易往来。拜占庭渔业发达，商贸繁荣，拥有强大的财力，因此我们将拜占庭称为"盾徽"，其徽章上不仅有金枪鱼，还有赫赫有名的、形状暗指博斯普鲁斯海峡之名中所隐含的传说 [3] 的公牛。

　　拜占庭是一个历史悠久的独立城邦，有不同寻常的命运。在拜占庭建立后的三百年间，波斯帝国对拜占庭的统治长达三十余年，但除此之外的其他时期，拜占庭一直保持着国家的独立。在拜占庭的城墙下发生了诸多令人胆战心惊的战争，比如大流士一世 [4] 渡过博斯普鲁斯海峡后，以船队为桥，出现于城墙之下；其子薛西斯率领大军依照父亲的方法，横渡赫勒斯滂海峡，而这一次渡海的军队也是当时历史上规模最大的军队。十五年

---

[1]　塞西亚位于里海和黑海之间，是古时欧洲东南部地区。——译者注

[2]　小亚细亚西海岸的部分地区，以及相邻爱琴海岛屿一带的原称。——译者注

[3]　在希腊语中，博斯普鲁斯有"牛渡"之意。据说，古希腊万神之王宙斯曾经化为一只强壮的神牛，沿着波涛起伏的海峡，一路驮着漂亮的人间公主游至海对岸，故得此名。——译者注

[4]　波斯帝国国王，公元前 558 年出生，于公元前 486 年逝世。——译者注

之后，拜占庭便像一众邻国那样，为摆脱波斯人的掌控进行了"爱奥尼亚起义"，可惜竹篮打水一场空。希斯提亚埃乌斯这个最大的反叛者曾掌控着整个拜占庭。他为了给海员支付报酬，也为了能够牟取更多的暴利，便开始收取"海峡费"，逼迫每一艘经过博斯普鲁斯海峡的船只向其缴纳高昂的过路费。对此，希斯提亚埃乌斯解释他是为了守护所谓的"自由事业"才这样做的。然而，这种行为完全有悖于自由，所以得不到支持。没过多长时间，拜占庭便又被波斯所占领，直到十七年后，它才终于和东方的波斯人划清了界限。希腊人在赢得了萨拉米斯战役[1]和密卡尔战役[2]之后，乘胜追击，率领军队攻占拜占庭。虽然拜占庭守城的军队一直顽强不屈，但终究抵不过希腊军队的长期围攻，在公元前479年举旗认输。寒冬降临，希腊军队便在城里建造了临时营地过冬。此战为之后第一支雅典海军的建立打下了坚实的基础。彼时，希腊诸城邦都将自己的船只交给雅典海军将领西门[3]和阿里斯蒂德[4]，让他们用这些船只作战。

拜占庭在公元前5世纪时曾两度与雅典对战。那个时候的雅典稳坐海上霸主之位，所以拜占庭两次宣战都以失败告终，当然，这也是预料之中的事情。拜占庭的失败一次是在公元前439年，由其主动宣布战败；另外

---

[1]　公元前480年，波斯国王薛西斯一世率领着十万大军穿过赫勒斯滂海峡后兵分两路前往希腊，一支队伍走水路，另一支走陆路。在萨拉米斯海湾，希腊军队以少胜多，成功击败了薛西斯一世。萨拉米斯海战为雅典发展成海上帝国的计划提供了帮助，同时也使得强大的波斯帝国逐渐衰败。——译者注

[2]　公元前479年8月，希腊同盟与波斯帝国在爱奥尼亚的密卡尔对战。希腊军队在获知可靠消息后，出兵将驻守在密卡尔山（Mycale）下的波斯军队一举歼灭。——译者注

[3]　西门（Cimon，公元前510—前450年）：希腊雅典的将军、政治家，也是在马拉松战争中大获全胜的一方米太亚德（Miltiades）之子。公元前480年至公元前479年，薛西斯一世出兵希腊，西门领兵对抗，阻止了薛西斯一世的侵略步伐。此外，西门在创建雅典海洋帝国的过程中起到了至关重要的作用。——译者注

[4]　阿里斯蒂德（Aristeides，公元前530—前468年）：古雅典著名政治家，曾在波斯战争中担任将军，因而当时的百姓都称其为"正义者"，古代历史学家希罗多德也称其为"雅典最杰出、最尊贵之人"。——译者注

一次是在公元前 408 年，拜占庭帝国内部发生了叛乱，所以战场失利。纵观雅典的战争史可以发现，雅典人很少会虐待战败者。因此，拜占庭在战败后除了赔付雅典一笔高昂的战争赔偿款外，并没有额外的损失。此后经年，拜占庭因商业发展而获得了巨大收益，而这些收益足以抵消战争带给他们的损失，拜占庭有了东山再起的机会。

我们对拜占庭的早期历史知之甚少，有些时候也会听到一些较为奇怪的观点，比如他们在铸造小额货币时，以铁取代了铜，而除了斯巴达，并没有哪个古代国家曾经用过这种方法；再比如希腊人对字母表中奇形怪状的字母"Β"很是不解，他们觉得这个字母和"Π"非常相似，不懂为何非得展开双翼。我们根据现有的资料大致可以推测海神波塞冬和女神得墨忒尔都是拜占庭人所敬仰的神明，前者掌管着拜占庭的财富，后者庇护着塞西亚和色雷斯所在地区的农业，这也是拜占庭所看重的国家第二大经济来源。

我们还能从历史学家的研究中了解到拜占庭人不但喜欢奢侈的排场，还沉迷于热闹和忙碌。在大多数时间里，他们都会流连于各个大小不一的酒馆，特别是马洛尼亚和周围的酒馆。而拜占庭人对美食的热爱近乎狂热，并且嗜酒如命。有一回，兵临城下，众人被困，在这千钧一发之际，士兵竟然拒绝战斗，最后还是指挥官出面答应他们在离各营地之间较近的地方修建灶台，士兵这才重新作战。有一名喜剧作家曾经说过金枪鱼是拜占庭人的最爱，而且因为他吃得过多，所以身子都快成胶状了，甚至还有人觉得只要温度够高，拜占庭人就会融化……诸如此类的故事很多，听起来更像是邻近的国家嫉妒拜占庭帝国日益兴盛而虚构的流言。然而无论怎样，有一个事实我们是能够确定的——从历史来看，这个城市展示出了无比强大的生机和独立性。就像人们所说的那样，一个对美食情有独钟的民族，从不避讳战争。

在马其顿的腓力二世及其卓越出众的儿子亚历山大大帝 [1] 执政时期，曾攻打过拜占庭，这也是拜占庭历史上第五次被外敌侵占。腓力二世对拜占庭进行了长期围困。当时拜占庭军队借助其牢固的城墙，多次击退腓力二世。在公元前 339 年的一个夜里，腓力二世本打算让军队借助夜色，以扶梯攻破城池。但在行动伊始，空中忽然闪出了一束光，将马其顿军队的踪迹暴露无遗，因此进攻只能以失败告终。于是，拜占庭人将这束光视为上天赐予他们的帮助。为了纪念这件事情，拜占庭把星星和月亮融入了公民徽章之中，而这款徽章也一直沿用下来。现在的城主奥斯曼苏丹依旧将其视为某种象征。虽说拜占庭人使腓力二世无功而返，但是没过几年便败在了亚历山大大帝手下。而亚历山大大帝也将拜占庭划到了马其顿帝国之中。亚历山大大帝死后，德米特里一世 [2] 和利西马科斯 [3] 拿下了拜占庭。后来，利西马科斯在一场战役中身亡，拜占庭因而再次独立，重获自由。如此又过了一个世纪，随着罗马的势力逐步蔓延至色雷斯与赫勒斯滂，拜占庭帝国又陷入了动荡之中。

拜占庭和罗马人在很早的时候便结盟了，这是明智之举，因为拜占庭为自己争取到了相对充裕的发展空间。在安条克三世与罗马共和国和马其顿王国的纷争中，拜占庭凭借其立场和表现成功地向罗马宣告了自己对其的忠贞不贰，也因此获得了罗马元老院的认可，成为"自由的同盟城邦"。罗马帝国并不会直接干涉拜占庭的内政，所以拜占庭只需要向其进贡，以

---

[1] 亚历山大大帝（Alexander the Great，公元前 356—前 323 年）：马其顿国王，世界历史上杰出的政治家、军事家。——译者注

[2] 德米特里一世（Demetrius，公元前 337—前 283 年）：安提柯王朝的国王，希腊初期的军事统领，曾帮助其父安提柯分得亚历山大大帝的巨额遗产。——译者注

[3] 利西马科斯（Lysimachus，公元前 360—前 281 年）：曾是亚历山大大帝麾下的将领之一，以勇武而闻名，后创建了阿加索克利斯王朝，并成为色雷斯王国、小亚细亚王国和马其顿帝国的国王。——译者注

及接受一定程度的外交限制即可，因此拜占庭也没有受到太大的束缚。在罗马共和国覆灭的多年之后，罗马帝国的国王维斯帕先 [1] 于 73 年夺走了拜占庭的权力，强行将其划入了色雷斯行省。自此之后，拜占庭便成了一个普普通通的城镇。

尽管拜占庭重蹈覆辙，但商贸地位仍旧无可比拟。在"罗马帝国大治" [2] 期间，拜占庭的繁荣一如往昔；在罗马帝国一统天下的前二百年里，各邦国都相安无事，其中拜占庭被公认为中部地区的重镇。

然而，在安东尼王朝的巅峰时期过去之后，罗马帝国便走上了军政道路。与此同时，拜占庭也进入了一段黑暗时期。192 年，康茂德 [3] 遭遇谋杀，而他的父亲马可·奥勒留 [4] 是一位贤明、充满智慧的君主。不久后，三位想要谋权篡位的军人开启了腥风血雨的皇位争夺战。拜占庭位于伊利里亚行省和东部行省的交界之处，因而受到的影响也是最大的。东部行省的掌权人是佩森尼尔斯·尼格尔，西部行省的统治者则是伊利里亚的塞普蒂米乌斯·塞维鲁 [5]。叙利亚军队借此机会一举拿下了拜占庭，并快速修建城堡，做好了应对各种攻击的准备。在拿下了意大利和罗马之后，塞普蒂米乌斯·塞维鲁又打败了佩森尼尔斯·尼格尔，随后便返回了拜占庭。他似乎获得了胜利女神的眷顾。当时叙利亚国王被处以极刑，于是一众支持者

---

[1]　维斯帕先（Vespasian，9—79 年）：罗马帝国的第九任皇帝，罗马四帝时期的第四位皇帝，弗拉维王朝的首位皇帝。——译者注

[2]　罗马从公元前 27 年建立了罗马元首制度之后到 2 世纪的这段时间山河安稳，风调雨顺，文化、经济、军事和艺术都上升到了史无前例的巅峰。——译者注

[3]　康茂德（Commodus，161—192 年）：罗马帝国皇帝，在位期为 180 年至 192 年。在康茂德被刺杀后，罗马帝国内战不止。——译者注

[4]　马可·奥勒留（Marcus Aurelius，121—180 年）：罗马帝国五贤帝时代的最后一位皇帝，也是最优秀的皇帝，同时他还是一位思想家，著有流芳百世的《沉思录》一书。——译者注

[5]　塞普蒂米乌斯·塞维鲁（Septimius Severus，145—211 年）：塞维鲁王朝的创始人，后成为罗马帝国皇帝；同时，他也是第一位从非洲走出来的罗马帝国皇帝。——译者注

臣服于塞普蒂米乌斯·塞维鲁，只有拜占庭的军队还在负隅顽抗。拜占庭帝国牢不可破的城池让拜占庭军队同塞普蒂米乌斯·塞维鲁的大军抗争了两年，直至196年才不得已认输。塞普蒂米乌斯·塞维鲁亲赴拜占庭处置拒不臣服的反抗者，这批人有守城的士兵，也有行政官员，最后都被处以死刑。拜占庭的城墙是用巨大的方形石块所筑造而成的，方石在铁螺钉的固定作用下稳如泰山，使得城墙看上去牢不可破。塞普蒂米乌斯·塞维鲁动用了一大批人力才推倒了城墙。之后他又收回了市政权，没收了民众所有的财产，还将拜占庭交由其邻城佩林托斯接管。拜占庭从此便沦为一座依附于佩林托斯的小村落。

尽管塞普蒂米乌斯·塞维鲁之子卡拉卡拉给予了拜占庭自治权，可拜占庭毕竟饱受打击，短时间内很难恢复到当年的模样，所以它只能选择长时间的和平共处。然而拜占庭似乎注定与和平无缘。在3世纪中期，哥特人开始频繁攻打拜占庭，使得拜占庭濒临崩溃，另外，哥特人还不断侵扰黑海地区的商贸活动。263年，在伽利埃努斯夺得王位之后，拜占庭又被侵略，走上了同其他支持者一样的道路。[1]伽利埃努斯的大军将拜占庭掀了个底朝天，掠夺了城中所有值钱物品，还对居民进行了疯狂的屠杀。根据史料记载，当时即使在拜占庭生活已久的古老的迈加拉人也没能逃过此劫。不过拜占庭拥有上天赐予的地理优势，而拜占庭人也没有任由自己的故土化为一片灰烬。在之后的十年，拜占庭的人口逐渐恢复，再度成为人口稠密的城镇。克劳狄二世在位时，拜占庭人击退了哥特人的部队。他们的英勇气概也让历史学家特勒贝里乌斯·波里奥赞叹不已。

在3世纪后期，罗马帝国大厦将倾，好在伊利里亚王朝出现了几位明君并且凭借其卓越的才能力挽狂澜。他们为拜占庭留出足够的时间，使其

---

[1]　虽然一部分城邦与罗马帝国结盟，但是它们并没有幸免于难。——译者注

可以养精蓄锐，帮助它重获了往日欣荣。戴克里先搬到了位于马尔马拉海临近比提尼亚地带的尼科米底亚生活，这里离拜占庭约有六十英里[1]。也正是因为有了长期稳定生活的居民，拜占庭才能发展起来。然而，拜占庭所处的位置向来是兵家必争之地，所以商贸活动难免会受到影响。在戴克里先退位之后，罗马帝国便开始了长达二十年之久的内战。之后拜占庭被巴尔干半岛的统治者李锡尼[2]设置为边境重镇，而罗马帝国原亚洲部分行省被盖乌斯·尤里乌斯·维卢斯·马克西米努斯[3]所掌控。此人趁着李锡尼还在意大利的时候发起了突袭，拿下了拜占庭。李锡尼知道后立刻以最快的速度赶回去，终于在距离拜占庭不远之处击败了盖乌斯·尤里乌斯·维卢斯·马克西米努斯，夺回了这座重要的边境城市。314 年，在沦陷几个月之后，拜占庭再次被李锡尼控制。一年时间，两度易主，拜占庭的百姓处于水深火热之中，苦不堪言。但无论如何，拜占庭都逃离了在那个黑暗时代沦陷的命运，没有被侵略者付之一炬或洗劫一空。李锡尼夺回了拜占庭之后便开始修筑工事，想要加强防御工程，使其更加牢不可破。拜占庭虽非李锡尼的都城，但也是他手中重要的军事堡垒。在盖乌斯·尤里乌斯·维卢斯·马克西米努斯兵败之后，拜占庭摇身一变，成了罗马帝国东部的要地。

　　拜占庭同时亦是李锡尼背水一战之地。323 年，李锡尼与他妻子的兄弟——西部罗马帝国皇帝君士坦丁大帝[4]大战了一场，败北而归。数月以来，拜占庭一直处于战火硝烟之中。君士坦丁大帝执意要攻打拜占庭，他

---

[1]　1 英里约为 1.6 千米。——译者注

[2]　李锡尼（Licinius，263—325 年）：在 308 年至 324 年做了罗马帝国东部之君，后丧生于君士坦丁大帝之手。——译者注

[3]　盖乌斯·尤里乌斯·维卢斯·马克西米努斯（Gaius Julius Verus Maximinus，约 217—238 年）：235 年登基，成为罗马帝国之主，也是历史上首位蛮族君王。——译者注

[4]　君士坦丁大帝（Constantine the Great，272—337 年）：罗马帝国皇帝，306—337 年在位。在 324 年，他成了罗马帝国唯一的皇帝。——译者注

在拜占庭四周搭起了比城墙还高的土堆，并在土堆上放置了十多台发射设备，方便向城里发射飞弹。他一声令下，飞弹横扫，拜占庭的守城大军难以招架，最终城破，拜占庭投降。李锡尼也成为君士坦丁大帝的手下败将，雄图霸业一场空。在战胜最后一位敌人后，君士坦丁大帝便是罗马帝国唯一的君王了，他以胜利之姿傲然立于城墙之上，拜占庭正式更名为"君士坦丁堡"。

第二章

君士坦丁堡走上历史舞台

328—330 年

　　李锡尼在拜占庭惨败而归，之后时运也越来越差，最终一蹶不振。而罗马帝国在三十七年前被戴克里先和他的共事者分而治之后，其共治皇帝多的时候有六位，最少的时候也有两位。在这种情况下罗马诸省一直是各自为政，无法统一，每个行省的发展也不相同。如今在君士坦丁大帝的努力下，罗马帝国终于回归统一。

　　君士坦丁大帝的军事能力首屈一指，其外交能力和管理才能也毫不逊色。所以他几乎是无往不胜，一个又一个对手成了他的手下败将。于世人而言，在众多天才立法者和征服者之中，君士坦丁大帝最令人称道，其强大的实践能力让人惊叹。他冷酷，也独立自主，一如之前的盖乌斯·屋大维 [1]，以及后来的普鲁士国王腓特烈大帝 [2]。

　　虽然君士坦丁大帝并不是土生土长的罗马人，但是他在很多方面都表现出了罗马人的特质。罗马人之所以能够征服全世界，能够建立起邦国，离不开他们坚韧不拔、顽强不息、锲而不舍、沉着冷静的品质。我

---

　　[1]　盖乌斯·屋大维（Gaius Octavius，公元前 63—14 年）：罗马帝国第一位终身皇帝，罗马帝国在他的治理下达到了繁荣、和平的巅峰。——译者注

　　[2]　腓特烈大帝（Frederick the Great，1712—1786 年）：普鲁士国王，也被称为"腓特烈二世"。他在 1740 年登基为王，也是一位卓越的政治家和军事家，启蒙运动的代表人物之一。——译者注

们在君士坦丁大帝的身上也能看到这些品质。不过，虽然他的性格和罗马人相似，但他却并不像罗马人那样心慈手软。他出生于多瑙河地区，从小便生活在王宫之中，高卢军营生活和亚洲文化对他的影响极大，所以君士坦丁大帝从不痴迷于那些恢宏的城市，也没有对台伯河畔古老荣耀的崇拜——即使这些都是激发前人开疆拓土的巨大驱动力。对于君士坦丁大帝而言，意大利 [1] 不过是其广大国土中的一个寻常行省。所以君士坦丁大帝在给儿子们分封土地的时候，他将最具价值的高卢赐予了自己无比宠爱的大儿子，而意大利则被他留给了小儿子。在君士坦丁大帝之前的几位君主都早已将罗马抛之脑后：盖乌斯·尤里乌斯·维卢斯·马克西米努斯搬到了多瑙河和莱茵河河边生活，能干的戴克里先则是钟情于尼科米底亚 [2]。没有哪位君主还想要去征服全世界，他们都把罗马划为了行省。若是说前几位君主将居住之处定在偏远之地是为了可以及时处理由边境战事所带来的各种棘手问题，或者是方便管理偏远的行省，那么君士坦丁大帝这样做则是为了创造一个可以和罗马比肩的文明大都市。这个大都市

圣索菲亚大教堂中君士坦丁大帝镶嵌画

---

[1]　彼时的意大利只是罗马帝国本土行省之一，位于如今的亚平宁半岛地区。——译者注

[2]　现土耳其西北部的城市伊兹密特，戴克里先皇帝曾经定都此此。——译者注

不是营地，不是行宫，而是罗马帝国的商贸中心和行政中心。

一百多年以来，罗马帝国的君主一直觉得罗马是最不便利的居住地，他们常常为解决蛮族入侵巴尔干半岛这一问题而头疼。当时在幼发拉底河和莱茵河流域常发生冲突，不过这些都是小打小闹，难成气候。罗马地处意大利半岛中央，少有自然形成的优质港口，而中间还横着一座阿尔卑斯山，山脉将其和罗马帝国的其他地方彻底隔离开来。罗马的地理劣势在和波斯的频繁交锋中逐渐显露出来，但这并不是眼下的最大危机，因为当时的波斯大军尚未穿越和边境相距二百英里的安条克。而此时，巴尔干半岛上的哥特人已经开始偷偷潜入罗马的中心地带，抢占了塞萨洛尼卡和雅典。

罗马就在君士坦丁大帝的脚下，他必须担起治理罗马帝国的重任。现如今，罗马亟须建造一个地理位置更佳的军事中心、行政中心，这个任务自然也落到了君士坦丁大帝身上。他希望能找到这样一个地方，它不仅要在交通上极具优势，能够俯视多瑙河流域，还不能离东方太远；它不仅要有"一夫当关，万夫莫开"的地利，还要发挥军事堡垒或武器库的作用；它不仅能够抵御来自北方蛮族的攻击，还需要远离边境，可以庇护皇朝，避免动乱。当时的史学家经过一番筛选后向君士坦丁大帝提供了几个符合这些要求的城市。第一个城市便是君士坦丁大帝的诞生地——位于巴尔干半岛中心地带、比邻摩拉瓦河畔的内索斯，但是这个地方并没有想象中那么好，离海太远，离边境又太近。第二个是撒尔底迦——如今保加利亚的首都索菲亚，但它和内索斯的问题一样，所以也被否决了。除此之外，它还有一点是比不上内索斯的，那就是内索斯是君士坦丁大帝的诞生之地，所以君士坦丁大帝对其也有一些情感。第三个地方是尼科米底亚，地处马尔马拉海东端，在一个海湾上。从各个方面来讲，尼科米底亚都更具有优势，况且这里曾经是皇室的所在地。但是，尼科米底亚所拥有的这些优势，拜占庭也都拥有。另外，因为尼科米底亚人对之前的戴克里先的记忆更加深刻，所以君士坦丁大帝并不想定都于此。而且君士坦丁大帝也不希望自己的名字在此后会被其所偏爱的基督教教徒同加莱里乌斯、戴克里先之类的迫害者的名字放在一起。君士坦丁大帝想到的最后一个选择是伊利昂 [1]——也就是特洛伊利昂，一座拥有传奇色彩和光辉历史的古老城市。一直以来，罗马神话都有这样一个故事：英雄埃涅阿斯逃离了特洛伊，之后便建造了罗马城邦。然而，除了这个神话外，伊利昂好像再无其他过人之处了。而且，虽然伊利昂距离海岸较近，但是缺少天然的优质港口，同时它与赫勒斯滂海峡的出海口也相距较远，无法很好地管制黑海出海口。

君士坦丁大帝对拜占庭了如指掌。几个月以来，他的大军一直驻守在拜占庭的城墙下，所以他对拜占庭四周的每一寸土地都一清二楚，他自然也知道拜占庭有哪些利于战斗的地理优势，因此他将新首都定在了迈加拉古城。他的这一决定也让罗马人措手不及。长期以来，拜占庭对于他们只是一个重要的关卡和黑海地区关键的商贸港口而已，没人会想到，它有一天会变成帝国的新首都。

君士坦丁大帝决定定都拜占庭后，巴尔干半岛上的其他城市便没有了机会。他立刻下令让威严的罗马仪仗队按照旧有的方式规划出了新首都的边界。如今的人们通过各种传说故事，刻画出了新首都的伟大建制。据说，君士坦丁大帝在城里行走时，侍者紧跟在他身后，用长矛划定了这座新兴城市的防御工事的界线。君士坦丁大帝从旧时的拜占庭城门出发，行进在金角湾的海岸线上，他向西而去，直至离起点两英里左右之处才停下。侍者对君士坦丁大帝这一规划震惊不已，走到最后他们才确认君士坦丁大帝所设定的范围已远超出皇城规制的上限。而君士坦丁大帝侧着身子训斥他们："我不会停下脚步。冥冥之中有人在前方引领着我。只有当他觉得我

---

[1]　古特洛伊城的拉丁名。——译者注

应该停下脚步时，我才会止步。"君士坦丁大帝跟随着那股强大又神秘的力量走到了拜占庭城外三英里的地方，走过了金角湾和马尔马拉海之间半岛上的七座山，将这些地方全都划在边界线之内，这才停下了脚步。

古城墙之外的一块高地被定为新首都的集市所在地。323 年，围城之战爆发时，君士坦丁大帝便是在这块高地上驻守御敌的。他在这里建立了"米利安"，也就是"黄金里程碑"。在那之后，只要测量向东的距离，都是以黄金里程碑为起始，它是"世界的中心"。黄金里程碑并非一块石头，而是一个小型的寺庙样式的建筑，由七根柱子支撑着屋顶，内部供奉着君士坦丁大帝及其母亲圣海伦娜[1]的雕塑。

君士坦丁大帝把自己的宫殿建在了古城的东南部。在清理完民宅之后，新宫殿得到了足足一百五十英亩[2]的建筑用地，如此一来，宫殿不仅可以配备宽敞的住处，还可以建造游乐场和花园。他们还在马尔马拉海和博斯普鲁斯海峡的汇合点上建了一座灯塔，以此为始，又在沿海一英里之处建起了城墙，以便将宫殿和其他城区分隔开。

在宫殿的西北部有一片广阔的地带，那便是君士坦丁堡这座新首都的生活中心了。奥古斯都广场就建在那里。广场呈长方形，长约一百英尺，宽约三百英尺；地面则由大理石铺砌，周围建有庄严的公共设施，光彩夺目。宫殿位于奥古斯都广场的东面，而两地之间矗立着三栋高楼，楼与楼之间皆有柱廊相连。最东边的高楼被称为"宙克西帕斯浴场"，和古罗马时代早期的浴场比起来，此楼规模更为宏伟，但若是和卡拉卡拉大浴场相比，则稍显逊色。塞普蒂米乌斯·塞维鲁在占领拜占庭之后，就重新修建

---

[1]　传说在 326 年前后，海伦娜得到了耶稣受难时的十字架的残片。这些残片后来成了基督教的六大圣物之一。——译者注

[2]　1 英亩约为 4047 平方米。——译者注

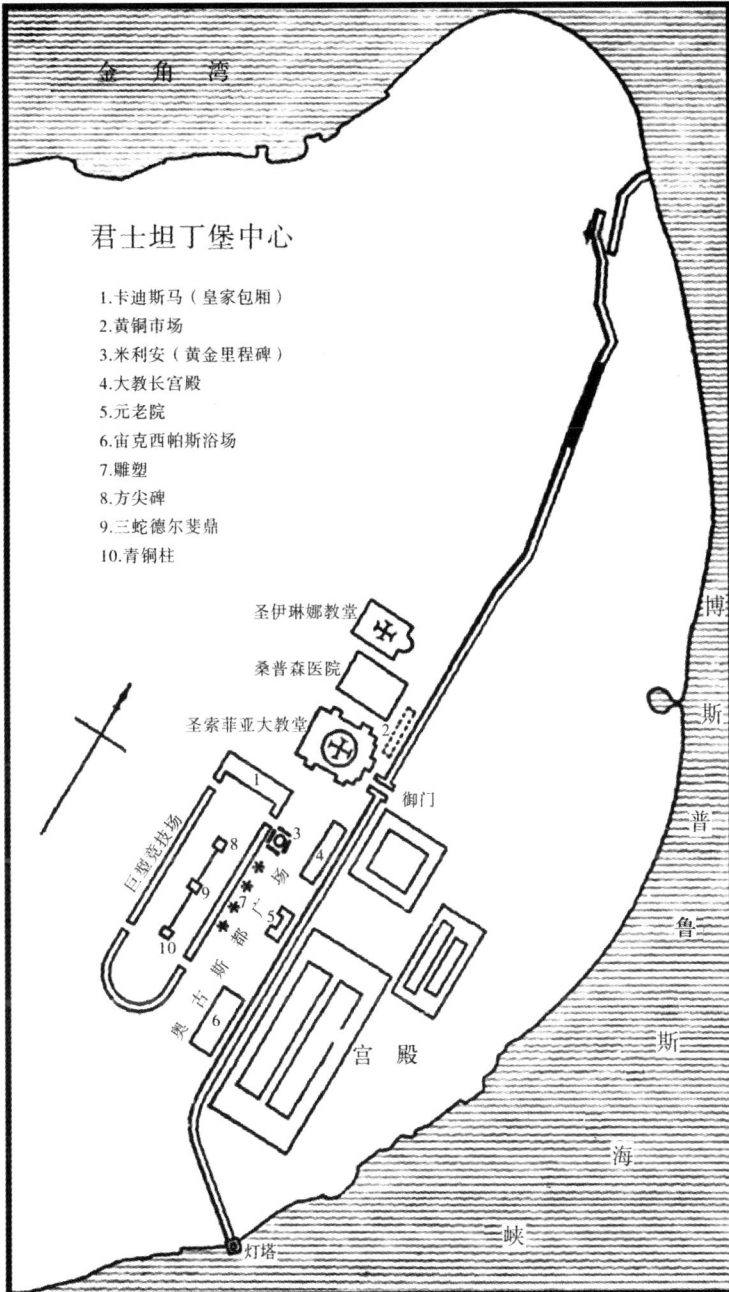

金角湾

君士坦丁堡中心

1.卡迪斯马（皇家包厢）

2.黄铜市场

3.米利安（黄金里程碑）

4.大教长宫殿

5.元老院

6.宙克西帕斯浴场

7.雕塑

8.方尖碑

9.三蛇德尔斐鼎

10.青铜柱

圣伊琳娜教堂

桑普森医院

圣索菲亚大教堂

御门

1

丘赛跑场

8

3

9

5

都广场

10

6

宫殿

灯塔

博斯普鲁斯

海峡

了拜占庭浴场，君士坦丁大帝在此基础之上又扩建了一番。临近街道的房子与宫殿都装饰着各种雕塑，这些雕塑全是古老的杰作，是十二代总督与恺撒[1]从亚洲和希腊的有名城镇中强行夺来的。在那些宫殿和房屋中，有来自罗兹岛的海洋女神的雕塑、希腊人在薛西斯一战失败后所奉养的潘神[2]的雕塑，还有来自林达斯的雅典娜雕塑、从多多纳而来的宙斯雕塑……诸如此类，不胜枚举。

浴场以北、奥古斯都广场以东的第二栋高楼是元老院。君士坦丁大帝贤明果断，他打算按照古罗马元老院的样子在新城重建一所相似的元老院，而且除了提供住所外，这里还会提供津贴，很多家庭因此主动东迁。人们想的都是如何完好地将元老院的模样保留下来，但是所流传下来的历史文献资料都没有提及君士坦丁大帝修建元老院的各种细节，之所以会这样，是因为这所元老院在一个世纪里被毁掉了两次。然而，元老院和宙克西帕斯浴场有一个相似之处——都拥有大量复古雕塑，其中还包括历史学家曾提及的赫利孔山的缪斯九女神[3]雕塑。可是在404年的时候，元老院起火，所有东西都毁于一旦。

元老院和北面的大教长宫殿由柱廊连接。就地位而言，君士坦丁堡主教、安条克主教、亚历山大主教是不分上下的，而君士坦丁堡主教不久之后便被叫作"拜占庭主教"了。大教长宫殿富丽堂皇，花园和大厅十分宽敞，可以容纳众多信徒，但是和后排的宫殿一比，它就黯然失色了。主教和君主地位一样，但是由于和君主住得太近，所以大教长无法独立行使权力。

---

[1] 罗马帝国君主尊号，通常指的是副皇帝。——译者注
[2] 希腊神话中掌管林业、土地、畜牧和鸟类的神，传说他是人形，并长有山羊腿、羊耳、羊角。——译者注
[3] 在神话故事中，奥林匹斯山上住着九位才貌双全的女子，她们是记忆女神和宙斯的九位女儿，各司其职，被称为缪斯女神。——译者注

故而，无论是从有形的宫殿上来说，还是从无形的精神上来讲，大教长都一直被雷厉风行的君主所压迫着。他们没有丝毫机会可以向帝国的独立精神和威望发起挑战，更不用说去对抗罗马主教了，毕竟罗马主教可是建立了潜藏在世俗权力之中的国中国。

在奥古斯都广场的西面，也就是我们之前提过的三栋高楼的对面，有一栋在新首都的公共生活中起到至关重要的作用的建筑——一个长达六百四十肘[1]，宽达一百六十肘的巨大竞技场。众所周知，古罗马人的运动会便诞生于竞技场之中。在那里，每个队伍都是来自不同的"派系"。队伍之间会进行战车比赛，而比赛的内容和规则基本和古罗马时期一样。不过，君士坦丁堡人对此的热情程度远超古罗马人对战马比赛的喜爱。

在建城之初，绿党和蓝党之间的竞争便不再只限于竞技场内，而是蔓

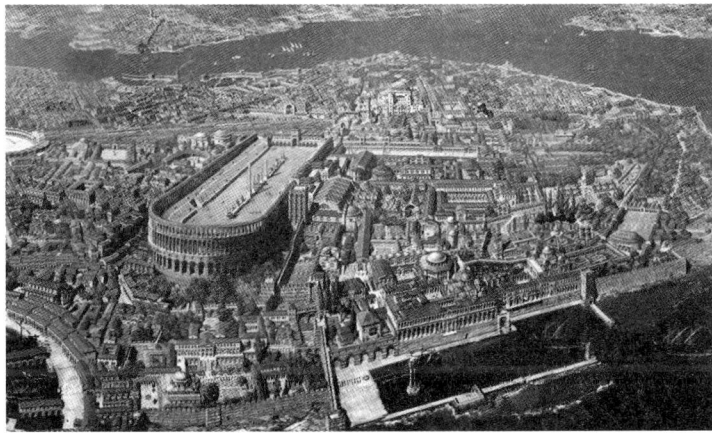

竞技场

---

[1]　肘，也被称为"腕尺"，从肘到中指端，18 至 22 英寸，即 45 至 56 厘米。——译者注

延至生活的各个方面，成了君士坦丁堡最有吸引力的特点之一。人们总是会听到诸如蓝党支持某个觊觎王位之人，而绿党自诩为阿里乌斯教派[1]之类的传闻。而君士坦丁堡内的意见不同之处并非只表现在运动竞技上，各个行业的人都有自己所支持的派系。如此一来便会对社会和平造成极大的影响，导致后来常有动乱发生。而内乱的发生频率在523年达到了顶峰，这一年，大规模的动乱不断。此事我们会在后文中讲到，在此就不做赘述了。

蓝党向来走西北门进入竞技场，坐在西侧；绿党则是走东北门，落座于东侧。皇室人员会坐在位于北侧的包厢里，这种包厢被称为"卡迪斯马"，在东西两个方向上延伸得不多，有数百个座位供侍者休息。卡迪斯马的正中一间便是专为帝王所设的宝座了。文武百官可以趁此机会一睹帝王英姿。历史上曾发生过不少和帝王宝座有关的奇奇怪怪的"国家大事"，比如曾有暴徒扶持反叛者帕提乌斯登基，让他坐在该宝座上，而帕提乌斯所戴的皇冠头饰竟是用其妻子的项链临时制成的。两个世纪之后，查士丁尼二世的加冕仪式也在此举行。当时查士丁尼二世再度收复君士坦丁堡后，便把对手阿普西玛斯和利昂提奥斯绑在脚凳上，让百姓高唱着《圣经》里的诗句"你必须践踏狮子和毒蛇"。而这句诗中所提到的"毒蛇"和"狮子"暗指查士丁尼二世战胜的阿普西玛斯和利昂提奥斯。

在竞技场的中央建有呈脊状的隔离墙，用以分隔竞技场的各个区域。隔离墙的中央建了三座外形古怪的纪念碑，其位置不落窠臼，意指新首都的建材来自四面八方。第一座纪念碑的建材来自埃及，呈方尖型，具有悠久的历史，上头镌刻着时人惯用的象形文字。第二座不如其他两座纪念碑精致，却是最为吸引人的，乃是三条铜蛇，为君士坦丁堡的古老遗物。公

---

[1] 在历史上，阿里乌斯教派曾被视为基督教中的一个异教派，该教派认为天父高于耶稣，不支持教会拥有过多财富。——译者注

元前 479 年，普萨尼亚斯 [1] 在普拉提亚率希腊大军击败波斯大军后，波斯人在德尔斐献上了这三条铜蛇。原为蛇头所支撑的金鼎 [2] 如今已不复存在，不过镌刻在底座上的铭文还在，这令考古学家喜出望外。第三座呈方形，为青铜铸造，和旁边的铜蛇柱比起来，青铜柱的铸造工艺更加现代，所以与其余两座碑形成了鲜明的对比。最妙的是，这三座纪念碑至今仍然矗立在广场上。竞技场上那些巨大的隔离墙早已坍塌，可墙中央的装饰物依然保留至今。现如今的土耳其人把这个旧时的竞技场称作"阿特梅丹"，又叫"赛马场"，以此纪念往昔的光辉岁月。

在奥古斯都广场西部的边界处，东面墙壁的外侧还伫立着数座雕像，以及一排小型的教堂。"米利安"黄金里程碑是当中最为重要的标志，又被称作"帝国之心里程碑"。起初，广场上的雕像并不多，但之后随着历代君主的扩建，雕像越来越多，最终遍布整个广场。君士坦丁大帝下令建造了一座高大挺立的斑岩柱，其顶部便以一座青铜像做装饰。最初，顶部头像雕刻的是希拉波利斯城的守护神——阿波罗，后来被换成了君士坦丁大帝。据说更换的方式极为简单粗暴，人们直接将阿波罗头像取了下来，然后换上了君士坦丁大帝头像。而在罗马科尔索的石柱上，教皇用圣彼得的头像替代了奥里乌斯皇帝的头像。

圣索菲亚大教堂是君士坦丁大帝专门为基督教信徒所修筑的一座大教堂，屹立在竞技场的北面，用以供奉"神圣的智慧" [3]。然而，这时的圣索菲亚大教堂还并不是现如今人们所熟知的那座知名的圆顶圣索菲亚大教堂。它建造的时间更为久远，规模也远不及如今的圣索菲亚大教堂，其辉

---

[1]　当时的斯巴达王国之主正是普萨尼亚斯。——译者注

[2]　金鼎被佛西斯人（Phocians）盗走。——作者注

[3]　圣索菲亚之意。——作者注

煌的样式也是当时极为常见的。大教堂在 5 世纪和 6 世纪的时候分别经历了一次火灾，原有特点也因此荡然无存。圣索菲亚大教堂的西门之外建有木廊，由拱门支撑着；木廊穿过了整个广场，直至宫殿的"御门"。如此一来，皇帝便无须穿行于圣索菲亚大教堂对面的黄铜市场的大街小巷，可以直接从木廊到大教堂做礼拜。佛罗伦萨的那个走廊的样式大体上和木廊差不多，该走廊连接着皮蒂宫与乌菲兹宫殿，和木廊一样也是修在木拱上方的。

君士坦丁堡的核心由这几栋高楼所组成。纵观拜占庭历史，许多重要事件都是发生在竞技场上、大教堂中或者宫殿内的。君士坦丁堡向北面和西面延伸了数英里，闻名于世的建筑随处可见，而奥古斯都广场附近的建筑群更是无与伦比。君士坦丁堡这座城市的第二座大教堂是圣徒教堂，它是君士坦丁大帝为家人准备的身后之物。广场外部有些民宅也值得一提——西大路通往君士坦丁堡的金门、执政官府邸、码头一带的公共谷仓等。君士坦丁大帝骑马铜像[1]也在圣索菲亚大教堂附近。直至中世纪后期，这个雕像都是君士坦丁堡的地标，与其相关的奇闻逸事也不胜枚举。

328 年或 329 年，君士坦丁大帝拟将拜占庭，也就是君士坦丁堡设为首都，并制订了发展规划。新首都的建设便按部就班地进行着。330 年 5 月 11 日，君士坦丁大帝设下宴席，是庆祝，也是祭祀。主教对已完成的部分宫殿献上了祝福，并在圣索菲亚大教堂进行了首次礼拜仪式。虽然彼时的君士坦丁大帝并没有接受基督教的洗礼，但他早已接纳了基督教。为了修建新宫殿以及相关建筑，原本的街道被夷成平地。除了少数几个古老的寺庙得以留存外，其他一众庙宇全被摧毁推平。故而，新城里看不到丝毫异教残迹。而元老院和浴场所装饰的众多神像，一面接受着人们的崇拜，

---

[1] 现代历史学家大多认为该铜像应该是马尔库斯·奥利略的骑马像。——译者注

君士坦丁堡主要建筑与地形图（12世纪）

一面也扮演着艺术品的角色。

　　为增加新城的气势，君士坦丁大帝邀请了很多希腊、亚洲的豪绅和古罗马的参议员前来定居，并许诺其元老院之职，如此，朝廷官员及其下属、奴隶，可谓不计其数，也成了新城人口的重要组成部分。特权也吸引了成千上万的手工业者和工匠来此定居。在此之前，拜占庭还吸引了众多的水手和商贾来此发展，但当时来的人数和如今到来的人数相比，可谓小巫见大巫。为了吸引更多的移民，君士坦丁大帝还在新都城中准备了各种各样的礼物，其中最有成效但又最令人丧气的便是他将罗马人的分粮特权，交到了新城居民手中。曾经，罗马城的小麦是由埃及供应的，如今却由非洲迦太基提供了。

查士丁尼及其随从

　　330 年的奉献节[1]一过，君士坦丁大帝便颁布了圣命，为新首都取名为"新罗马"。这段记录镌刻在君士坦丁大帝骑马像一旁的大理石石碑上。但是，"新罗马"这个名字只可以出现在诗歌中，因为这个城市从最初就只是被给予了奠基者之名。所以从头到尾，人们对它的称呼都是君士坦丁堡。

---

[1]　又被称作"圣母进堂节"或"圣母进殿节"，为了纪念幼年圣母在进入圣殿后献身于上帝，是东正教和天主教的节日之一。——译者注

第三章

哥特人发起的战争

331—395 年

337 年 5 月 22 日，在君士坦丁堡竣工七年之后，君士坦丁大帝离世。那时的拜占庭帝国可谓一片欣欣向荣，国内也是风调雨顺，政通人和。君士坦丁大帝在离世前便接受了洗礼，而他的后半生也一直徘徊于基督教世界的边缘。君士坦丁大帝生前便立下遗嘱，将帝国领土分封给他的几个侄子。然而，在他死后不久就发生了好几起谋杀事件，内战四起，帝国局势变得动荡不安。在一片混乱中，君士坦丁大帝的二儿子——君士坦提乌斯二世将拜占庭帝国的政权收入囊中。从苏格兰福斯河流域到底格里斯河流域，一大片土地都成了拜占庭帝国的疆土。此时的罗马还没有彻底分裂，其中央集权还有可能持续下去。而在此期间，幼发拉底河和莱茵河流域常常会发生一些小争端。不过在一些偶然因素的影响下，持续了三百余年的蛮族侵犯中止了，拜占庭帝国也因此获得了暂时的平静。尽管君士坦提乌斯二世有安邦治国的才能，可他性格孤僻、冷酷，又有疑心病，经常会关注些宗教争端。他是历史上第一个借基督徒之手谋害基督徒的人，并因此臭名昭著。然而，君士坦提乌斯二世在位时期，以及堂弟和继承人尤利安短暂的执政期内，拜占庭帝国并没有出现真正的危机。尤利安看上去平易近人，文质彬彬，其实他是一个极具热情的异教徒。他掌权后便独断专行、自以为是，违背了历史潮流，拼尽全力地想要复兴古希腊多神崇拜。若是问尤利安和君士坦提乌斯二世帝国危机是从哪里来的，他们肯定会回答是从东方而来，从美索不达米亚的边界而来。因为在美索不达米亚的边界，拜占庭帝国的强敌波斯国王沙普尔二世[1]便试图冲破小亚细亚、叙利亚的拜占庭帝国的防御系统，不过没能成功。

然而围墙之下的暴风雨并非从东方奔赴而来，而是从北方而至。

在这一百五十年中，罗马人和哥特人切磋了好几回。哥特人来自罗马边境、日耳曼部落以东的地方。就像前文所说的那样，他们在 3 世纪的时候便频繁侵扰攻击巴尔干半岛上的各个行省，直到罗马人奋起反抗，他们才开始有所收敛，最终止步于多瑙河。而后哥特人便被控制在大夏人早前生活的多瑙河北岸。君士坦丁大帝在位期间，哥特人和拜占庭帝国的对战从 328 年一直延续至 332 年。在最后的原野之战中，君士坦丁大帝击溃了哥特人，哥特军方统帅的儿子也被迫成为人质，哥特人因此接受了君士坦丁大帝所提的议和条件。自此之后，哥特人血液中那些和冒险、战争有关

君士坦丁堡大皇宫（12 世纪）

---

[1]　沙普尔二世（Shapur II，309—379 年）：波斯萨珊王朝时期的国王。——译者注

的欲望似乎便被禁锢起来了。这四十多年来，哥特人颇为安静，极少横渡多瑙河发起攻击。没过多久，他们便定居在泰斯河流域与普鲁特河流域这片肥沃的土地上，摇身一变，成了安分守己的勤劳农夫。此外，他们也会和拜占庭帝国管辖的默西亚等城镇做些贸易；很多年轻的哥特士兵也成了拜占庭帝国的雇佣兵，所以一部分哥特人便拿到了帝国居民的身份，并在巴尔干半岛的北坡上过着安稳日子。彼时，很多哥特人开始信奉基督教，他们之中不仅有部落牧师，还有人用本族语言翻译了《圣经》以方便族人阅读。哥特人可谓最早信奉基督教的民族了，虔敬的乌尔菲拉主教[1]将《新约》和大半《旧约》译成了哥特人日常用的日耳曼语。乌尔菲拉主教的译本大半都留存了下来，是人们目前所拥有的与古日耳曼语有关的最为珍贵的文化遗产。

哥特人逐渐退去了原本的凶煞之气，和在更远处定居的蛮族比起来，现在的哥特人简直可以被称为文明人了。最初，拜占庭人把他们当作驻守在边境的守兵，让他们抵挡从东面、北面而来的蛮族的袭击。哥特人的部落一共有两个：其一为西哥特人部落，生活在西部、南部地区，也就是如今的摩尔多瓦[2]、瓦拉吉亚、匈牙利南部一带；其二为东哥特部落[3]，生活在北部、东部地区，也就是比萨拉比亚[4]、特兰西瓦尼亚[5]、德涅斯特河谷一带。

---

[1]　日耳曼历史上首位被尊为圣人的主教。——作者注

[2]　在历史上，摩尔多瓦隶属于罗马尼亚，后与苏联结盟，被称为"摩尔达维亚"，如今被称为"摩尔多瓦"。——译者注

[3]　也被称为"格鲁图族，Gruthungs"。——作者注

[4]　地处欧洲东部德涅斯特河与普鲁特河之间的区域，曾经属于罗马帝国大夏行省。——译者注

[5]　地处欧洲东南部，东喀尔阡山以西，多瑙河的支流蒂萨河流域。在中世纪，这里曾是一个自治公国。11 世纪末，被划入匈牙利王国。——译者注

但是，紧接着发生了一连串令人始料不及的事情，而这些事情无一不在证明着君士坦丁大帝的料事如神——他将首都这个雄伟的军事堡垒建造成了巴尔干半岛的军事基地。

在 372 年前后，一些匈奴人突然闯入了黑海北部，他们从遥远的伏尔加河、顿河外的广袤土地而来，并逐渐向西转移。阿兰人[1]是他们征途中遇到的第一块绊脚石，几乎被他们全数歼灭了。随后，这帮匈奴人便攻击了哥特人。东哥特人拼命守住德涅斯特防线，和这些来势汹汹的蛮族殊死抗争。哥特的历史学家以夸张和厌恶的口吻记录这群"来自东方的日耳曼人"，他们如是写道："那群家伙的脸已经不能称为脸了——黑黢黢的脸早已变形，布满了麻点和皱纹，眼睛也被挤没了。他们个子不高，但灵活得很，有着宽阔的肩膀、娴熟的骑术，善于射箭，表现得极为固执自负。即使外形看来勉强能算是一个人，可其内在却有着无比残暴的野兽之心。"东哥特人战败后便成为匈奴人的附属；只剩下西哥特人还能和匈奴人战斗。这场战火一路向南，蔓延到了多瑙河三角洲沼泽附近的瓦拉吉亚海岸。随后匈奴人立刻对西哥特人发动了数次进攻，且攻势一次比一次猛烈。伯格和普鲁特河地区的地势对于这些蜂拥而来并擅长弓箭的侵略者而言，完全称不上是什么阻碍。西哥特人听从了酋长菲列迪根的建议，带着妻子儿女，乘着马车，赶着牛羊群，退守到了多瑙河河边。在西哥特人看来，宁可投诚东哥特，也不愿意举旗投敌。因为大多数东哥特人是基督教教徒，较敌人更加文明，而且向匈奴人投降是西哥特人完全无法忍受的。

---

[1]　阿兰人是游牧民族，大多分布在如今的俄罗斯顿河流域，以及黑海、亚速海以东，大高加索山以北一带。顿河将阿兰人部落分成东西两部，东部部落主要是黄种人，西部部落主要是白种人。——译者注

在接近拜占庭帝国边境和多瑙河时，西哥特人孤独无助，便向拜占庭国王请求让他们进入边境。当代的一位作家对西哥特人当时的处境做出了如此的描述："他们从匈奴人的追击下逃出来，这些人有老弱妇孺，还有二十余万士兵。他们一齐在河岸上举着双手放声痛哭，哀叹这不幸遭遇，渴求能到彼岸，并许诺若是可以让他们入境，他们定将世代效忠于拜占庭帝国。"

376 年，拜占庭帝国又一次分崩离析：君士坦丁王朝消失了，瓦伦斯统治了东部的帝国。他是一个懦弱、愚钝且贪婪的君王，他之所以可以登基为帝，并且掌控半个罗马帝国，是因他的兄长——瓦伦提尼安是当时最杰出的将军。西部帝国则由瓦伦提尼安所统治，他定居在莱茵河与多瑙河的上游，被后世称为"瓦伦提尼安一世"。瓦伦斯生性懒怠怯懦、无才无德、资质平庸，登基后便成天和奴隶、谄媚者为伍，进出君士坦丁堡的宫殿之中。

面对西哥特人的请求，瓦伦斯其实有些进退两难。如今在瓦伦斯眼前有两条路可选——一是准许西哥特人越过边境，驻扎在河流附近或边境要塞，居住在帝国中；二是阻止这二十万手握兵器、被敌人追杀的亡命之徒通过。瓦伦斯一时间也不知道哪种做法更加危险，经过一番思索后，他还是同意了西哥特人的请求，答应他们渡过多瑙河，并赐予其子民或盟友的身份，准许他们定居在帝国之中，前提是西哥特人要将所有的兵器上缴，并且派出质子留在君士坦丁堡。

西哥特人答应了瓦伦斯的所有要求，将首领之子交给了帝国，随后立即乘船过了多瑙河，可见其有多急迫了。可刚进入默西亚，问题就出现了。起初，拜占庭官员尝试卸下西哥特人的兵器，但是西哥特人并不同意，他们愿意缴纳大笔钱财来留住自己的兵器。面对巨额财富，拜占庭的官员动摇了，于是他们阳奉阴违地收下了这笔钱，没有收缴西哥特人的兵器。这也为之后的又一轮争端埋下了隐患。数十万西哥特人入境后，默西亚的食物便供不应求了，无法供养数量如此庞大的人口。瓦伦斯便命令将亚洲的粮食调过来供西哥特人食用，直至他们拥有自己的土地可以自行播种耕作为止。然而，总督卢皮奇努斯因一己私欲扣下了调来的食物，然后再高价出售。西哥特人饥肠辘辘、食不果腹，万般无奈之下只能以一个奴隶换一块面包，以十磅银子交换一头羊。当时，只要还有商店，只要西哥特人还可以忍受，这样卑鄙无耻的欺诈行为就会一直进行。最终，有些没钱的西哥特人宁可卖了孩子去做奴隶，也不希望让他们挨饿受苦。绝望的西哥特人此时已经处于崩溃边缘了，直至一次无意的争吵引起了全国性的动荡。某天，菲列迪根、总督卢皮奇努斯和几位贵族正在马尔西诺波镇享受宴会时光。与此同时，一些饥饿难耐的西哥特人企图用暴力争夺一处市场，而前来镇压的拜占庭军队也被他们一举歼灭。参加宴会的总督卢皮奇努斯在听说并了解了事件经过之后紧急下令，让其手下当场拿下菲列迪根及其随行宾客，打算将这帮人就地处死。菲列迪根无奈之下抽出自己的剑，一路杀了出去，来到他麾下距离皇宫最近的一个营地。他将来龙去脉说了一遍后便下令军队起兵抗击拜占庭帝国。

在之后的一年中，巴尔干半岛的北部与多瑙河的沿岸战乱频发。数月以来，西哥特人一直都被当地官员欺诈和勒索，忍受着饥饿和痛苦，垂死挣扎，在如此巨大的压力下，他们体内固有的野性猛然苏醒，冲破了五十年来他们穿在身上的那件由基督教与文明所编织的单薄外套。发生在 3 世纪的大动乱再次上演，偌大的村庄、城镇都被洗劫一空。边境的很多流亡者、逃亡的奴隶参加了入侵者的军队。战事越演越烈，完全没有平息的迹象。但是拜占庭大军实力依旧强悍，而且他们一早便已经将西哥特人挡在了多瑙河入口处，所以即使巴尔干半岛上的西哥特人得到了聚集在多瑙河口处残留的东哥特人的力量，甚至还得到了匈奴人的部分助力，但终究还是徒劳。377 年，经过残酷的柳林战役 [1] 后，两方都元气大伤，也没有分出最终的胜负。

378 年，在大臣和子民的疾呼下，瓦伦斯这个"爱好和平"的国王不得不亲临战场，他还在小亚细亚一带得到了大批前来增援的士兵。同时，其侄子格拉提安穿越了潘诺尼亚行省，为多瑙河下游的对战提供了帮助。其实格拉提安在几年前便登基了，是西罗马帝国的新君，他骁勇善战，当真是后生可畏。

瓦伦斯来到战场后，便领军同西哥特人斗智斗勇，战事胶着，灾难一触即发，且必会造成惨重损失。378 年，西哥特人先锋攻向巴尔干一线。当西哥特人逐渐靠近阿德里安堡 [2] 的时候，瓦伦斯率领六万精锐部队发起了进攻。罗马大军昔日屡战屡胜，即使布匿之战已过去了六百年，但罗马帝国的"精锐步兵"之名却从不曾消失过，所以人人都在期盼着能够迎来获胜的消息，他们坚信罗马大军可以击败所有的蛮族部队。

在此之前，没有人料到这场战役会打开战争史上新的篇章。哥特人早年生活在罗马尼亚的平原地区以及南俄罗斯一带，在那段时间，他们常常与日耳曼人进行马背上的战斗。而定居乌克兰时，他们也受到了当地文明的影响。无论是作为塞西亚人、哥萨克人，还是鞑靼人，他们都一直在训练骑兵，从不间断。哥特人也慢慢相信"马背上的战斗比脚底下的战斗更具荣耀"，首领的身后永远都有一批骑兵队伍。西哥特人违背意愿，同拜占庭帝国开战后才发现自己所面对的竟是这样一个军团——一个长久以来让世人谈之色变的军团；而倒退三代，他们自己的先祖也是这个军团的手

---

[1]　377 年，拜占庭帝国和西哥特人在柳林镇（Ad Salices）对战。柳林镇的位置在如今罗马尼亚的多布罗甲。——译者注

[2]　土耳其西部的一座城市，位于埃迪尔内省，曾经是奥斯曼帝国的首都。——译者注

下败将。

瓦伦斯发觉西哥特人的先锋驻守在阿德里安堡北部的平原上，并且摆开了"车阵"。刚开始的时候瓦伦斯是想用谈判的方式来结束战斗。在谈判策略夭折之后，瓦伦斯转而冲上了前线，开始攻击西哥特人。同时，一支骑兵忽然攻向拜占庭大军侧翼，那是西哥特人的骑兵先锋，他们原本在别的地方屯粮，一听闻有战事发生，便立刻奔向了战场。西哥特人击败了拜占庭大军左翼的一个分队后，乘胜追击，又攻破了拜占庭大军的左翼部队，并尽数歼灭了整支步兵大军，把拜占庭大军赶到了战场中央。在混战之中，面对西哥特人的强大冲击力，拜占庭大军不断往后压缩，节节败退，看起来似乎无法再重整旗鼓。仅仅几分钟，拜占庭的左翼、中部及后备军就已混作一团了，根本无法区分谁是轻骑兵、枪骑兵，谁是禁卫队、雇佣兵。拜占庭骑兵见大势已去，便不再恋战，慌乱撤退。被同族抛弃的步兵忽然察觉自己正处于极度危险之境——前有虎狼环伺，后无逃生之路，此时他们唯一能做的只有坐以待毙。他们被团团围住，就连举起手中的兵器回击的空间都没有，敌人长刀一挥便斩断了他们拿着的长矛，于是他们只能束手就擒。在此期间，很多士兵甚至因为过度拥挤，窒息而亡。西哥特人骑在马上，挥舞着手中的长剑，直直冲进了颤抖着的拜占庭大军之中。在马蹄践踏声中，血肉横飞，直至四万士兵逐渐倒下，人群不再拥挤，苟延残喘的士兵才找到了可以冲出重围的机会，像拜占庭骑兵那样匆忙逃离。这时，战场上到处都是尸体，其中有骑兵团长、步兵团长，也有帝王、王公贵族，还有来自不同兵团的三十五名将领。

这是坎尼会战[1]之后，拜占庭大军败得最为惨烈的一次，被后世称为"阿

---

[1]　发生在 216 年，是第二次布匿战争期间的主要战事。在这次战役中，汉尼拔击退了罗马军队，而当时罗马军队的两位统帅是执政官保卢斯和瓦罗。——译者注

德里安堡战役"。当时的历史学家阿米安·马塞林将此次战役看作一次屠杀事件，因为它令拜占庭军队元气大伤，几乎全军覆没，甚至失去了东山再起的机会。

阿德里安堡战役是拜占庭改名"君士坦丁堡"后所遭遇的首次沉痛挫败。西哥特人大获全胜后，便乘胜出击，以迅雷不及掩耳之势攻向拜占庭首都。他们每经一处都大肆抢夺，杀人放火，残暴至极，也令拜占庭风雨飘摇、人心惶惶。他们很快便来到了位于拜占庭首都西南出口处的"金门"，可这次他们将会无功而返。

西哥特人看着眼前高耸的城墙和宽阔的道路，雄心壮志忽然消失了。高高的城墙之内虽然财富无数，但可望而不可即。于是他们卸下了手中的兵器，扑向了背后的色雷斯。

一队由撒拉逊人组成的骑兵被派往城墙去加强防守，西哥特人和他们进行了一场小规模的战斗，不过并没有进一步攻陷城池。这件事发生在君士坦丁大帝死后的第四十年，也验证了他的料事如神：君士坦丁大帝在世时曾说即使整个巴尔干半岛都被侵略者所夺，在博斯普鲁斯海峡上也定会出现一座牢不可破的城市，它将是巴尔干半岛的救星。

狄奥多西一世承袭了瓦伦斯这个运气不佳的帝王的皇位，他是一位智勇双全、品行优良的君主。他在面对敌人时有过于常人的勇气和细致入微的谨慎，他也尽力抵抗拜占庭帝国在多瑙河地带所经历的噩运。狄奥多西一世带着剩下的士兵对抗西哥特人，他选择的不是冒险发起进攻，而是各个击破。连续不断的战斗令西哥特人渐渐进入了无路可走的境地，一旦被分散，便很容易被一举歼灭；但要是集合在一起，又会遭遇饥饿之苦。菲列迪根不久之后离开了人世，他的继承人阿萨纳里奇，决定和狄奥多西一世和解。阿萨纳里奇来自喀尔巴阡山脉中的一个部落，原来是部落酋长，不久前带领着一队人马来到了多瑙河流域。对于菲列迪根在十年前向瓦伦斯所提出的要求，狄奥多西一世坦然接受，并给予了承诺。他赐予哥特人一些土地，允许他们定居在荒凉的色雷斯。此外，狄奥多西一世将哥特人的将领和军队融入了拜占庭大军中。阿德里安堡战役后，狄奥多西一世只用了不到十年的时间便拿下了四万日耳曼骑兵，而这些骑兵堪称整个军队中最坚不可摧的精锐力量，所获得的酬劳也高于本国士兵。狄奥多西一世颁布的政令卓有成效，收获了令人满意的军事效果。后来，哥特人所组成的雇佣兵替狄奥多西一世拿下了两场关键的胜利，成功阻击了叛变的西部军团，分别是马格纳斯·马克西姆斯在 388 年发起的叛变和尤金尼厄斯在 394 年发起的叛变。

　　然而，在政治层面上，狄奥多西一世的统治存在较大风险，可是拜占庭帝国那时并没有预料到这个风险。狄奥多西一世在征募哥特人组建雇佣兵的时候，把他们安排在了拜占庭将领的麾下，使其和人数相当的拜占庭士兵混在一起。之后，拜占庭帝国准许哥特人拥有自己的将领，还不惜以损害本国士兵的利益为代价，对哥特人给予了特别的优待。这样做显然是极为不宜的，因为其本质就是让哥特人获得了指挥权。

早期的瓦伦斯画像

虽然哥特人的确是忠于狄奥多西一世，崇拜罗马文化，敬畏拜占庭帝国权威，但或许正因如此，拜占庭帝国才会逐渐对哥特人管而不控了。研究哥特历史的学者乔南德斯曾提到老酋长阿萨纳里奇拜访君士坦丁堡的传奇故事，这个故事中的拜占庭帝国可谓金碧辉煌。他说："当阿萨纳里奇走进首都的时候，他情不自禁地感叹道'百闻不如一见，今日我亲眼所见此城，真是不敢相信自己的眼睛'。他望向四周，一切都让他应接不暇，心生仰慕。他最先看到的便是这个城市无与伦比的地理优势，接着是三五成群运输粮食的船队，然后是高高挺立的城墙。正如百川归海，八方宾客齐聚君士坦丁堡，其中不乏精兵强将。最后，他高喊着'王乃世间之神，若是违逆王，便是不遵天理'"。然而这样的荣耀并没有持续很长时间。395年，热爱和平、善待哥特人的善良皇帝狄奥多西一世离世了，他将皇位传给了他那两个身体羸弱的儿子——荷诺里和阿卡狄奥斯。

第四章

日耳曼人转而剑指西罗马

396—407 年

4 世纪末期，拜占庭帝国局势动荡，在政府层面出现了高度的官僚化和集权化，这使得狄奥多西一世的执政陷入极为危险的境地。君士坦丁堡出面对行省各层级的官员进行了职位任命，此举使得行省失去了自治权，地方主名存实亡。在官僚阶级眼中，黎民百姓只是无能无势之辈，他们最大的用处不过就是交税以丰盈国库罢了。这样的想法已在上位者脑中根深蒂固，难以动摇了，故而，政府为了维持收入颁布了以下规定：未经特许，元老院各成员、地方富绅，以及包括农民在内的一众土地持有者不得移民；地主不得加入军队，除非可以证明相关继承者具有纳税能力。政府如此一来便是将平民和军队彻底区分开了，这也意味着无论平民拥有怎样的地位，都难以进入军队；唯有下层阶级中的那些缴不起税的人才可以加入军队。为了让老兵的后代"子承父业"，政府不停地对他们施加压力，从而建立起了专业的军队。但是这支军队和平民毫无联系，所以被其保护的平民也并未由此对他们生出任何同情之心。

3 世纪，军队接二连三地出现问题。一百年以来，军队按照自己的意愿加冕、废黜了恺撒之职。而军队人员大部分是出生在拜占庭帝国的本国人，由拜占庭政府直接管理。

但是，狄奥多西一世大肆招募士兵，一大批哥特人加入了拜占庭的军队；而且在军中，许多日耳曼人担任要职，部分拜占庭女性也嫁给了外族军人。因此，日耳曼人在拜占庭生活得颇为惬意，他们基本上都是基督教教徒，这对于拜占庭而言，有好有坏。好的方面是，他们毕竟是来自外族的军事投机者，可以帮助拜占庭的军事建设；坏的方面是，他们有可能再次成为蛮族，抛弃文明和忠心，并且如 3 世纪时那般为所欲为，置帝国于水深火热之中。由此可见，让这群人去守护城中手无寸铁且谨小慎微的平民绝对是一件十分危险的事情。由于日耳曼人看不起那些对战争没有任何兴趣的拜占庭平民，所以他们内心始终想将这大帝国的繁华都市据为己有，这样看来，他们接受拜占庭皇帝的要求也就不奇怪了。对掌权者来讲，废除恺撒一职不过是举手之劳，就像地方教会与财政官员掠夺民脂民膏一般轻松。

　　狄奥多西一世离世之后，帝国顷刻间便纷争四起。无论是在西罗马帝国荷诺里所管辖的都城，还是在阿卡狄奥斯统治的君士坦丁堡，拜占庭人和日耳曼人常会发生冲突。狄奥多西一世曾经给予哥特人、日耳曼人以大量高级军职，由此带来的影响实在难以评估。荷诺里召开议事委员会的时候，主持会议的正是被任命为意大利军队统帅 [1] 的斯提里科。斯提里科虽然是蛮族出身，但是狄奥多西一世仍旧让自己的侄女塞丽娜下嫁于他。彼时，小皇帝荷诺里不过十一岁。新帝年幼，斯提里科自然成了西罗马幕后的统治者。再来看看君士坦丁堡的情况，荷诺里的兄长阿卡狄奥斯已经成年，如果他聪明些，自然能统治国家。然而，他却是个愚钝的年轻人，有记载称他"个子不高，瘦瘦小小的，一脸土色，沉默寡言，总是一副精神萎靡、昏昏欲睡的模样"。坐在首相位置上的是鲁非诺，是西罗马人，他在阿卡狄奥斯执政尚不到一年的时候，被一个名叫盖恩斯的哥特上尉在阅兵典礼上杀死了，当时阿卡狄奥斯也在场。无能软弱的阿卡狄奥斯只能将

---

[1]　也就是总司令。——作者注

太监欧特罗皮乌斯提升为首相，让盖恩斯当上了统帅。

这个结局正是斯提里科和盖恩斯想要的，他们为达到了自己垂帘听政的目的而欢呼雀跃。但另一个日耳曼掌权者阿拉里克却觉得应该趁此机会做出一些更大胆的事情。阿拉里克出生于波罗的海的一个部落，之后成为这个部落的酋长。在哥特人看来，阿拉里克在王室之中的地位仅次于神之子阿迈勒[1]。阿拉里克年轻有为，桀骜不驯，骁勇善战，在君士坦丁堡的数年生活并没有被同化，反倒更加鄙视软弱的拜占庭人。狄奥多西一世死后不久，阿卡狄奥斯的支持者便开始拒绝支付欠款，而这些费用原本应该给"联邦军"[2]的。阿拉里克以此为借口策反了西哥特人。之前暂时生活在色雷斯和默西亚的西哥特人几乎都加入了这次行动，而君士坦丁堡这个时候只剩下一支军队可以和反军对抗。阿拉里克四处横行，多瑙河、君士坦丁堡、希腊无不被其践踏，每经过一个城镇，其都会烧杀劫掠一番，因此西哥特人身上的每个口袋都被抢夺来的财物塞得满满的。面对阿拉里克的侵略扫荡，无人可以招架，拜占庭帝国无奈之下只能请西罗马派斯提里科前来救援。斯提里科利用阿卡狄亚的山地优势想出了一个计策，成功截断了阿拉里克的征伐之路。斯提里科本可以随意处置阿拉里克，但他清醒地知道何为"同类不可相残"，所以这个有日耳曼血统的首相高抬贵手，放了阿拉里克一马。阿拉里克于是转而一路向北，攻向了伊利里亚，他对此次征伐也非常满意。396 年，阿拉里克放过了阿卡狄奥斯，只提出了一个要求——自己要同盖恩斯和斯提里科这两位统帅平起平坐。除此之外，他还为自己的部落争取了大量的土地。

在之后的五年中，获胜归来的士兵拥护阿拉里克成为哥特国之主。阿

---

[1] 哥特部落的成员自称是神的后代。——译者注

[2] 也就是雇佣兵。——作者注

拉里克凭借无可非议的影响力开始着手治理巴尔干半岛东部地区，虚情假意地尽忠于名不副实的君士坦丁堡王室。当时的人们都觉得一个日耳曼王国将会在多瑙河南部和西部地区永远存在下去。而西班牙、高卢和不列颠的遭遇好像确实预示着马其顿[1]和默西亚地区将会迎来和其相同的命运。显而易见，若西哥特人在最初就定居在保加利亚和塞尔维亚，那么欧洲史的进程就会截然不同。

可历史从来没有如果，许多事情接踵而至。401 年，阿拉里克的攻击目标从君士坦丁堡换成了西罗马之主荷诺里。他横跨亚得里亚海，侵占了意大利的北部地区。当时的斯提里科已经半罗马化，他若想守住对西罗马的统治权，就必须把哥特人全部驱逐出意大利。当阿拉里克第一次对他们发起进攻的时候，他们奋起抵抗，击败了阿拉里克。西罗马年少的国王和其兄长阿卡狄奥斯一样平庸、软弱，甚至更加无知、愚蠢。一代功臣斯提里科就是被他用叛国罪的名义而处以了死刑。没有了斯提里科这个难缠的对手，阿拉里克便无所忌惮。他带领西哥特人进击意大利，在城中抢劫勒索，为所欲为，还将罗马城周边的所有城镇都扫荡了一圈。自那之后，巴尔干半岛上再没有一句对西哥特人不敬的话。西哥特人也就这样登上了意大利的历史舞台，接着再登上了西班牙的历史舞台。

尽管阿拉里克眼下专心攻打意大利，可在阿拉里克和斯提里科产生矛盾之前，君士坦丁堡的朝政就已出现了诸多问题。东哥特人的统帅盖恩斯早已和欧特罗皮乌斯分道扬镳，军人轻而易举地处理了这个出身后宫的御前大臣。在盖恩斯的怂恿下，特比吉德率领的亚洲军队中的日耳曼雇佣兵

---

[1]　401 年，西罗马帝国羸弱不堪，阿拉里克乘虚而入，带领西哥特人翻过了阿尔卑斯山，攻入了意大利。称王之后，又领军攻入希腊，对马其顿和默西亚地区进行了扫荡。——译者注

发动了叛乱。盖恩斯奉皇命前去平定叛乱。但是，他带领军队奔赴前线后，并未和叛军交手，只是给他们带去了一个消息，而这个消息最终传回了君士坦丁堡——要求阿卡狄奥斯除去惹人心烦的御前大臣。欧特罗皮乌斯在得知这个消息后，立刻明白了自己正处于危险之中，于是他连忙向教会寻求保护，逃到了圣索菲亚大教堂中，抱着祭坛不放。当时君士坦丁堡的大教长是约翰·赫里索斯托姆[1]，他不畏皇权，可谓威武不能屈，绝不让士兵进到教堂之中。欧特罗皮乌斯在他的保护下，留在祭坛，安然无恙。后来，圣索菲亚大教堂中便出现了一个令人震惊的画面：怯懦的欧特罗皮乌斯横躺在祭坛上，而约翰·赫里索斯托姆一如既往地为参与圣会的人传教解惑。每一番教论结束后，他都会提到"空之为空，皆为虚空"以示强调，这当然也是说给欧特罗皮乌斯听的，这位内侍曾经是一人之下、万人之上，现在却无路可走，如丧家之犬。大教长慷慨陈词，企图为欧特罗皮乌斯求得一条生路；欧特罗皮乌斯终于同意放弃一切权力。阿卡狄奥斯答应把欧特罗皮乌斯发配至塞浦路斯，但盖恩斯不依不饶，显然是不想就这么轻易放走自己的敌人。最终欧特罗皮乌斯被人抓回了君士坦丁堡，斩首示众。

随后，盖恩斯大获全胜，班师回朝。他下令军队止步于城下，以震慑皇帝。按照这个架势，盖恩斯不久便会倒戈攻打君士坦丁堡了，但十年前在罗马城种下的因，并不一定是君士坦丁堡的果。盖恩斯期盼的结果并没有出现，而改变这个结果的只是一次偶发事件、一场争执。盖恩斯和大军驻扎于城外的时候，一些市民和一群哥特人忽然在城门口吵了起来，继而引发了有关日耳曼人的争论。和早期罗马的暴徒相比，君士坦丁堡的暴徒有过之而无不及，更加嚣张，无法驯服。不久，城中的所有人都拿上了兵

---

[1] "约翰·赫里索斯托姆"的意思是"金口"，因此又被称为"金口"约翰。——译者注

器，开始攻击日耳曼军队。他们关上了城门，不让城外的盖恩斯大军回城。此时全城戒备，大家都打算背水一战。孤军作战的日耳曼人就这样被分隔、被围攻、被歼灭，最后军营也被大火烧毁。在这场战斗中，暴徒始终占据上风，日耳曼七千名士兵大多死于其刀下，只有少数人幸免。盖恩斯立刻宣战，但是他缺乏阿拉里克的军事力量和军事才能，所以在401年铩羽而归。盖恩斯无奈之下只能强渡多瑙河，结果在多瑙河上被匈奴国王乌尔德斯捉捕，之后便被处死。历史的奇妙还在于打败盖恩斯的头领不但是个哥特人，更是个异教徒，他叫弗拉维塔，是狄奥多西一世的好友。弗拉维塔忠心守护狄奥多西一世之子，甚至不惜因此与同胞为敌。

阿拉里克将重心转移到了西罗马。随着盖恩斯的死亡，拜占庭所面临的两重危险最终也被化解了。他们既不会看到在摩拉瓦河和多瑙河上出现一个独立自主的日耳曼帝国，也不会再受到处于半文明状态的日耳曼人的控制，不会再被其随意地任命或废黜恺撒和官员。软弱的阿卡狄奥斯在较为安稳的生活中度过了生命的最后七年。在这段时间里，朝中唯一让人心烦的事情便是君士坦丁堡的大教长约翰·赫里索斯托姆和埃利亚·优多克西娅王后之间常有不和。约翰·赫里索斯托姆品性高洁，拥有一颗信徒般的炙热之心，可他的言行举止有时候十分激进。约翰·赫里索斯托姆能言善辩又乐善好施，因此备受市民尊重，可他对下属很严苛，甚至有些死板，最让神职人员痛恨的是他做事独断专行。约翰·赫里索斯托姆常常公开指责埃利亚·优多克西娅王后无礼傲慢的行为和奢靡无度的后宫生活。王后对此耿耿于怀，所以在暗地里挑唆神职人员。她还设法让亚历山大的大教长西奥菲勒斯与约翰·赫里索斯托姆为敌，然后让亚洲的神职人员趁机指控约翰·赫里索斯托姆对自己的欺压，利诱阿卡狄奥斯准许神职人员在城外召开"橡树会议"[1]，目的就是革除那位圣人大教长。她所做的这些事被曝光后，百姓立刻拿起武器进行反抗，誓要保护主教，暴动一触即发。西奥菲勒斯为避难躲回了埃及，而拜占庭帝国发生了地震。人们认为这似乎是天意，阿卡狄奥斯也是万分惶恐，所以下令让约翰·赫里索斯托姆回到了大教长的位置上。

但是在第二年，也就是 404 年，王后和大教长的矛盾又引发了一次大动荡。当时奥古斯都广场上正在建造王后雕像，约翰·赫里索斯托姆以此为话题，再一次进行论战。在供奉仪式上，一部分摇摆不定的异教徒墨守成规，激怒了大教长，他也不管对方是否会相信自己，只引经据典，以有着蛇蝎心肠的希罗底[2]比喻埃利亚·优多克西娅王后，又以施洗者约翰自喻，进行了一番慷慨陈词。埃利亚·优多克西娅王后为了报复让阿卡狄奥斯又召开了一次会议，给约翰·赫里索斯托姆又安上了一个罪名。在 404 年的复活节当天，约翰·赫里索斯托姆在圣索菲亚大教堂被捕,而后被发配亚洲。当晚，大教堂就遭遇了火灾。而这把火大概是约翰·赫里索斯托姆的信徒们因为愤怒难忍而放的。大教堂被烧成了平地，大火蔓延到了附近的建筑物，元老院也被殃及。君士坦丁堡所收藏的大批古希腊艺术品被这场大火焚毁了。

约翰·赫里索斯托姆先是被发配至卡帕多西亚[3]辖内一个荒僻山村，后来又被转移到黑海皮尤斯偏远地区的一间监狱。就在 407 年，他死于被移送的路上。尽管约翰·赫里索斯托姆生前受尽了折磨，可他乐观的精神和忍辱负重的美名留在了人们心中。他是 5 世纪的伟大人物，也是君士坦

---

[1] 403 年 7 月，君士坦丁堡城外所召开的一次宗教大会，在会上，"金口"约翰备受责难，大教长之职被废除。——译者注

[2] 《圣经·新约》中的一位女性，她设计谋害了施洗者约翰。——译者注

[3] 小亚细亚东面的古老王国。——译者注

丁堡唯一一个由于道德层面的问题而非教义问题和朝廷闹翻的大教长。约翰·赫里索斯托姆仅仅是不满埃利亚·优多克西娅王后在内宫的奢靡、浮华和傲慢而已，这场矛盾与教义毫不相关，给他安的罪名不过用以掩饰一部分别有用心的神职人员心中的仇恨，以及埃利亚·优多克西娅王后的复仇之心罢了。

第五章

拜占庭的坚守与西罗马的灭亡

408—518 年

　　408 年，无能的阿卡狄奥斯在他三十一岁这年离世了，而他那蛮横的王后比他更早逝去。阿卡狄奥斯只有一子，名叫狄奥多西，因此阿卡狄奥斯死后，年仅七岁的狄奥多西继位，后世称其为狄奥多西二世。在罗马史上，很少有孩童可以平平安安地登上世袭王位，但狄奥多西是其中之一。年少无倚的继承人往往会被居心叵测的亲族或包藏祸心的将领拽下宝座，可阿卡狄奥斯的臣子竟异常衷心，或者说他们居然毫无壮志雄心。最后，狄奥多西二世通过正式的仪式，坐上了宝座，成了新的王。精明能干的执政官安特米乌斯励精图治，以新帝之名管理着东罗马行政的大小事务。这个大臣名垂青史，人们对其所做之事无一不是正面评价。例如，他以自己的机智和波斯国王签署了商贸协议；轻松地阻止了匈奴人入侵默西亚；在多瑙河上创立一支小规模的舰队——自四十年前瓦伦斯离世后，拜占庭海军终于有了新的重要举措；重新设置君士坦丁堡的粮食配给系统；竭力整顿巴尔干半岛的秩序；将西哥特人和阿拉里克逃走后所留下的西北荒地的农业重新发展起来……拜占庭帝国的人们对安特米乌斯万分感恩。而安特米乌斯也悉心教导年少的狄奥多西二世，将其培养成了一个崇敬上帝、诚实守信之人。朝廷在安特米乌斯的管理下井井有条，作风清廉，国君及其姊妹阿卡狄亚、玛丽娜和普尔喀丽娅的生活方式也成为民众的典范。狄奥多西二世虽然能力有限，但遗传了其祖父的优良品质——正直和虔诚。而且他酷爱文学，尤爱优雅的文字。比狄奥多西二世大两岁的普尔喀丽娅堪称整个家族的精神支柱，她对狄奥多西二世的影响很大。414 年，安特米乌斯离世，普尔喀丽娅被任命为"奥古斯都"[1]，走上了政坛。普尔喀丽娅并非寻常女子，在摄政期间，她为了留住自己的贞洁，便宣誓成为加冕修女，坚持了三十六年。其实，普尔喀丽娅所忧心的是，若自己踏足婚姻，那么丈夫可能会图谋不轨，试图抢夺狄奥多西二世的政权。故而，她始终没有成婚，并也以此劝告其他姐妹。她一向清明，百折不挠，舍己为公，在她的治理下，拜占庭帝国自然是井然有序、欣欣向荣。这样一个奇女子在拜占庭历史上可谓前无古人。

狄奥多西二世成年之后，依旧保留姐姐的摄政权，和她一起统治国家。421 年 [2]，在普尔喀丽娅的建议下，狄奥多西二世迎娶了哲学家利昂提乌斯之女雅典娜。雅典娜既有绝色之姿，又气质脱俗，高雅不凡，她虽然自小在异教徒家庭中长大，但是在婚前就已经皈依基督教，并接受了洗礼，其教名则是"优多西娅"。她在文学方面的造诣颇高，在创作宗教诗歌方面堪称杰出。后世的文学评论家也对优多西娅的诗歌大加赞赏。

普尔喀丽娅生活简单质朴，一心一意忙着处理各种国事，出席宗教相关的活动，可没过多久她便发现自己很难和弟媳和平相处。优多西娅美丽开朗、热爱文学，但是性格有些喜怒不定。好在狄奥多西二世生性仁慈柔和，否则妻子或姐姐终有一人会被赶出宫去。虽然他和妻子也会有争执，但他始终在努力调和，希望妻子和姐姐能和平共处。数年之后，夫妻二人发生了一次争吵，那也是两人最后一次发生冲突，因为优多西娅王后之后便搬到了耶路撒冷，并在那里沉默地度过了自己的晚年时光。关于优多西娅王

---

[1] 一个尊号，级别一般在"恺撒"之上，属于最高级别的统治者之一。——译者注

[2] 狄奥多西二世在这一年成年。——作者注

后被放逐的缘由，世人也不是很清楚，我们如今只能了解到一个与此有关但无从考证的传闻，而这个传闻听起来更像《天方夜谭》中的某个故事。

　　某日，狄奥多西二世遇上一个农夫，农夫便赠予他一个巨大的弗里吉亚苹果，宫廷上下对此倍感诧异。狄奥多西二世把苹果送给了优多西娅王后，又给了农夫一百五十块金子当作报酬。优多西娅王后转而将这个苹果赠予了宫廷重臣波林斯，她的转赠理由是波林斯乃狄奥多西二世之友。可波林斯并不知道这个苹果从何而来，便在进宫时将其献给了狄奥多西二世。狄奥多西二世收下了这个苹果并将其藏了起来。他回到后宫，召来了王后，问道："我之前送你的苹果在哪儿呢？"优多西娅王后答道："吃了。"狄奥多西二世便让她向耶稣发誓，再问她究竟是吃了还是转手给了其他人。优多西娅王后发誓，坚称是自己吃了苹果，并未送给其他人。话音刚落，狄奥多西二世便原封不动地拿出了苹果，顿时火冒三丈，质疑妻子爱上了英俊潇洒的波林斯，而这苹果就是信物。于是乎，狄奥多西二世下令处死了波林斯，然后让优多西娅王后前往圣地每日祈祷。于是，优多西娅王后从君士坦丁堡来到了耶路撒冷，余生都未曾离开那里。

　　在历史上，波林斯确实是被处以了极刑，优多西娅王后的晚年也的确是在巴勒斯坦[1]度过的，但其实并没人真正了解这件事的来龙去脉。这个

---

[1]　此处的"巴勒斯坦"并非国家，而是地理概念。位于死海、约旦河与地中海之间，是亚、欧、非三洲的交通枢纽。——译者注

传闻最大的可疑之处是狄奥多西二世在和优多西娅王后分道扬镳时已年满四十，当时波林斯已在朝堂为官十数载了。

　　狄奥多西二世在位期间，国家相对稳定，只发生过两次战争，一次是和波斯人对战，时间极短；一次是和匈奴王阿提拉对战，时间相对长一些。彼时，以阿提拉为首的匈奴势力已延伸到了多瑙河和黑海以北地区——哥特人曾经生活过的地方。在同阿提拉的战斗过程中，拜占庭大军几乎一直处于下风。匈奴军攻打拜占庭势如破竹，一直打到了菲利波波利和阿德里安堡。于是拜占庭帝国每年都需要向匈奴上贡七百磅黄金[1]。毋庸置疑，当狄奥多西二世的主力在波斯帝国边境交战的时候，匈奴人乘虚而入，攻击了拜占庭帝国，而拜占庭的大将都成了匈奴人的手下败将。这背后隐藏的事实是：四十年前的盖恩斯叛乱改变了狄奥多西一世的军事系统，而后来拜占庭大军没有对此进行必要的重组和训练。狄奥多西一世不仅没训练

匈奴军攻打拜占庭

---

[1]　相当于当时的三万一千英镑。——作者注

出一支可靠的日耳曼雇佣兵，也未能征到足够的兵力来守护边境。

重组军队的任务落到了狄奥多西二世的继任者肩上。450 年，狄奥多西二世摔下了马背，伤重离世。狄奥多西二世生前只有一个女儿，早先便嫁给了狄奥多西二世的表弟瓦伦提尼安三世，也就是西罗马帝国之主。好在狄奥多西二世有先见之明，早早地定下了王位继承人——其姐普尔喀丽娅，而非女儿那个冷血、奢靡的贵族夫君。普尔喀丽娅此时没有再坚持独身主义，她为自己选择了一个合适的结婚对象，那便是退役军人马尔西安，元老院成员之一。他们的结合无疑是一场政治联姻，毕竟两人在成婚之时都已是垂垂老者了。婚姻是解决政治问题的最佳途径。在二人的共同管理下，帝国终于呈现出了繁荣景象，不用再进贡物资给匈奴。彼时，西罗马帝国正处在水深火热之中。452 年，马尔西安调遣了一支军队前去支援西罗马帝国，他们在路途中遭遇了阿提拉的部队，两军交锋，阿提拉部队损失惨重。匈奴人因此受到了遏制，阿提拉不久后也撒手人寰。

普尔喀丽娅和马尔西安亡故之后，三个才干出众之人相继掌控了整个拜占庭帝国。他们都不是武将的后代，而是高级文官的子嗣；也都是在成年之后，没有借助任何武力获取王位。他们要么是由元老院、军队在国家稳定时任命的，要么是由前任国王直接指定的。这三人就是利奥一世、芝诺和阿纳斯塔修斯一世。他们的贡献是帮助拜占庭帝国平安地度过了动荡不安的年代。与此同时，西罗马帝国败落了。在亚得里亚海的荒远之处，一个个行省被割裂、蚕食、瓜分，最终形成了日耳曼帝国。君士坦丁堡的君王牢牢地掌控着亚洲和巴尔干半岛，以保证拜占庭帝国的完整性。东、西罗马在 5 世纪都遭受了蛮族的侵犯，但际遇却大不相同，这不是因为它们有不同的政治环境，而是因为两国的统治者性格迥异。450 年，狄奥多西二世从马背上坠落后死去，此时，西罗马帝国摇摇欲坠，皇帝最终被军队将领废黜。这些将领全是日耳曼人，军队统帅贡多瓦尔德和里西默分别是勃艮第人和苏亚人，他们在十七年内至少废立或谋杀了五位名义上的君王。而对于拜占庭帝国而言，一旦有心怀不轨的将领采取武力或者施以阴谋动摇了国家统治，那么君主定会将他们全部清除，斩草除根。

东、西罗马帝国的不同际遇验证了在 457 年至 518 年期间先后掌管拜占庭帝国的三位皇帝的非凡才能。可世人也不会忘记拜占庭大军之中的日耳曼人尚不足以与西罗马军队一较高下，这对拜占庭帝国来讲并不是一件坏事。四十年前，盖恩斯遭到了压制，拜占庭帝国因此逃过了一劫。但是东部并不缺野心勃勃、心怀不轨的将领。利奥一世所面临的最大危机便是来自将军阿斯帕尔阴谋集团的威胁，不过，阿斯帕尔在准备叛变前不久便丢了小命，他的阴谋自然也就被揭穿了。芝诺曾一度被叛军驱逐出首都。小亚细亚爆发的两次起义令他手足无措，其统治权岌岌可危，可他每一次都可以获得最终的胜利，然后处死叛军首领以示庆贺。这几年，阿纳斯塔修斯一世曾屡次被一个名为维塔利安的伯爵袭击，苦不堪言。维塔利安所招募的士兵都来自多瑙河以北地区的蛮族部落，而后他们在色雷斯辖内的各行省间进行大规模的突袭行动。拜占庭帝国内部虽然出现了数次叛乱，但从未如西罗马帝国那般陷入四分五裂或混乱不堪的局面，从而变成新的非罗马王国。和西罗马帝国的境遇完全不同的是阿纳斯塔修斯一世在 518 年离世后，其继承者便获得了三十二万磅黄金、一支十五万人的忠军和一片完整的东西帝国国土。

5 世纪，拜占庭帝国的君王之所以能成功率领大军，是因为他们重新组建了军队，还招募了很多拜占庭的本土士兵。第一位利用小亚细亚南部人口和伊苏里亚山区人口来补充军事力量的领导者是利奥一世。他把小亚细亚南部和伊苏里亚山区的军团兵力融合到了拜占庭军队之中，不过具体来规划这件事的是其女婿同时也是其继任者的芝诺。芝诺出生于伊苏里亚，所以他尽量从同族中招募普通士兵和帝国卫队。另外，他还组建了亚美尼亚人军团和拜占庭帝国东部边境的一众军团，还把管理蛮族雇佣兵的权力转移到了其继承人阿纳斯塔修斯一世的手中。而蛮族雇佣兵是由日耳曼人和匈奴人组成的，二者人数基本相当，但管理权还是在拜占庭人手上。

在芝诺时代，拜占庭帝国再次受到了日耳曼人的侵袭，不过这也是最后一次了。在九十年前的瓦伦斯时代，西哥特人将拜占庭帝国当成了自己的避难所，而东哥特人则选择臣服于匈奴人。452 年，阿提拉离世，匈奴帝国四分五裂。东哥特人也因此重新获得了自由，取代故去的"主人"站到了拜占庭帝国面前，成为驻扎在多瑙河流域的一股重要力量。大多数东哥特人搬去了西南方，在位于西罗马帝国边境的潘诺尼亚行省[1]定居了下来。没过多少时间，东哥特人的势力便和芝诺不相上下了。经过了二十余载，东哥特部落的两位狄奥多里克——特里厄斯之子和狄奥多米尔之子，始终都是巴尔干半岛的隐患。部落中的大多数人都在萨韦河、多瑙河中游地带生活，而两位狄奥多里克不断地侵扰默西亚和马其顿。芝诺企图在中间制造些混乱以挑起二者的冲突。于是他先承诺给一人大笔赏金和"统领"的高官爵位，然后又给了另一人同样的待遇。但现在的局面正如当初的阿拉里克与斯提里科时期的局面，可谓"本是同根生，相煎何太急"。两个狄奥多里克在历经了一阵不和后，很快便联起手来一起对付芝诺。至于他们达成和解的过程，现如今听上去还是像神话传说一样。

狄奥多米尔之子曾与拜占庭帝国结盟，在巴尔干半岛的石山峡谷中将敌人的大军团团围住。479 年，两军对阵的时候，特里厄斯之子[2]飞骑奔驰到敌人大军跟前，大声嚷道："你们真是民族的耻辱，一群疯子！直到现在你们还没明白吗？挑起哥特人自相残杀是拜占庭一贯的手段！无论是

---

[1] 位于默西亚地区，拜占庭帝国大夏边境处。——作者注

[2] 被称作"独眼狄奥多里克"。——作者注

哪一方败了，获利的定然是他们，鹬蚌相争，渔翁得利啊！他们并非真心帮助你们，只是借你们的力量对付我，想将我们一同杀死在沙漠里。"哥特人听完这番言论后恍然大悟，都大喊道："'独眼'说得对，我们都是哥特人啊！"两位狄奥多里克因此握手言和。芝诺只得左右开弓，同时和两方较量。481 年，"独眼狄奥多里克"不幸殒命——他在上马的时候，被马甩了出去，正好落在了竖立于营帐门口的长矛上。不过，直至 488 年，拜占庭帝国都把"独眼狄奥多里克"视作眼中钉、肉中刺。

488 年，芝诺找到了一个可以摆脱东哥特人的办法——他打算采取蚕食这一方针让生活在马其顿和默西亚的哥特人逐渐减少。芝诺之前从未在这两个地方建立永久聚居地。476 年，日耳曼将领奥多亚塞在废了罗慕路斯·奥古斯都之后，并未让恺撒接受傀儡政权，而是终结了西罗马帝国在意大利奄奄一息的统治。奥多亚塞委托罗马元老院组建了一个代表团，前往君士坦丁堡拜访芝诺。他告知代表团人员，此行需让芝诺知晓意大利不用其管理，只要芝诺答应这个条件，他们便承认芝诺作为东、西罗马统治者的身份。同时，他们还请求让卓越的奥多亚塞成为意大利的"代言人"，由他们来守护意大利。芝诺对此给出的回应是希望元老院代表团可以和奥多亚塞好好沟通一下，让朱利乌斯·尼波斯来做西岁与帝国之主。而朱利乌斯·尼波斯曾经也是里西默提名的继位人选，之后被废，又在王位争夺中败下阵来，险些丢了性命。奥多亚塞没有接受芝诺提出的条件，直接昭告天下自己是意大利的新君，但他依旧惺惺作态地承认君士坦丁堡皇帝是其宗主国君主。

488 年，芝诺脑海中突然冒出一个想法：要是狄奥多米尔之子狄奥多里克可以从奥多亚塞手上夺取意大利，他便双手奉上意大利的统治权。东哥特人之前曾数次入侵巴尔干半岛的内陆，可在近几次同拜占庭大军对战的时候皆受挫而归，所以他们便同意了芝诺的要求，狄奥多米尔之子狄奥多里克也得到了"执政官"和"显贵"的标签。每一个东哥特人都很支持收服意大利的行动，大军火速奔赴前线。一番激战过后，东哥特人最终战胜了奥多亚塞，同时还收编了奥多亚塞麾下的一批雇佣兵，成功入主意大利。狄奥多米尔之子狄奥多里克这个罗马显贵、日耳曼国王在拉文纳地区开启了他的统治生涯。狄奥多米尔之子狄奥多里克自始至终都认为自己不过是君士坦丁堡皇帝的助手与臣子而已。但实际上，他收服意大利的行为直接维护了东、西罗马的统一。不过当时西罗马的领土只剩下了伊利里库姆和意大利，所以对于芝诺而言，西罗马的统治权是有名无实的。

东哥特人撤走后，巴尔干半岛上便再也见不到日耳曼人了。488年，斯拉夫人走上了日耳曼人之前的道路，频繁地对多瑙河沿岸边界处发起攻击，侵扰拜占庭帝国。

第六章

查士丁尼一世时代的到来
以及尼卡暴动

519—532 年

　　518 年，阿纳斯塔修斯一世离世，享年八十八岁。之后坐上拜占庭帝国皇位的是查士丁，后世称其为"查士丁一世"。查士丁一世曾经统领过禁卫军，所以无论是元老院还是军队都很看重他，认为他是皇位的最佳继承者。其实阿纳斯塔修斯一世生前有好几个侄子，不过他未在其中挑选继承人。而在阿纳斯塔修斯一世生命垂危之际，侄子们也都已按甲寝兵。和三位前任相同，查士丁一世继位时已不算年轻了，但他有一点和利奥一世、芝诺以及阿纳斯塔修斯一世都不相同，他在政绩上虽不突出，但在军事上有自己的一番成就。他出身穷苦家庭，从小习武，也不曾接受像样的教育。有传言说，他甚至连名字都不会写。查士丁一世在位九年，这期间拜占庭帝国几乎没有发生战争，也未曾大肆进行土木工程。纵观查士丁一世一生，他做过的最令人侧目的"工作"便是把那位自君士坦丁大帝离世后最杰出的帝国统治者护送上了皇位。

　　查士丁一世无子无女，所以收养了他兄弟萨巴提乌斯的遗孤查士丁尼，并指定其为王位继承人。查士丁尼出生的时候，他的父亲和叔叔都在军中担任重要职位，他作为贵族后代，自然可以接触之前父辈难以接触到的所有知识。查士丁尼最初就表现出了自己的聪明才智，他不仅对各个政务部门都有极高的热情，而且还对法律、金融、行政、经济、音乐、建筑、神学以及城防之类的事务颇感兴趣，不过他唯一不喜欢的便是军事。查士丁一世十分相信自己的侄子查士丁尼，所以钦定他为共治皇帝，后世称其为"查士丁尼一世"。

被钦定为继任者的时候，查士丁尼一世已经年过三十五岁，同辈人认为他大公无私、沉稳务实，有记载称："人们都认为他成熟稳重。"然而没有人想到他的婚事竟会惊动整个帝国。526 年，查士丁尼一世宣布要娶跳舞女郎狄奥多拉为妻。堂堂帝王居然要娶一个跳舞女郎，这样的行为不但让帝王的支持者惊掉了下巴，也让那些诽谤者窃喜不已。

和狄奥多拉有关的传闻不计其数，所以我们很难从其中去探索、发现她过去的生活，也无法知道这样的生活有多不堪。在由查士丁尼一世和狄奥多拉的敌对势力所写的《秘史》一书中描述了很多关于狄奥多拉在舞女生涯中的丑闻细节。但是这本书写得实在过于恶毒和赤裸，人们反而认为个中描述并不可信。不过狄奥多拉跳舞女郎的身份是不容争辩的，跳舞女郎在道德层面上的不堪也是毋庸置疑的。何况当时还有法律明文规定元老院成员不得同跳舞女郎结婚。所以为了能让这段婚姻合乎法律，查士丁尼一世不惜废黜了相关法律条文。在拜占庭帝国的历史上，也曾出现过数十位昏君，可没有谁能像查士丁尼一世这样一边沉稳应对，一边改弦易辙，以致此举轰动全国。查士丁尼一世的生母为让其改换心意，叫谓用尽了各种手段；叔叔查士丁一世甚至威胁他要收回其继承权，但查士丁尼一世坚定如初。在老国王查士丁一世亡故之前，查士丁尼一世不仅设法让其同意了这桩婚事，还为狄奥多拉争取到了贵族之名分。

狄奥多拉是容貌无双的女子，这一点就连当时的反对者也是认可的。正如历史学家普罗科匹厄斯所言："世人难以用简单的言语来形容她的美丽容貌，也难以用艺术的手段来体现她的美。"对狄奥多拉最大的诋毁也不过是说她肤色多少有些苍白，个子不算高挑，看上去不太健康而已。不过我们对于狄奥多拉的美貌只能从拉文纳[1]圣维塔莱教堂里的那幅镶嵌肖像画中去寻找了，除此之外，再无其他。然而镶嵌画是最难体现人物风采、最难再现一代芳华的艺术品类，所以这对后世的探索而言也是一种不幸。

无论最初的生活是怎样的，狄奥多拉最终凭借自己的聪明睿智和精神风貌成了拜占庭帝国之主的绝佳伴侣，而且在和查士丁尼一世成婚之后，再无任何与狄奥多拉生活有关的丑闻传出。没过多久，狄奥多拉便登上了政治舞台，以过人的胆识守护着丈夫的皇位。在皇帝的军师团中，她是最有能力且最值得信赖的一员。故而，查士丁尼一世从未后悔过当初的决定。

然而，查士丁尼一世和狄奥多拉皇后都非宽厚之人。查士丁尼一世向来多疑，心如铁石，对为其尽忠之人也无一丝感恩之情；他无法容忍宗教；为达到政治目的不择手段。一旦他决定做一件事的时候，便完全不会考虑可能会给帝国百姓带来的灾难。不过，倘若只就他所修建的恢宏的公共设施及其所征服的疆土而言，查士丁尼一世无疑是拜占庭帝国历史上最优秀的一任君主。不过他这么做全是出于他的私人利益。查士丁尼一世开疆拓土，基本上用尽了帝国的所有资源。纵观人类历史上的所有杰出君王，也许唯有法兰西国王路易十四可以与之比肩。但是查士丁尼一世在法律方面的成就远胜于路易十四，在查士丁尼一世的组织下，《法学总论》与《法学汇编》两部著作横空出世。除此之外，查士丁尼一世比路易十四更加严于律己，生活如同苦行僧一般。有文献表示，查士丁尼一世要么整个晚上一个人待在书房中批示公文，要么在无光的厅堂中徘徊沉思。他整夜不眠，时刻警醒，臣民为此错愕不已。在他离世前，民间还出现了一些和他有关的诡异事件。诋毁查士丁尼一世的人在私下里说他并非世间之人，而是一

---

[1]　又称"拉韦纳""腊万纳"或"拉温拿"，位于意大利的北部。——译者注

个邪恶幽灵，因此才无须休息。甚至还有传言称有人在半夜里见到国王一个人游荡在宫殿的走廊上，而且只能看到身体，看不到脑袋，无比荒谬。

惧怕查士丁尼一世的人觉得他没有人性，而狄奥多拉皇后则被塑造成了一个骄傲自满和野心勃勃的女人——她从不会原谅对自己不恭敬的人，就算是无足轻重的小事，只要有人违逆她，她便会下狠手。狄奥多拉皇后的虚荣和奢侈让许

狄奥多拉皇后镶嵌画

多人对其心生不满，可是一个从尘埃中发迹的人怎么可能不贪恋骄奢的生活呢？而且狄奥多拉皇后拥有和其丈夫查士丁尼一世一样的政治发言权，朝中上下因此怨声载道。只是总的来说，狄奥多拉皇后的所作所为并非都是恶行，在历史学家眼中，她曾慷慨地助人渡过难关，用个人方式秉持着宗教信仰，常常对那些受到欺压的人伸出援手。就一些史料来看，鉴于曾经历过艰辛岁月，她非常执着于开办救助机构以拯救那些堕入罪恶中的女性。

527 年，查士丁一世衰老离世。查士丁尼一世继位，成为帝国唯一的主人，此后的三十八年间，偌大的帝国都是由他统治。不到半个世纪，他的治国理念和独特魅力便成了那个时代的特色。纵观五六世纪的历史，无论是其前任，还是其后继者，没有一人可与其比肩，他们都无足轻重，以至于这些帝王渐渐被时间之河淹没了。

当查士丁尼一世从查士丁一世手里接过帝位时，拜占庭帝国的繁华远胜于君士坦丁大帝统治时期。在东哥特人于 487 年撤出巴尔干半岛后，拜占庭帝国再未遇到长时间的或毁灭性的侵扰。而斯拉夫部落对于拜占庭帝国而言，是一个极为陌生的族群。斯拉夫人和保加利亚人途经多瑙河岸，频繁地攻击拜占庭帝国，可他们并不是想像哥特人那般移居帝国。因此这样的侵犯虽然令人烦躁，但也不算什么危机。不过相较于亚洲，拜占庭帝国对欧洲各行省的管治状况更为不堪，因为欧洲那片疆土尚未从菲列迪根、阿拉里克和阿提拉的入侵中缓过劲来。然而值得庆幸的是，经历了数个世纪之后，除开波斯帝国边境地区，拜占庭帝国所掌控的亚洲疆土基本上未遭受过外族侵扰，而且在那个时期，拜占庭帝国也鲜与波斯人发生冲突。在小亚细亚的南部，曾经出现过一两次由伊苏里亚人发起的起义运动，但这样的内战并不像蛮族侵犯那样给帝国带来深远的影响。总而言之，博斯普鲁斯海峡以东的那片疆土依旧完整无虞。

查士丁一世执政期间，国家安稳，百姓安康，他甚至没有用过阿纳斯塔修斯一世留下的财产。所以在查士丁尼一世登基时，拜占庭帝国国库充盈，存有三十多万磅[1]的黄金。就像我们在上一章中所提过的，拜占庭的军队井井有条，士兵在总人口中的占比达到了自从阿德里安堡之战以来的最高值，帝国大概有十五万至二十万士兵。由于国土广袤，查士丁尼一世从来没有派出过规模超过三万人的军队，即使在出兵亚美尼亚边界或非洲时，他也只派出了一万人。拜占庭军队的主要兵力不再限于步兵，军中增添了身披甲胄的骑兵，他们同以往的帕提亚骑兵一样，身背弓箭，手持长矛。和重型兵比起来，步兵里的标枪兵和弓箭手更多一些。最精良的步兵驻扎在小亚细亚山区、伊苏里亚地区各行省。除此之外，

---

[1]　相当于一千三百四十万英镑。——作者注

军队中还有大量的雇佣步兵和骑兵，例如由阿拉伯人和匈奴人组建的轻型骑兵；由来自多瑙河地区的日耳曼族赫卢利人[1]和格皮德人[2]组建的重型骑兵。

查士丁尼一世在位时，帝国的财政系统是有史以来最为薄弱的时期。政治经济学的基本法则——"应当采取非压迫性的方式来征税"仍然未能得到落实。随意征税、授权专卖等行为对帝国的商贸造成了不良影响。很多税收部门都在通过中介方来征税，行为恶劣。不用参军的土地所有者需要上缴的税赋远超过规定量。因为要为君士坦丁堡的民众免费供应食粮，所以财政预算节节攀升。苛捐杂税虽有各种弊端，但查士丁尼一世因此可以得到稳定且巨额的税收。在这方面，查士丁尼一世的财政部部长卡帕多西亚的约翰擅长精打细算和敲诈勒索。就算帝国内发生了难熬的饥荒和战争，国库也并未亏空过，可这些行为根本是在透支未来。查士丁尼一世时代的税务令各行省愈加贫穷了，而且长期如此。他的继任者再也没有办法可以征得这般高的税款了。在税制方面，查士丁尼一世和路易十四的作风可谓极为相像。

查士丁尼一世的治国之道分为两方面——外交和内政。关于他在立法、管理、建筑和神学方面的作为，我们将会稍后进行阐释。在查士丁尼一世时代，他最看重的就是外交。查士丁尼一世决意接受一项荣耀无比的使命，践行一件自罗马帝国四分五裂、阿卡狄奥斯和荷诺里下台后别的君王不敢想不敢做的事——重新统一西地中海，统一日耳曼的各个王国。在荷诺里时代，西罗马帝国分崩离析。查士丁尼一世便想废黜所谓的亚得里亚海西

---

[1] 日耳曼民族的分支，源于斯堪的纳维亚，曾被哥特人与匈奴人降服。5世纪时，他们在多瑙河中游建立了政权；6世纪初期，他们被伦巴第人征服；6世纪中期，消失于历史长河中。——译者注

[2] 东哥特部落，又被称作"日皮德人"或"格皮特人"。——译者注

部国王，当时的人们也都知道这个"国王"不过是个虚假的称呼罢了。亚得里亚海西部的实际掌控权在日耳曼人手上，而那位统治者又摆出了一副中间人模样。查士丁尼一世的目的是再次收复意大利、西班牙和非洲等地，尝试收复古罗马帝国曾经拥有的偏远行省。我们能够从历史记载中看出，他在追求理想的道路上越来越顺利。

但是，在刚登基的五年时间里，查士丁尼一世都在处理一些其他事务。首先是同波斯国王科巴德一世[1]展开了一场持续四年之久的战争。归根结底这场战争的爆发是因为两国争夺对拉齐卡和伊比利亚的主理权。这两个小国家都处在黑海周边，紧邻北部边境。战争的导火索是查士丁尼一世加强了在美索不达米亚边界的守备工作。在波斯帝国边境的尼西比斯小镇旁，有一个名叫达拉的小镇，查士丁尼一世便在这里加强了防护。科巴德一世以此为借口向拜占庭帝国宣战了。当时是查士丁尼一世登基的第二年。

战争极为惨烈，双方一时间也难以分出高下。后来查士丁尼一世多次打败波斯帝国，终于在530年获得了最终胜利。不过在此期间，双方均没有主动进攻对方重镇的意思。科巴德一世离世后，其子库思老登上了王位，后世称其为"库思老一世"。库思老一世掌权后便主动同拜占庭帝国讲和，同意维持原有的边界。于是，此次战争唯一的价值便是查士丁尼一世借此检验了自己的大军，并发现了卓越的统帅——贝利撒留。倘若不是贝利撒留，达拉之战的胜利果实大概会被对方夺走。

贝利撒留生于色雷斯，长于色雷斯，年轻时便加入了军队，随后青云直上，二十三岁便成为达拉的总督，二十五岁时又升为拜占庭帝国的统领。

---

[1]　科巴德一世（Kavadh I，约449—531年）：波斯帝国萨珊王朝的君主，在位期为488年至531年。——译者注

贝利撒留在朝廷中的地位举足轻重，因为他的妻子安东尼娜是狄奥多拉皇后的至交好友。贝利撒留的际遇和马尔伯勒公爵 [1] 较为相似。马尔伯勒公爵因为妻子莎拉的势力在安妮女王朝廷中如鱼得水，仕途顺畅；贝利撒留也被蛮横又聪颖过人的妻子所控制。但不同于莎拉的是，安东尼娜从未涉足狄奥多拉皇后的政治生涯。狄奥多拉皇后离世后，安东尼娜与贝利撒留失去了原有的地位。在垂暮之年，贝利撒留遭遇不测，而且和马尔伯勒公爵的遭遇如出一辙。

532 年，波斯战争终于告一段落，但拜占庭帝国紧接着又爆发了新的危机，查士丁尼一世不仅在权威上受到了威胁，而且生命危在旦夕。如前面章节所说，拜占庭的竞技场中存在着绿党和蓝党。在 5 世纪期间，两派的势力都愈加壮大，多次涉足政治，甚至还参与到宗教争端中。530 年，属于前任国王阿纳斯塔修斯一世一派的绿党坚持"一性论" [2]；属于查士丁尼一世一派的蓝党则是严谨且正统的教派。二者渐渐由运动派系转变为政治集团，尽管他们还保留着当初竞技比赛时的诸多特征。不过无论是绿党还是蓝党，派系中的主导力量均来自中下层民众。532 年，矛盾、动乱一并爆发，帝国遭遇重创。

532 年 1 月，拜占庭帝国发生了大暴乱。查士丁尼一世虽然心向蓝党，但这一次他大公无私，一视同仁，对双方头目都处以了极刑。被判处死刑的共有七人，其中四人是当着暴徒的面被处死的，地点就在圣科隆修道院。剩下三人本也被判处了死刑，然而由于刽子手疏职，在行刑过程中，有两名蓝党罪犯和一名绿党罪犯并未立刻死去。卫兵抓住他们后又将其送上了

---

[1]　马尔伯勒公爵（The Duke Of Marlborough，1650—1722 年）：第一代巴尔伯勒公爵，本名为"约翰·丘吉尔"，是英国杰出的军事统领之一。——译者注

[2]　"一性论"否定耶稣基督的神性和人性的真实性。——作者注

绞架。可是刽子手因为对四周的暴徒心生畏惧，所以绳子再一次松了下来。现场一片混乱。卫兵被暴徒冲击得措手不及，罪犯在混乱中不顾脖子上还套着绳索，伺机逃进了不远处的修道院。

这次令人震惊的大事件成为之后一场长达六天的大骚动的直接诱因。绿党和蓝党竟然联手，一起呼喊起"尼卡"[1]口号。城中骚动四起，有人大喊着必须罢黜卡帕多西亚的约翰——大概是他在任职财政部长的时候没有打好群众基础；有人要求罢黜行政部长尤德米乌斯，因为他是此次行刑的负责人。保卫首都的小卒完全抵挡不了暴徒。查士丁尼一世无奈之下只能同意罢免二人的职务。但是，暴徒已彻底失去控制，他们并没有停止行动。而阿纳斯塔修斯一世的党羽趁乱在其间进行煽动，企图将查士丁尼一世赶下皇位，并让阿纳斯塔修斯二世的侄子伊帕迪奥斯成为新任统治者。当时，国内的军队大多已赶赴波斯战场，所以城中并没有多少可用之兵。查士丁尼一世只能将希望寄托在四千名皇室卫兵以及一部分日耳曼雇佣兵身上。除此之外，帝国都城内就只有刚跟随贝利撒留凯旋的五百名"圣甲骑兵"了。

贝利撒留自然成了总指挥，率领军队冲向暴徒，清理现场；可暴徒对此竟然毫无退缩之意，像极了一百二十五年前那群抵抗盖恩斯大军的人。双方的主要战场在奥古斯都广场、宫殿、竞技场，而两方的争斗愈演愈烈，反叛者甚至将元老院的金色门廊推倒在大火之中。火势开始逐渐蔓延，最后引燃了东北方的圣索菲亚大教堂。大火烧到了第三天，火势却仍未得到控制，圣索菲亚大教堂被付之一炬。没过多久，桑普森医院与圣伊琳娜教堂也相继被大火吞没。这场大火让激烈的战斗暂时平息，城市的大部分区域被反叛者占领，可他们却迟迟找不出一个合适的领袖。

---

[1] 此为希腊语中"胜利"的意思。——作者注

惜命的伊帕迪奥斯不想因此命丧黄泉，所以入宫拜见了查士丁尼一世。但查士丁尼一世唯恐后事难断，便把伊帕迪奥斯驱逐出了皇宫。伊帕迪奥斯因此再次回到了支持者当中。暴乱发生的第六天，伊帕迪奥斯被反叛者带入了竞技场，并被按在了皇帝宝座上进行了加冕仪式。仓促之间，反叛者找不到合适的皇冠，便用伊帕迪奥斯妻子的金项链为他加冕。

同时，皇宫里的每个人都很沮丧。臣子七嘴八舌，各执己见。卡帕多西亚的约翰及其他大多数臣子都竭力劝说查士丁尼一世通过海路逃离，而后在赫拉克勒亚加派援军。宫中臣子坚信，倘若继续留在宫里，查士丁尼一世肯定会被叛军围困，难以脱身。狄奥多拉皇后在这时挺身而出，她不仅反对临阵脱逃，还鼓励丈夫和反叛者决一死战。普罗科匹厄斯在一边记录下了皇后的话：

千钧一发之际，我们不能再墨守成规，所以我只能站出来说一些女性不应在议会上发表的言论。利害紧要之人才拥有做出行动决策的最高权力。人人都会有死的那天，但对于一国之君而言，废黜、放逐比死亡更令人难以接受。我不愿被迫脱下紫袍，也不愿就这样坐以待毙，等着世人不再称呼我为皇后的那日降临！我的王，若是你一心只求苟且偷生，那么船就在那里，大海就在那里，你大可以轻易地登船而逃。可我偏爱那句古言："鞠躬尽瘁，死而后已。"

在狄奥多拉皇后豪言壮语的鼓励下，查士丁尼一世命令贝利撒留率军反攻。此时绿党和蓝党正在竞技场上欢呼着，向刚刚完成加冕的新领袖致敬，他们高声呼喊着"伊帕迪奥斯万岁"，决定进攻宫殿。就在这个时候，

拜占庭名将贝利撒留镶嵌画

竞技场的三扇门同时遭到了猛烈的攻击。尽管未能直接攻破卡迪斯马门，可贝利撒留率领的大军攻破了侧门，进入了竞技场。在一番激战后，反叛者被军方一举击溃。他们纷纷涌入大楼，可那栋大楼的出口不过五个。成千上万的人倒在护卫军的刀剑之下。据称，尼卡暴动持续了整整六天，声势浩大，有三万五千人失去了性命。

不过，这场惊人的杀戮并没能彻底摧毁各派系。研究表明，在接下来的五十年里，绿党和蓝党常在各种场合煽动暴动，只是再也没能像 532 年那样可以改变历史的轨迹。

第七章

查士丁尼一世的征途

533—553 年

波斯人的军队撤离了，这意味着波斯对美索不达米亚的征战计划彻底泡汤了。查士丁尼一世对尼卡暴动的铁血镇压也让君士坦丁堡城内的暴徒胆寒畏惧。在确定已度过了危机之后，查士丁尼一世便重新启动了收复罗马帝国失地的计划。

从继任的第一天起，查士丁尼一世便计划着要收复失地，只是这一计划被延迟了六年。不过查士丁尼一世倒是觉得这样的延迟对其更为有利。在这六年里，两个日耳曼王国的统治权都已分别落入了无能的君王之手。而在非洲地区，作为汪达尔人[1]首领的希尔德里克也下了台，这得"归功于"其表兄盖利默。盖利默可谓真正的战争狂，他雄心勃勃，却又缺乏统治力。意大利国君狄奥多里克在526年离世，其孙阿塔拉里克继承大统。533年，年纪尚轻的阿塔拉里克也不幸随之而去了，国家大权便落入其母阿玛拉逊莎之手。在哥特人舆论的影响下，统治权被阿玛拉逊莎的丈夫狄奥达哈特掌握，这也是因为阿玛拉逊莎实在是太愚蠢了，居然会和近亲狄奥达哈特结婚。狄奥达哈特冷酷无情，高深莫测，对谁都不信任。虽然阿玛拉逊莎的嫁妆是意大利王国，但是之后不到一年她便被狄奥达哈特杀害了。狄奥

---

[1]　古老的日耳曼人部落之一，曾在罗马帝国末期征伐罗马，并将迦太基地区征为领地。——译者注

达哈特因为自身的懦弱、无情、贪婪受了不少好战之人的鄙夷。他不得民心，更不得尊重。

彼时，意大利的哥特人和非洲的汪达尔人都不堪一击，因此他们被野心勃勃的邻邦入侵也不是一件奇怪的事。实际上，拜占庭帝国虽然征服了广袤的疆土，但由于兵力不足，所以帝国无法完全控制那些偏远的疆域。原始的哥特人部落和汪达尔人在征伐非洲与意大利的时候，即使算上部落中的老弱妇孺也不过五六万人而已。拜占庭帝国若是将所有兵力汇聚在一起定能够摧毁一切，可为了管治广袤的领土，帝国只能对其分而治之。当时的意大利实际上也只剩下了三座城市——拉文纳、帕维亚和维罗纳，而城市里的居民大多数是东哥特人。其实一支杰出的军队完全可以创建一个小规模的国家，可哥特人和汪达尔人的数量实在太少了，因而他们无法掌控如意大利、非洲这般宽广之地。他们能占领的只有小型的上层社会，而他们对国家的管理也是依赖父辈从那些无心恋战的民众手中所获得的权力。对汪达尔人和东哥特人的王权而言，生存的唯一途径便是将意大利与非洲的各行省的人融合到一起，就像法兰克人在更大的利益面前，选择与臣服于己的高卢人一同生活那样。在对待意大利的问题上，优秀的狄奥多里克看到了这一点。他竭力调解哥特人与意大利人之间的矛盾，在对待两国民众时力求公正，并在政府里给哥特人和意大利人留了一席之地。但是，只依靠一代人的付出无法平复征服者与被征服者之间的仇恨。那时狄奥多里克的继承人还是一个孩子，再下一个继承人则是一个恶徒，当他继位后，狄奥多里克的努力便白费了。狄奥多里克无法完美地处理同族和意大利人之间的矛盾，因为哥特人先前所信奉的是阿里乌斯教，但传教士却将阿里乌斯教视为异教。因此在 4 世纪的时候，哥特人开始信奉基督教。那些投降的大臣及百姓皆是地道的天主教徒。不同的宗教信仰、旧日积下的怨恨，以及更深层次的种族间的仇恨[1]，导致哥特人和意大利人基本上毫无融合的可能。

值得注意的是，意大利的东哥特王国和非洲的汪达尔王国还存在一个缺陷——第二代的哥特人和第三代的汪达尔人定居南方之后仿佛丢掉了勇气和毅力。这或许是因为多瑙河流域的气候条件不佳；或许是因为罗马文明的诱惑与奢侈令人精神不振。彼时曾有一位哥特圣人在得知这个情况后如是评价道："哥特人一拥有财富就会像罗马人一样骄奢，罗马人一遭遇穷困就会像哥特人一般能征善战。"这句话是合乎事实的，但是这对于期望长久统治世界的东哥特王国来说可能是件坏事。在统治者羸弱但子民强悍的情况下，恐怕没有哪个国家能实现长治久安的局面。

相较于东哥特王国，汪达尔王国的境况更为恶劣。汪达尔人在帝国总人口中的占比还不如哥特人；而在宗教方面，汪达尔人不但是异教徒，更偏好祸害旁人，比哥特人有过之而无不及。除此之外，汪达尔人从未有过像狄奥多里克那样杰出的管理者和组织者，他们有的不过是一群不讲道理的海盗般的贵族，这些人除了在沙场上强悍无比之外，再无别的什么可取之处。

查士丁尼一世在与波斯帝国和解后，立即向汪达尔国王盖利默宣战。他的宣战理由并不是帝国拥有对非洲疆土的主导权，因为此种说法定会同时激起西班牙统治者和意大利统治者的愤怒，令他们站到汪达尔王国那边。所以查士丁尼一世给出的理由是盖利默不应废黜希尔德里克，毕竟他是帝国的盟友。533 年 7 月，此前顺利镇压了尼卡暴乱、备受万众期待的贝利

---

[1]　无论是天主教还是东正教都隶属于基督教。在罗马帝国分为东西两部分之后，西方教会将总部定在了罗马，东方教会将总部定在了君士坦丁堡，而后二者逐渐分裂开来。哥特人信奉基督教，听命于东方教会；意大利人信奉罗马天主教，所以双方必然会产生矛盾。——译者注

撒留带领五千名骑兵和一万名步兵从博斯普鲁斯出发，随他一起出征的还有秘书普罗科匹厄斯。这是一件值得庆幸的事，因为普罗科匹厄斯是一位优秀的作家，这一路上他将贝利撒留的作战过程悉数记录在案。汪达尔人所掌控的区域远至帝国最东端的黎波里，这也是贝利撒留首先登陆之处。随后不久，的黎波里的百姓便举旗投降了。贝利撒留又偷偷地从的黎波里出发，一路畅通无阻，没有遭遇任何阻拦或抗争，直接将软弱的盖利默打得狼狈不堪。盖利默在慌乱之中只能调集散布在全国各地的士兵。贝利撒留一直打到了距迦太基不足十英里的地方才被汪达尔大军拦下。但是一番激战之后，汪达尔军还是败下阵来。翌日，迦太基被贝利撒留拿下，当地人都因老城主的失败而欢呼雀跃，热情地迎接拜占庭大军入城，在此期间既未发生暴动，也无烧杀抢夺。这时候的迦太基并不像是一个被侵略的城市。

事已至此，盖利默还是想扭转乾坤，于是他动用了后备军，这也是他最后的希望了。盖利默带军一路向迦太基挺进，不过他们还没到达布拉，便在特里卡梅伦遭遇了贝利撒留。也许是天意吧，盖利默最终还是失败了，汪达尔王国辖内的最后一座要塞也被占领，这意味着汪达尔王国已走到了尽头。汪达尔国王盖塞里克在 429 年来到非洲。此后，汪达尔王国苟延残喘，也不过维持了一百零四年的时光而已。

盖利默找到的避难所是摩尔部落。摩尔人一直生活在阿特拉斯山地区的要塞。盖利默来到此地后不久便决意要向智勇双全的贝利撒留投诚，于是他命人将此消息带去了迦太基。之后发生的事情便比较简单了。盖利默只求贝利撒留给他三件东西：一块海绵，用于擦拭泪水；一把竖琴，用以吟唱那些书写自己与汪达尔王国命运的颂歌；一片面包，他一直和摩尔人吃着难以下咽的食物，已经很久没有品尝到面包这样的美食了。贝利撒留满怀善意地招待了盖利默，还将他带到了君士坦丁堡。一并被带到君士坦丁堡的还有迦太基宫中的奇珍异宝，例如汪达尔人在八十六年前从西罗马帝国抢来的战利品。而 453 年，汪达尔人曾将罗马洗劫一空。有传闻称那些战利品中就有从耶路撒冷圣殿中掠来的金器。那些金器被胜利者提图斯带回了罗马，之后又被盖塞里克携带至迦太基。

贝利撒留出征大获全胜，又带着无数战利品、俘虏归来。查士丁尼一世对此感到十分振奋，立刻下令，准备攻击位于西部边陲的另一个日耳曼王国——东哥特王国。435 年夏季，查士丁尼一世正式对狄奥达哈特宣战。这一次，查士丁尼一世选择的理由是狄奥达哈特伤害了阿玛拉逊莎王后。阿玛拉逊莎王后结婚不到一年，便被她那忘恩负义的丈夫禁锢，用一条绳索结束了她的生命。

不知是因为愧疚还是懦弱，狄奥达哈特在听到拜占庭帝国发起战争后表现出了极度的惊恐。他甚至还给君士坦丁堡写了一封信，在信中他表示了自己的想法——倘若可以保住自身性命与个人财物，他愿意让出王位。与此同时，他还将自身命运交给了巫师和占卜者，可见这位统治者不仅无能还很迷信。普罗科匹厄斯记录下了一个知名犹太巫师的怪异行径，他正

少年骑兵团

是狄奥达哈特所咨询的巫师。这位巫师牵了三十头猪，似乎是用来指代异教徒的，接着对猪进行了分组，十头猪为一组，一共三组。第一组被他称为"哥特人"，第二组被称为"意大利人"，第三组被称为"拜占庭人"。在接下来的十天时间里，他不会提供任何食物和水给它们。他叮嘱狄奥达哈特在十天之后再来看看，以这些猪的身体情况来判断后事。

十天之后，狄奥达哈特前去一探究竟，结果看到"哥特人"只剩下了两头，"意大利人"还剩下一半，"拜占庭人"尽管奄奄一息，但都还存活着。巫师对此的解释是：在马上就要开始的战争之中，哥特人将全军覆没；意大利人会元气大伤；拜占庭人将赢得胜利，但他们也会为此付出惨痛代价，痛不欲生。

狄奥达哈特还在想办法应对这些征兆，哥特人和达尔马提亚总督就在伊利里亚边界开战了。这个时候再向查士丁尼一世提出和解已是徒劳，狄奥达哈特国王无奈之下只好全力应对。

535年的夏季，贝利撒留率军在西西里岛登陆。同先前征讨汪达尔人相比，贝利撒留这次所带领的军队人数更少，只有三千名拜占庭士兵、四千五百名蛮族雇佣兵，以及全部的伊苏里亚人。贝利撒留一如既往地幸运，首战告捷，除了巴勒莫外，西西里岛上的其他城镇都被其攻破。巴勒莫这座城里留守着大量哥特守军，但没过多久就被攻陷了。六个月之后，贝利撒留将整个西西里岛收入囊中。

狄奥达哈特好似已没有了自我保护的能力，进退两难，极为无助。这种状态让那些要强的国民愤怒至极。人们在听说贝利撒留拿下了意大利、攻下了利基翁的时候愤然而起，狄奥达哈特命丧黄泉。取代狄奥达哈特的是维蒂吉斯，他是被东哥特军方推选出来的。这时的维蒂吉斯正值壮年，本是军队中一位骁勇正直的将领，然而在山雨欲来之际，他也是手足无措了。

在利基翁沦陷之后，贝利撒留快速进军那不勒斯，势如破竹，无人能挡。哥特人此前将兵力分散于意大利南部各地，留在卡拉布里亚和卢卡尼亚要塞的兵力极少。拜占庭大军在跨过一道废沟渠之后便冲入了城中，顺利地拿下了那不勒斯。因为需要留下一部分士兵驻守在新领土上，所以贝利撒留的军队人数缩减了许多。尽管如此，在赢得那不勒斯之战后，贝利撒留仍坚决要挺进罗马。维蒂吉斯根本无法劝服他。他听闻法兰克人打算侵略意大利北部地区后，也不管传言是否属实就率领大军赶了过去，打算去阻止来自阿尔卑斯山的法兰克人。彼时，他本应当守卫台伯河工事。为了不和法兰克人发生冲突，维蒂吉斯只得为提乌德里克一世[1]送上了普罗旺斯。但还没等维蒂吉斯回过头来，罗马就落到拜占庭帝国手上了。维蒂吉斯将守城的任务交给了哥特将领莱达里斯。莱达里斯麾下有一支四千人的军队，但在 536 年 12 月，当贝利撒留的大军快到罗马的时候，莱达里斯开始惊慌失措，看起来愚笨不堪，胆怯至极，还未开战便逃走了。如此一来，贝利撒留带领五千士兵不费吹灰之力便拿下了历史悠久的罗马城。

537 年春天，维蒂吉斯率十几万东哥特士兵将罗马团团围住。贝利撒留驻守在罗马城里，不幸的是士兵人数要少很多。在意大利的历史上，这场战争为我们提供了一个极为有趣的画面——在长达一年多的时间里，东哥特军队始终被挡在城外，在这期间他们尝试了各种各样的手段，无论是强攻，还是贿赂城中叛军，抑或通过被弃用的下水道潜进城中——这是贝利撒留在一年前进攻那不勒斯时"创造"的方式，都没有成功。虽然东哥特的士兵人数是对方的二十倍，但他们和一个世纪以前入侵西罗马帝国的先辈们所面临的情况一样，即使东哥特的主要兵力皆不惧死亡，一切也都

---

[1] 提乌德里克一世（Theuderic I, 487—534 年）：法兰克国王，在位期为 511 年至 534 年。——译者注

是白费功夫。在这次进攻中最值得世人铭记的是：537 年 3 月 21 日，东哥特大军来到城墙上，同时从五个方位对罗马城发起了进攻，拜占庭大军被其击溃。其中有三次进攻是发生东南方向的普雷内斯丁城门一带，事实上，东哥特人的一支突击队早先已强攻入城，一番混战后，他们又被拜占庭大军赶了出去。另一场激烈战斗发生在罗马城西北方向的哈德良陵墓。而这两次进攻是同时进行的。哈德良陵墓呈四边形，由白色的大理石筑造而成，长、宽约三百英尺，高达五英尺，上方竖立着古罗马时代最雄伟的雕像群，其中有四座雕像是罗马国王的骑马像。东哥特大军将梯子扛到了陵墓底下。拜占庭大军虽手持弓箭与标枪，但很难将来者击退。无奈之下，拜占庭大军只能摧毁了陵墓上方的几十座雕像。一时间只见无数大理石碎片哗哗下落，如雨点一般，击退了蜂拥而至的东哥特士兵。千年之后的人们在哈德良陵墓的沟渠中寻到了绘画史上最引人注目的两件古代杰作——慕尼黑的"巴尔贝里尼的农牧神"和佛罗伦萨的"跳舞的农牧神"。它们在当时或许是拜占庭士兵用来抵抗东哥特人进攻的武器，没有被善待；可恰是如此，它们才能重见天日。

　　双方就这样僵持了一年零九天，最终维蒂吉斯无奈地放弃了进攻，他当时确实有些时运不济。维蒂吉斯的军队充满了饥饿和死伤，士兵大幅度减少，大家完全看不到获胜的希望。而后他们又听闻拜占庭帝国派出了一批将士赶赴东哥特王国的首都拉文纳。实际上当时贝利撒留先后获得的援兵已经达到六七十人，他还委任指挥官约翰带领一支人数较多的队伍悄悄地从亚得里亚海岸登陆。

　　这场大战其实已经延伸到了北部更偏远的地区，不过这对结果毫无影响，拜占庭大军依旧一路追击，摧城拔寨，东哥特人则是节节败退，溃不成军。安科纳、奥西莫和里米尼都成了贝利撒留的战利品，而后他又小心谨慎地向东哥特王国的首都拉文纳挺进，并于 540 年发动了攻势，成功将维蒂吉斯禁锢在了拉文纳。维蒂吉斯手上的军队并不具备如 537 年拜占庭军队一般强悍的守城能力。更麻烦的是，法兰克人在此时进攻了意大利的北部，试图拔下东哥特王国最后一根救命稻草——波谷。维蒂吉斯在知道这个消息后便缴械投降了。尽管查士丁尼一世表示可以接受他的投诚，并计划让他到位于波河北岸的附庸国去当个国王，可贝利撒留却不接受对方的附属条件，于是维蒂吉斯不得不接受彻底失败的命运。城中弹尽粮绝，百姓饥饿难耐，拉文纳的城门被迫向敌人打开了，哥特人认为国王此举是不理智的，并因此悲愤交加，但他们对贝利撒留的大方和骁勇佩服不已，甚至想要拥立贝利撒留为西方国王。不过贝利撒留对拜占庭帝国忠心不二，自然不会接受这个提议。他不仅让那些哥特人各自回家，还让他们以帝国子民的身份安心生活。540 年 5 月，贝利撒留带上俘获的维蒂吉斯和一大批来自狄奥多里克王宫的奇珍异宝，搭上了凯旋的船，准备向查士丁尼一世奉上这累累硕果。

彼时，意大利的境遇跟非洲极为相似：唯有维罗纳和帕维亚还有人守城，而他们都是东哥特人。船锚拉起，贝利撒留认为在罗马的使命已完成，后事只需交予下属处理就好。他的下一个目的地是东部，打算去那里和科巴德一世之子库思老一世打一仗，这又将是一场波斯之战。由此可见，贝利撒留的任务并未终结。千钧一发之际，东哥特人寻求到了"贵人"相助，而这位"贵人"是一位国王，收服意大利的漫漫征途也就此被延后了十二年之久。

在帕维亚，两个临时国王登基不过数月便撒手人寰了。继承王位的是

6 世纪最值得尊敬之人——巴杜伊拉 [1]，他被誉为"中世纪的首位骑士"。查士丁尼一世的精兵强将对这位"骑士"国王毫不客气，企图占领帕维亚和维罗纳，从而终结这一战。然而巴杜伊拉亲自领兵，带着一批东哥特人防守成功，阻止了查士丁尼一世的计划。这也是东哥特军队在拜占庭大军攻入意大利之后首尝胜果。接下来，巴杜伊拉又获得了两次成功，使得原来维蒂吉斯麾下的散兵游勇再次汇集至新王的座下。意大利南部和中部的城市也相继回归。相较于先前被贝利撒留攻占，它们回到东哥特人手中的速度也很迅猛。对意大利来说，这一战无疑是一场锥心刺骨的苦难；而在拜占庭帝国的总督，以及财政官员——也就是"内务大臣"看来，这一战也是帝国无法承受之重压。曾几何时，查士丁尼一世的大军被意大利人欢呼相迎，可在狄奥多里克的巅峰时刻逝去之后，意大利人就懊悔不已了。没过多久，意大利境内的大多数城市便被巴杜伊拉占有了；属于拜占庭帝国的城市只剩下罗马、奥特兰托、那不勒斯，以及拉文纳周围的地区。不久之后，饥荒降临那不勒斯。543 年，巴杜伊拉向那不勒斯伸出了援手，之后那不勒斯便向其投诚了。

　　巴杜伊拉待民亲善，而纵观整个拜占庭帝国，除了贝利撒留，没有哪位将领可以做到这一点。没过多久，巴杜伊拉便以胜利者的姿态发表了一次演讲，对象是他麾下的将士。在这次演讲中，他将自己的个人魅力发挥得淋漓尽致。一名东哥特士兵因强暴了一个罗马人的女儿而要被巴杜伊拉处死。军官们纷纷上前求情，巴杜伊拉却说："你们一定得做出抉择，今日是留下这个人的性命，还是改变东哥特人的命运。"在战争初期，东哥

---

[1]　本名为巴杜伊拉（Baduila），跟硬币上所刻之名一样，这一点也有历史学家曾经提到过。不过，在拜占庭帝国，作家通常称其为"托提拉（Totila）"，可见"托提拉"或许是他的别称。——作者注

特士兵英勇无畏，将领才能卓越，东哥特拥有无尽的财富、武器、战马，以及意大利军事堡垒。然而后来，作为统治者的狄奥达哈特却见钱眼开，有失公允，东哥特人就是在他的影响下负上了原罪，最终惹怒了上帝，故而在此前十年中他们才会遭受各种不幸。现如今，上帝似乎是觉得他们已经受到了足够的惩罚，因而便准许巴杜伊拉带领东哥特人重新启程。东哥特人必须团结起来，听从巴杜伊拉的领导，砥砺前行。他们脚下唯一可走之路就是正义，所以即使那个罪人曾是一位英勇之士，他们也不能偏袒。东哥特人必须清楚地认识到不公正之人终究是成不了英勇斗士的，因为对英勇之人来说，征战沙场乃是人生幸事。

上述文字描述的是巴杜伊拉正义的一面。对他来说，梦想就在不远的地方，失去的一切将重新归于神采奕奕的东哥特人。随后，巴杜伊拉率领一万五千名将士来到了罗马城下。维蒂吉斯曾经率领十万大军攻打罗马，却无功而返。为了守住已经攻下的意大利领土，查士丁尼一世只能再派贝利撒留领兵出征，因为只有他能阻止东哥特人。可这一次，贝利撒留既没能获得强大的兵力，也没能得到朝中官员的支持。不仅如此，那些臣子还在打军饷的主意。在这种情况下，罗马之行变得异常艰难，贝利撒留只得待在台伯河口的波图斯伺机而动，可一直没有等到合适的机会。

作为拜占庭驻军的统领，贝萨斯犯了众怒，罗马人饥饿难耐，贝萨斯却贪婪无度，暴虐成性；贝萨斯明明是一个拜占庭人，却希望巴杜伊拉可以取得胜利。一天夜里，城中的一些反叛者偷偷开启了阿萨里亚门，私自放巴杜伊拉及其军队入城。巴杜伊拉觉得此事已告一段落，便把将领召集起来，要求他们回想这样一个问题：在维蒂吉斯执政期间，只有七千人的拜占庭军队是怎样战胜军备强大的东哥特大军，并且为自己夺得自由的？现在，东哥特军队的规模不如之前，而且为贫穷所困，但仍然打败了拜占庭的两万大军，这又是为何？哥特人曾经对正义嗤之以鼻，因而彼此心生嫌隙，还和罗马人结下了仇怨。后来，哥特人终于走上了正义之路，站在了上帝那方；倘若不公正，便是与上帝为敌。

550 年，巴杜伊拉下定决心，要践行自汉尼拔以来未有人做过的事情——毁掉罗马城，打破这座历史名城的一切旧制。在他眼中，那些旧制如同枷锁，轻易地便能拴住东哥特人的心。城门被攻破的那一刻，令人窒息的饥荒也宣告结束，可当时城里只有几千人了。巴杜伊拉虽将百姓毫无损伤地送走了，但他损毁了城墙，破坏了宫殿、军火库，使得罗马在短短几周内就变成了空城，只有猫头鹰和狼在其间栖息。

正义勇敢的巴杜伊拉掌控了意大利十一年，而贝利撒留和巴杜伊拉的战争还在持续。最后，因被朝廷里的卑劣之人所害，贝利撒留这个杰出的将领被迫退役还乡。没过多久，查士丁尼一世又聚集了一支军队，这支军队的规模远胜之前贝利撒留麾下那支队伍。担任军队指挥官并带着大军奔赴意大利的是宦官纳尔西斯。一个宦官摇身一变成了将军，这可真是个怪诞的安排，不过，这个安排倒是成效斐然。纳尔西斯绕开了亚得里亚海的岬角从而进入了意大利的北部。553 年，巴杜伊拉穿过亚平宁山脉，来到了塔吉纳，正式向纳尔西斯宣战。两方的对战持续了整整一天，东哥特骑兵一次又一次地攻入拜占庭的军阵，攻击极为迅猛，但没有什么成效。黄昏时分，东哥特军队终于败下阵来，纷纷逃离战场，巴杜伊拉便是在此时遭到了致命的伤害。

巴杜伊拉离世之后，东哥特人愈加无望，因为国王的正义和骑士般英勇的精神并不能让他们免于重蹈汪达尔人的覆辙。军官德亚带领着溃军，计划在坎帕尼亚最后一搏，然而军队刚到努凯里亚，德亚就被人杀害。随后，东哥特大军举旗告诉纳尔西斯，上帝与东哥特人同在。他们也因此打算从意大利撤出，去往北方，去那片祖辈耕耘之地。残余的东哥特军队撤离了坎帕尼亚，穿越波谷、阿尔卑斯山，消失在北方那片昏

圣索菲亚教堂局部

暗的迷茫中，走向一度被忘却的地方。查士丁尼一世终于实现了自己的计划——意大利成了他的囊中之物。彼时的意大利土地贫瘠、人烟稀少，古罗马时代的繁荣盛世景象早已荡然无存。一位当代的编年史学家曾感叹道："那片土地又变成了未开化的孤地。"在饥荒与战争的阴影下，意大利百废待兴。

然而，查士丁尼一世并未因这场破釜沉舟的战役而感到疲惫；相反，他在结束同东哥特王国的这一仗后便立即对另一个西方王国宣战。西班牙当时正处于内战之中，拜占庭帝国的非洲总督利贝里乌斯便瞅准机会，登上了安达鲁西亚，而后快速地攻下伊比利亚半岛南部的马拉加、哥多华、卡塔赫纳以及加的斯等城市。忙着内战的西哥特人立刻停止了内讧，急忙团结在国王阿萨纳吉尔德的身边，开始阻止拜占庭大军进一步侵入。可西哥特人最终也没能夺回那片长带形状的领地。直至 623 年，查士丁尼一世和他的继承者始终掌控着西班牙南部沿海地区的很大一部分土地。

第八章

查士丁尼一世时代终究逝去

556—566 年

　　540 年，贝利撒留攻下拉文纳；553 年，拜占庭军队拿下了意大利。与此同时，在同东哥特交战的过程中，查士丁尼一世的将士似乎有所松懈。究其根本，还是因为拜占庭帝国在攻下了拉文纳之后，便立即和东邻的强国较起劲来了。查士丁尼一世相继攻下了非洲与意大利，这对波斯国王库思老一世而言无疑是沉重一击。之前无论是波斯人、哥特人，还是汪达尔人，他们都曾打下过拜占庭帝国的部分行省，库思老一世也一直都记得这一点，所以他知道有朝一日，查士丁尼一世必定会来收复失地。于是他计划在查士丁尼一世离开意大利之前发起一场突袭。彼时，拜占庭大军的主要兵力还集中在西部地区。而两个阿拉伯部落一直定居在拜占庭帝国与波斯帝国的边境附近，一个被拜占庭帝国控制，一个被波斯帝国控制。540 年春天，这两个部落发生了小争执，库思老一世便以此为契机，向拜占庭帝国宣战，这自然会给查士丁尼一世来个下马威。当时拜占庭帝国在幼发拉底河附近的军事力量并不算强，尚不足以招架波斯军队。所以刚开始的时候拜占庭帝国损失异常惨重，这也是自阿德里安堡战役之后的一百六十多年间拜占庭帝国第一次出现这种情况。

　　库思老一世亲自带兵绕过了美索不达米亚的军事堡垒，向叙利亚北部挺进，他此行的目标便是东部的大城市安条克。安条克是富裕之地，因为距离边境较远，一般不会遭到某一方的攻击，所以在近三百年的时间里都未被攻击过。驻守在安条克的士兵共有六千人，而且在竞技场内较劲的绿党和蓝党也即刻武装了起来，对正规军予以支持。然而，指挥官实在是懦弱无能，居然将防御工事给忽略了。于是这场战役异常惨烈，最终还是库思老一世获胜，攻下了安条克。不过拜占庭驻军还是逃了出去，随其一起的还有城中的许多居民。波斯军队进城后，将安条克洗劫一空，不计其数的市民被俘虏，成了阶下囚。库思老一世将这些人送往了幼发拉底河附近，就如当年巴比伦国王尼布甲尼撒曾经安顿犹太人那样；他还为这些人新建了一座城池，并把自身大名和"安条克"融合在一起，为这座城池取名为"库思老安条尼亚"。

作为东部第二大城市的安条克惨遭不测，查士丁尼一世对此耿耿于怀，很是在意。于是他暂且放缓了意大利这边的事情，将一切可供支配的军队都派到了幼发拉底河，同时再度命贝利撒留担任总指挥官。从此之后，尽管库思老一世也曾多次获胜，却没有再获得过像安条克之战那般的胜利。在攻击北方偏远的科尔基斯边境要地时，库思老一世收到了风声，知道贝利撒留已攻占亚述，并且企图攻占尼西比斯后，赶忙回去救援。但其实贝利撒留早已经退了出去。这个战术令波斯人浪费了一整个夏季，之前所做的准备也付之东流了。

541 年，两国之间未发生较大规模的战事；542 年春天，贝利撒留采用了相同的策略守护幼发拉底河这道防线。波斯人在对美索不达米亚攻击了一番之后便撤离了。双方的战事进行了整整两年。于库思老一世而言，在赢了安条克之战后所做的一切努力都化为泡影了，他怎甘心这样的结局？更为关键的是，埃德萨一战的失败令他羞愧难当。故而，他在 545 年接受了议和。库思老一世确实选择放弃某些不太重要的征伐，可他依旧觉得战争给他带来的是无上荣耀。查士丁尼一世在条约上签了字，同意支付两千磅黄金[1]给库思老一世。不过在此条约之中有一条争议颇大——虽然双方在众多地区都已停止了军事行动，但两位君主均未对拉奇卡王国的宗主权归属问题提出明确意见。拉奇卡王国位于科尔基斯和黑海沿岸。在这七年间，拉奇卡王国战事频发，不过位于古罗马边境附近的其他地区都十分稳定。直至556年，在彼此都为这场毫无意义的战争消耗了不菲的人力和财力之后，库思老一世方才决定放弃攻占拉奇卡这个坐落在陡峭山地中的小国家，并且要求查士丁尼一世每年支付二百磅黄金的赔偿。

尽管查士丁尼一世没有战败，可拜占庭帝国却在此战中元气大伤，到了556年，帝国日渐衰落，国中一片混乱。究其缘由，还是查士丁尼一世的财政支出甚大。他一面向各个行省征收前所未有的高额税款，一面又被迫持续着意大利战争和波斯战争。

不过拜占庭帝国最惨痛的损失并非人为导致。542年，拜占庭帝国发生了一场罕见的瘟疫，并且迅速席卷全国。帝国上一次的瘟疫爆发还是在三百年前的3世纪早期，也就是特雷博亚努斯·加卢斯[2]时代。拜占庭帝国的这场瘟疫如同英国历史上那场黑死病，成了帝国历史上的标志事件之一，有转折性的意义。普罗科匹厄斯对这次瘟疫的传播、结果，以及具体情况都详细地记录在册，让人读之如临其境。6世纪后半期，拜占庭帝国颓势难掩，导致这一局面的原因很多，但其中最为重要的还是瘟疫。据称，在瘟疫传播至君士坦丁堡城内后，城中日均感染人数便达到了五千人；当时城中的各项工作已全部停止，除了搬运尸体之人，市场上别无他人。很多人都死于这场疫病之中，城中的很多房屋空无一人。政府只能特事特办，

---

[1]　等同于十万零八千英镑。——作者注

[2]　特雷博亚努斯·加卢斯（Trebnianus Gallus，206—253年）：罗马帝国皇帝，在位期为251年至253年。——译者注

直接将那些无法确认身份的尸体掩埋了。在编年史学家看来，"这种疾病不会只攻击某一阶层或某一种族之人，不会只在某一地区横行霸道，不会只停留在一年中的某一时期。无论是冬天，还是夏天；无论是南方，还是北方；无论是阿拉伯，还是希腊；无论是无知者，还是接受过洗礼之人，它都会同等对待。无论你是躲藏到洞穴深处，还是攀爬到高山之巅，它都能找到你，人类终究无处藏身"。瘟疫所造成的影响，最为突出的便是"无论是上帝的旨意，还是偶然的事件，它都恰到好处地忽略了那些罪孽深重之人"。

然而瘟疫没有忽视查士丁尼一世。虽然查士丁尼一世最终被治好，但是他已经无法回到原来的状态了。他仍旧有光复罗马帝国的伟大理想，想无所畏惧地坚守到最后一日，但身体却每况愈下，难以支撑，特别是在丧失了杰出的领导力之后。编年史学家说，他不再抱有希望，也失去了当年的雄心壮志。在精力充沛的时候，查士丁尼一世获得了无尽的荣耀，但在逐渐迈向人生末路的时候，他好像对丰功伟绩生出了疲倦之意，所做的也只是去扰乱敌方的部署，用厚礼安抚人心而已，再没有冒险出征的打算。他减少了军队的人数，因为军队已经不在他的需求之中了；为他征税、管理军队的臣子也遭受了冷落。

查士丁尼一世在晚年阶段越来越关注神学争论，有时会因此将国家大事束之高阁。彼时，宗教争论和一性论相关。教会不认为基督既拥有神性又拥有人性。查士丁尼一世并非一性论者，他只是想要利用法律条文来统一管理各个教派和教会主体，故而颁布了法令，不允许教会再讨论这个话题。而且查士丁尼一世还付出了大量的精力，盼望异端教徒和正统基督教神学教徒能够和平相处。然而实际上，想要双方永远和解似乎是不可能的，其中最大的阻碍来自罗马主教。554 年，查士丁尼一世命令教皇维吉利来到君士坦丁堡，随后将其软禁了好几个月，一直到维吉利答应在协议上签字。查士丁尼一世的举动给维吉利贴上了"异端分子"的标签，加剧了东、西罗马的分裂。

548年，也就是瘟疫大爆发之后的第六年，狄奥多拉皇后离开了人世，年迈的查士丁尼一世变得更阴郁了。或许是因为皇后的离开和自己身体的颓势，查士丁尼一世的精神也每况愈下。在统治帝国的前期，每当查士丁尼一世面对难题时，极具胆识的狄奥多拉皇后会激励他勇于冒险。而狄奥多拉皇后死后，查士丁尼一世便不再信任任何一个人，就连他钦定的继承人——狄奥多拉皇后的侄女婿查士丁也只能待在家里修身养性。查士丁尼一世信不过那些臣子，即使是面对拜占庭帝国历史上最忠心的斗士贝利撒留，他也是满腹疑虑。在同东哥特王国的第二场大战中，查士丁尼一世不但未授予贝利撒留行军打仗的自由权，还与臣子联手制衡他。549年，查士丁尼一世让贝利撒留退役归乡；直至558年，帝国遭遇了始料未及的军事危机，查士丁尼一世才不得不重新启用贝利撒留。

这一次的军事危机也说明查士丁尼一世在晚年时执政不佳。深冬时分正是帝国上下最懒散的时候，一群匈奴人便在此时跨过了冰封的多瑙河，于色雷斯省安营扎寨。他们来自俄罗斯南部草原，是那里的游牧部落。彼时的拜占庭帝国拥有十五万将士，可这些将士都在境外，在非洲、意大利、西班牙、底比斯、科尔基斯、美索不达米亚的前线。色雷斯省正是因为没有军队驻守才会被匈奴蛮族钻了空子。匈奴人一路烧杀抢掠，霸气冲天，从多瑙河打到马尔马拉海，而后横跨拜占庭帝国。这支军队其实只有七千人，却具备强悍的战斗能力。他们攻到了离君士坦丁堡城门仅有几英里的地方，与此同时，城中因蛮族的到来而极度惶恐。在此情境下，君士坦丁堡的市民纷纷带着个人财产和在教堂募集的资金去了亚洲。查士丁尼一世将在家休养的贝利撒留召回，命令他来率领城内现有的军队——一支由参与过意大利之战的老兵组建的三百人部队，以及一支由三千五百人组成的斯科尔斯警卫队。警卫队平时的职责是守卫城门，士兵兼有副业和营生，只在必要时轮流值守。对于这样的军队，自然是无人会相信他们有作战能力的。

　　然而，贝利撒留利用巧妙的军事手段，率领着一干没上过前线，甚至无组织、无纪律的士兵打败了匈奴人。他领兵前往一个特别的伏击点，这个伏击点唯一可能受到敌人攻击的地方被两侧的树林与灌木遮盖。贝利撒留让不太可靠的斯科尔斯警卫队蹲守在侧方，因为那里不会是敌人想攻击之处；接着又将那三百名老兵布置在敌人容易进攻的路线上。匈奴人前脚刚到，后脚就被躲藏在树林之中的士兵反扑，不得不撤离。贝利撒留将来不及跑掉的四百多个匈奴人抓回了军营，而他的军队损伤人数仅五十余人。这是贝利撒留沙场生涯中的最后一役，他不负众望地守护了君士坦丁堡。这位将军在年轻时曾守卫过旧罗马，在晚年时又守护了新罗马。

　　尽管贝利撒留守护了君士坦丁堡，可查士丁尼一世依旧对他有所猜忌。562 年，有人无中生有，捏造了一起谋反阴谋，箭头直指贝利撒留。查士丁尼一世竟相信了此事，不但抄了贝利撒留的家，还监视了他整整八个月。好在贝利撒留最终还是幸运地洗脱了自己的罪名，并再次获得任用。565 年 3 月，贝利撒留离世[1]；九个月之后，忘恩负义的查士丁尼一世随贝利撒留而去，长眠于地下。

　　我们已经谈到了许多与查士丁尼一世这位征服者、统治者有关的事情。现在我们来说说查士丁尼一世做出的其他贡献，其中最值得一提的

---

　　[1]　坊间传闻，这位杰出的将领一直生活在屈辱和贫穷之中，曾向路人讨要饭食，最后横尸街头。这一说法自然不足为信，不过，多疑帝王的所作所为，确实是无法被原谅的。——作者注

功勋集中在两个领域：一个是法律，另一个是建筑。被世人称为"拜占庭式"的建筑风格源自古典建筑，最早出现在戴克里先时代。四五世纪时，很多国王都热衷于土木工程，但没有一位国王能在这方面超越查士丁尼一世，他不仅拥有超强的意志力，还动用了巨大的权力。查士丁尼一世有权随意安置阿纳斯塔修斯一世所保存之宝物，他的鉴赏力和盖乌斯·屋大维、尼禄、哈德良这几位罗马历史上的杰出皇帝一样，都十分出众。帝国有很多修道院、教堂、医院、军事堡垒、司法大厅，甚至在柱廊内矗立着一座座纪念碑，这些都是用以颂扬查士丁尼一世的品位和财富的。作为一位历史学家，普罗科匹厄斯曾对查士丁尼一世时代的建筑做过详细记录，这些建筑有的至今还留存于世，甚至没有任何损伤，但是大多数已经消失在了历史长河之中。在普罗科匹厄斯准确详细的描绘中，有三分之二位于帝国境内较为偏僻或隐秘之地的、未被发掘的精致建筑是查士丁尼一世的杰作。不管是在耶路撒冷、君士坦丁堡等大都市里，还是在伊苏里亚、卡帕多西亚等偏远之地，随处可见查士丁尼一世时期的建筑。即使在后来被占领的拉文纳也矗立着查士丁尼一世时所建造的圣维塔教堂——里面珍藏着查士丁尼一世及其妻狄奥多拉皇后的马赛克肖像；而在克莱斯迪城郊还傲立着一座圣阿波利纳雷教堂。相较于 5 世纪的拜占庭帝国皇帝兼东哥特国王狄奥多里克的手笔，查士丁尼一世时期的建筑更令人叹为观止。

实际上，在建筑领域中查士丁尼一世最拿得出手的就是教堂建筑。对于东方的教堂建筑来讲，查士丁尼一世时代的建筑极具历史价值：在查士丁尼一世登基前，负责修建基督教教堂的建筑师采用的是从古罗马建筑中舶来的两种建筑模式——一种是穹顶呈圆形，最早的原型是罗马城中的第一批教堂，例如世界闻名的维斯塔神殿以及圣墓大教堂；另一种是带有后殿的，穹顶呈半圆形，而整体呈长方形，这种模式是为了迎合古罗马法庭

圣索菲亚大教堂外部

举行的宗教仪式而出现的，被称为"巴西利卡"[1]。另外，罗马城外的圣保罗教堂也是典型样式之一。查士丁尼一世是第一个将十字形的地面和巨大的穹顶大规模结合起来的人，举世闻名的圣索菲亚大教堂便是如此。这座矗立于君士坦丁堡城内的大教堂曾经被大火吞噬过两次。对此，我们之前也已提到：第一次发生在约翰·赫里索斯托姆被放逐之前，第二次发生在532年尼卡暴动时。

在教堂被烧毁的四十天后，查士丁尼一世便着手修复，并将其作为平定内乱的纪念品。他还特地挑选了当时帝国中最杰出的，也是拜占庭历史上屈指可数的流芳百世的建筑师之一——特拉勒斯的安提莫斯来主持修复。第三次修复的规划完全不同于前两次：教堂被设计成了希腊十字架，长达二百四十一英尺，宽达二百二十四英尺，一轮庞大的半球形穹顶被设置在中心大厅的上方；穹顶高达一百英尺，其底部安装了四十扇窗户，这样中央大厅便具有了良好的通风性能，而且光线充足。教堂的中央过道及两侧的半圆形壁龛则由中央大厅里高大雄伟的大理石柱廊间隔开来，而这些柱廊大多数是用"古绿大理石"修砌的。其实"古绿大理石"并非查士丁尼一世时期的产物，而是从亚洲某些知名的异教寺庙中抢夺而来的；对于基督教教堂而言，那些寺庙俨然成了采石场，原料取之不竭。教堂的内部，譬如穹顶和屋顶，都以马赛克或金箔镶嵌画铺陈、装点。到了后世，那些有悖于穆斯林教义的点缀便被土耳其人涂成了白色。

普罗科匹厄斯在描述壮美的圣索菲亚大教堂时，情绪激动，所用的自然都是溢美之词——"它是建筑界中的旷世之举。见到它的人都会对其倾慕不已；而未见其身，只闻其名的人则很难想象出它的样子。"大教堂高

---

[1] 源自希腊语，意为"王者的大厅"，属于古罗马时期公共设施的基础建筑之一，建筑平面为长方形，外围筑有柱廊，长边为主入口，耳室在短边，屋顶为条形拱状。——译者注

圣索菲亚大教堂穹顶

耸入云，好似巍然矗立于众建筑物之上。它就这样站在城市的上方俯视着
脚下的城池，一众建筑都倾慕于它，只因它是最为壮美的。大教堂无论是
在比例上还是在规模上，都被规划得极为精致，它具有最协调的长宽比例，
以及极为匀称的造型。它的壮丽与恢宏是普通建筑无法比拟的，可在规模
上与它相提并论的建筑屈指可数，而且相较而言，它更加端庄优雅。令人
不可思议的是，教堂内的光线竟是极好的，可用"光彩夺目"四字形容。
不过倘若没有阳光的照射，教堂内也不会如此熠熠生辉，因为中央大厅是
借助墙面的反光来焕发光彩，使大殿就像沐浴在阳光之中。天花板是镀金
的，那是教堂内的另一道风采，光线由大理石表面反射至金箔之上，金光
由此更加明耀。怎样形容柱廊和大理石的光辉呢？大家可以想象自己正身
处花繁叶茂的草地上，五彩缤纷、千姿百态的美丽珠宝，令人眼花缭乱。
这个时候，大自然好似画家笔下浓烈的背景，衬托和装饰着这座大教堂。
另外，这座教堂中的金器银器、查士丁尼一世留下的奇珍异宝、艺术珍品
可谓数不胜数，单是圣殿便动用了四万磅的白银作为装饰。

除此之外，查士丁尼一世还在修筑军事堡垒方面花了大力气，可惜彼时所修建的军事防御建筑大多已被毁了，如今我们能看到的只有伊利里亚辖内的二百九十四座堡垒。它们的存在也表明查士丁尼一世长期致力于巩固边防工作。我们可以从普罗科匹厄斯列出的一个表格中看到：以多瑙河为起点，塞萨利山为终点，有四条路线都修筑了军事堡垒，其中也有塔楼，但大多数是设计繁复的堡垒，外部设施具有很好的防御功能。另外，堡垒全都安排了军队驻守。

作为建筑师，查士丁尼一世拥有的建筑作品数不胜数，但因为篇幅有限，我们只能列举一二。有关其在法律领域的杰出作为，我们也只有简单讲一讲了。查士丁尼一世登基之前，拜占庭帝国法律中的许多规定和判例都是基于最初的版本，以及五百年来各任国王所拟的诏书，其中有的条文甚至还是互相冲突的。在查士丁尼一世之前的几任君主，特别是狄奥多西二世，都曾试图将杂乱无序的法律条规编撰为有理有节的法典。然而，似乎无人能真正编撰一部与时俱进的法典。上自《十二铜表法》时代，下到查士丁尼一世统治时期，要想紧密且合乎逻辑地融合古罗马的法律以及君士坦丁大帝时代起便占了思想上风的基督教教义，绝非易事。毕竟，基督教的教义在改变，很多旧时的法律条文也毫无用处了。

因此，到了6世纪，帝国还沿用很多早期定下的法律。后来查士丁尼一世颁下诏书，创立了以特里波尼安为代表的编撰委员会，专门负责编撰新法典。特里波尼安是一位法学家，聪颖过人，却并不怎么受人待见。编撰新法典是一个漫长的工程，最终他们写出了《法学汇编》和《法学总论》，完成了对古罗马法律体系的进一步修订，这也是最后一次修订。它们是欧洲法律系统的初始点，而六百年之后，中世纪文明迎来了曙光，渐渐觉醒，民众也再次开始争取民权。在查士丁尼一世死后的一百年里，若是帝国仍旧可以如查士丁尼一世在位时那般保持欣欣向荣之势，或许就会有人再度创新，对《法学汇编》做出修订。可事实是查士丁尼一世死后，帝国便一片混乱，腐败屡禁不止。新任君主觉得完善法令全然无用，所以也完全没想过在这方面下功夫。不过正因如此，查士丁尼一世的名字被永远刻在了罗马法律的历史中，成了最后一次重大修订的注脚。作为那个时期最杰出的法律制定者，查士丁尼一世名留青史，稳稳地坐在但丁《神曲·天堂》篇熠熠生辉的宝座之上，享受着文艺复兴时期一众法学家的赞誉——"法律之父"。

第九章

迎来新的敌人：斯拉夫人

568—602 年

　　查士丁尼一世离世后三十年间，拜占庭帝国迎来送往了三位君主，分别是查士丁二世、提比略二世和莫里斯。这三人同查士丁尼一世的先辈一样，在登基之时都已有些年岁，拥有丰富的经验，而且是公认的最合适的继承者。查士丁，也就是查士丁二世，是查士丁尼一世的侄女婿，做了多年的禁卫军头领，一直是查士丁尼一世的左膀右臂，深得查士丁尼一世的喜爱。查士丁二世执政时，提比略·君士坦丁，也就是提比略二世，司职夜巡营伯爵，乃是查士丁二世身旁的一位高官。提比略二世执政时，莫里斯被任命为契约军团伯爵，负责统领蛮族雇佣兵。三人的能力都很是了得，贡献也大。在历史学家的眼里，查士丁二世极具正义之心；提比略二世极具仁慈之心；莫里斯极具虔诚之心。尽管如此，他们也没能挽救拜占庭帝国的颓势。在查士丁尼一世时代，帝国就已疲态尽显了。在莫里斯时代结束后，灾难和混乱便如期而至，帝国陷入了前所未有的混乱之中，无法逃避。

　　令帝国陷入困境的内部原因之一是爆发于 542 年的那场大瘟疫，这次瘟疫对帝国造成了巨大的打击。更重要的是，查士丁尼一世一直在无休止地征收苛捐杂税，从未断过。至于外部原因则主要是北方新兴游牧民族的侵犯，以及和波斯持续不断的战争。君王风范对于国家问题并没有任何切实的帮助：拥有正义之心的查士丁二世让人们选择远离；尽管提比略二世因其大方而备受民众爱戴，可他耗空了国库；莫里斯竭力勤政节俭，尽力填充前任君主留下来的空空如也的国库，却被构陷为贪婪。

在 6 世纪的后三十年里，帝国的边境地区一直处于混乱状态。主要的敌人是斯拉夫人、阿瓦尔人、伦巴第人[1]和波斯人，其中斯拉夫人、阿瓦尔人来自巴尔干半岛，伦巴第人来自意大利，波斯人则来自东部。

553 年，拜占庭帝国从将东哥特人驱逐出去到攻占意大利只用了还不到十五年。之后从北方来了新的敌人，他们沿着东哥特人狄奥多里克和西哥特人阿拉里克的路线南下。新的侵略者是一群伦巴第人，此前一直生活在位于多瑙河中部地区的匈牙利，与拜占庭人来往亲密，从未为敌。可是在将左邻右舍的大片土地占为己有之后，充满野心并骁勇善战的伦巴第国王阿尔博因贪婪地将目光盯上了意大利那片丰裕之地。东哥特人走了之后，意大利境内的军事力量少之又少。568 年，阿尔博因带着族人、赶着牲畜，越过了阿尔卑斯山脉，根本不在乎多瑙河附近的领土落到了阿瓦尔人的手中。伦巴第人没有借助其他力量就攻占了意大利北部的平原，将势力范围延伸到了波河流域。据称，因为拜占庭帝国一面遭遇了大瘟疫，一面和东哥特人打仗，所以这片曾经土地肥沃、人声鼎沸的低地，当下几乎已无人生活，难觅人影了。

于是，伦巴第人决定在此定居，并且将这个地方更名为"伦巴第平原"，用的正是他们的种族之名。此后，唯一一个能够长期抵挡伦巴第人进攻的城市就是坚若磐石的帕维亚。然而，帕维亚的抵抗也只持续了三年。571 年，帕维亚失守。拿下帕维亚后，阿尔博因决议定都于此，之前所占领的维罗纳和米兰这两座城市虽然更大、更出名，但都不在他的考虑之中。在得到帕维亚之后，阿尔博因又先后拿下了伊特鲁利亚以及亚诺河河谷地区。

---

[1] 日耳曼人，曾生活在斯堪的纳维亚，在历经四百年左右的大迁徙之后来到并占领了亚平宁半岛的北部。——译者注

　　然而阿尔博因却于战事期间死在了自己的妻子——罗莎蒙德王后手里。罗莎蒙德王后之所以这样做，是因为她要复仇。罗莎蒙德王后是格皮德王库尼蒙德之女，而库尼蒙德正是被阿尔博因杀死的。库尼蒙德死后，阿尔博因还命人取下了其头骨，以黄金镶嵌，制为酒杯。在数年之后的一场庆功宴上，阿尔博因将美酒倒入这只令人胆寒的酒杯中后，居然命令妻子将其传递给身旁的一众将士，让他们逐一品酒把玩。罗莎蒙德王后当时并没有反抗，却暗自发誓必须让这个禽兽不如的家伙偿还这笔血债。573年，罗莎蒙德王后不惜名誉，买通了阿尔博因身边的士兵，然后趁着阿尔博因熟睡之际，了结了他的性命。后来，王后便和这个士兵一同逃往了君士坦丁堡。

　　虽然失去了阿尔博因，但伦巴第人并没有停止进攻意大利的脚步。实际上，伦巴第人曾经分裂过，还因此建起了几个相对独立自由的公爵领地，

查士丁尼时期的农民与驴子

这些伦巴第人的君王频繁入侵拜占庭帝国的疆土，其中有两位君王还在意大利南部和中部创建了规模较大的贝内文托公国和斯波莱托公国。当然，两国是相互独立的，而剩下的疆土则都集中在了国王奥萨里斯手上。584年，奥萨里斯及其继任者终于得到了意大利北部。

简而言之，在查士丁二世、提比略二世、莫里斯执政期间，查士丁尼一世辛辛苦苦拿下的意大利，有一大片被外人抢走了。后来，伦巴第王国便诞生在那片被夺走的土地上。留给拜占庭帝国的只有意大利中部了，不过这片土地还算广袤，自亚得里亚海的安科纳、拉文纳，延伸至第勒尼安海附近的罗马城，横跨意大利半岛；在意大利的最南端——"靴子"的"脚跟"和"脚趾"上的城市主要有布鲁提恩、卡拉布里亚[1]的塔兰托、布林迪西、奥特兰托等。伦巴第人没有入侵过西西里岛和萨丁岛，更不曾在这两座岛上组建海上舰队。拜占庭帝国的领土横在意大利中部地区，刚好将伦巴第王国划分成两部分。拜占庭帝国手握着波河河谷、托斯卡纳地区等地，贝内文托公爵与斯波莱托公爵则各自管理着意大利南部的独立领地。

这样的分地治理是值得铭记的。自那之后，在意大利半岛上，邦国逐渐遍布各处，直至近现代，半岛才得以完成一统。1870年，罗马被并入意人利的管辖范围中，意人利因此得到统一，意大利王国形成，自阿尔卑斯山到墨西拿海峡之间的土地都被统治者纳入囊中。继查士丁尼一世之后，终于出现了一个可以统一意大利的人物，那便是维托里奥·埃马努埃莱二世。

眼看伦巴第人占领了意大利，拜占庭帝国便把意大利中部领土的管理权交给了艾克萨克总督。艾克萨克总督此前生活在拉文纳，那是帝国最北

---

[1]　"卡拉布里亚（Calabria）"指的是"南阿普利亚（South Apulia）"，并非意大利最南端的斯奎拉切（Squillace）和雷吉奥（Reggio）。——作者注

面的军事要塞，坚若磐石。艾克萨克总督虽然有管理意大利中部的所有行省的名义，但实际上，他只是直接领导那些住在邻近之地的下属而已。在雷吉奥、那不勒斯等地方，他的命令无人听从，更不用说更远的撒丁岛和西西里岛了。不听艾克萨克总督发号施令的罗马主教也得到了一份大礼。艾克萨克总督身为公爵，担任着军事要职，之前一直定居于罗马，但从一开始，他那位邻居——罗马主教便占据了精神上的主导地位。与之相比，总督便黯然失色了。自东哥特时代起，罗马主教便声名显赫，一直是意大利人和日耳曼统治者之间的官方信息桥梁。然而他们身旁站着的并不是意大利君王，而是被指派到君士坦丁堡的总督大人，所以他们的话语权自然就更大了。格列高利是首位敢于挑战拉文纳总督的主教，可谓独树一帜。

　　格列高利一向精力旺盛、聪明能干。当时罗马人由于没有卓越的统治者做指引，故而一直处于困境当中。格列高利对此难以忍受。尽管他对自己所谓的上级拉文纳总督不满，可身为拜占庭人民中的一员，他依旧愿意承担应尽之责。例如，在 592 年伦巴第人和拜占庭帝国对战正酣时，他私自和伦巴第王国的斯波莱托公爵签订了停战条约。尽管拜占庭之主莫里斯指责他违令抗旨，行事愚钝，却不敢废黜他的职位，因为当时拜占庭帝国正在同时和波斯帝国、阿瓦尔人两边作战。

　　之后格列高利再一次在没有获得艾克萨克总督允许的情况下，私自任命了那不勒斯总督。599 年，他又在拉文纳政府和伦巴第国王中间调停，俨然一位自主且中立的君王。格列高利虽然不想和拜占庭帝国断了关系，可他的言行举止似乎是在表达他认为拜占庭皇帝是自己的宗主，而不是直接领导人。对于争执不下的问题，他也绝对不会妥协。格列高利不顾国王诏书发布了个人命令，并和君士坦丁堡的几个大教长吵了起来，要知道那些大教长可都是莫里斯的宠臣。在约翰·法斯特荣获"全基督教主教"的称号时，格列高利写了一封信给莫里斯皇帝，声称约翰·法斯特的狂妄自大将让反基督时代即将到来。他还劝说莫里斯要利用社会的力量去压制此种狂妄之举。格列高利的这个行为预示着中世纪的一次变革：教皇将获得自由处理政务的权力。换句话说，罗马教皇在一切适宜的场合，对于任何话题，都可以对国王和皇帝进行劝诫，甚至批评。格列高利的继任者低调许多，若非如此，罗马教皇恐怕早已同拜占庭帝国决裂了。在这种情况下，罗马教皇暂时没有否定拜占庭的神权和皇权，这件事也被这样延迟了将近两百年。

君士坦丁堡的局势没有影响拉文纳总督和伦巴第国王之间的战争。在6世纪的后三十年里，相较于伦巴第人，拜占庭帝国的君主似乎更在意同波斯帝国之间的战争，或者与斯拉夫人争夺地盘。在查士丁二世、提比略二世、莫里斯执政时期，拜占庭帝国和一众东方王国的比拼至少进行了二十年，从572年打到了592年。而这二十年的战争便如同三十年前查士丁尼一世与库思老一世的较量，双方总是不分高下。抢夺比战争来得更多，帝国边境的各个行省的人口数量也因此下降，城市满目疮痍。有时，波斯人会闯入安条克扫荡一番；有时，拜占庭帝国的大军会攻入科杜内和米提亚。然而，在前后两百余年里，拜占庭帝国的势力从未涉足科杜内和米提亚。二十年来他们两败俱伤，没有哪方真正捞到了好处。因为内战，库思老一世之孙——库思老二世无奈地与拜占庭帝国达成了和解。边境重镇马丁洛波利斯和达拉被他拱手送与莫里斯。这两座城市也是拜占庭帝国从战争中所得到的唯一好处了。然而这样的收获与战争所带来的损害相比，根本无足轻重，因为拜占庭帝国和波斯帝国的交战实在太过频繁。

尽管波斯战争耗尽了拜占庭帝国的精力，可帝国终究还是获胜了。但是，和波斯战争比起来，帝国在北方边境所遭受的重创要大得多。敌人频频进攻帝国的大片疆土，而攻击北方边境的敌人主要是鞑靼人和斯拉夫人，他们是两个新兴的民族。在伦巴第人离开多瑙河流域，转而侵犯意大利之后，鞑靼人和斯拉夫人便开始崭露头角。彼时，在帝国的北方边境，已看不到日耳曼人的身影了。阿瓦尔人 [1] 这个游牧民族是从亚洲征伐而来的，属于鞑靼人的分支，和先祖匈奴人相同的是，阿瓦尔人的骑兵也十分英勇，作战能力极强。为了不和中亚地区渐渐兴盛的突厥王国发生冲突，阿瓦尔人逃往了西边，来到了俄罗斯南部平原，那里与多瑙河口相距不远。在阿瓦尔人看来，跨过多瑙河，夺取默西亚，看上去更重要，也更有吸引力。没过多久，阿瓦尔骑兵就频频出没在巴尔干半岛及黑海沿岸地区。562 年，查士丁尼一世离世之前，阿瓦尔人首次对罗马发起了进攻。从那之后，他们就常常挑起争端以便得到财物，然后进行和解，只要他们把钱用完了便会卷土重来，在多瑙河南部肆意妄为。

和阿瓦尔人比起来，斯拉夫人给拜占庭帝国造成的麻烦就更大了。阿瓦尔人只是抢夺财物而已，斯拉夫人的目的却同两百年前的日耳曼人相同——在帝国的疆土之上建立他们自己的新国家。一开始，拜占庭人以为斯拉夫人只有安泰人和斯洛文尼亚人两个分支，但实际上，除他们之外，别的一些民族也正对南方垂涎三尺，例如如今的克罗地亚人、塞尔维亚人等。斯拉夫人来自欧洲最东部，属于雅利安人。他们向来听命于日耳曼人，直至伦巴第人和哥特人除去了日耳曼人这一阻碍之后，斯拉夫人才开始将目光聚焦在拜占庭帝国。斯拉夫人天生鲁莽、粗俗，就文明程度而言，他们远不及日耳曼人，甚至连一些最简单的技能也尚未掌握，例如，他们搞不懂用来防御的盔甲是什么东西，只知道如何用火将树干烧空，而后制成小舟，如此看来他们其实很像近代历史上的澳大利亚原住民。彼时，斯拉夫人的生活不需要酋长或君主，他们生活在小村落中，所谓的领导人就是族长。他们的住所是泥棚屋，日常工作便是种植稻谷，别无其他。每逢战

---

[1]　在原作者看来，阿瓦尔人其实是鞑靼人的一个分支。——译者注

争，他们便会召集来无数弓箭手和长矛兵，但这仓促组成的军队在沙场上毫无震慑力。他们既无法抵挡骑兵，也无法和有组织、有纪律的步兵抗争，唯一能做的便是隐匿在峡谷和树林中，伺机发起突袭。他们会埋伏在峡谷和树林中，给敌人来个意料之外的打击；也会藏匿在河流或池塘中，这些人可以连续好几个小时潜藏在水中，利用芦苇秆获得氧气，于是水面上便有了星星点点的芦苇秆。在运用这个作战策略时，他们能够设下一千人的埋伏；而水面上除了灯芯草之外，什么都见不着。我们在一些史料中可以看到有关这种奇特的作战策略的记载。若非有此记载，恐怕没有人会相信这种作战策略是真实存在的。

早在 6 世纪，拜占庭帝国就已流传出了与斯拉夫人有关的故事。可直至查士丁尼一世死后，拜占庭帝国方才觉察出斯拉夫人的危险性。在伦巴第人迁至西部后，一大批斯拉夫人来到多瑙河沿岸定居。他们企图跨过多瑙河，将罗马城外的坡地作为其永久的聚居地。无论对方是斯拉夫人也好，阿瓦尔人也罢，拜占庭帝国所面临的战事都是非常繁杂的。就拿鞑靼部落来说，他们的汗王曾经将许多生活在邻近地区的斯拉夫人收入麾下。而这些斯拉夫人有的时候会听命于汗王；不过更多的时候，他们想的都是通过霸占拜占庭帝国的疆土来挣脱鞑靼人的管制。故而，我们时常会看到斯拉夫人与阿瓦尔人的分分合合，偶尔双方也会兵戎相见。而且同斯拉夫人、阿瓦尔人、拜占庭帝国三者之间的战争比起来，这混乱的程度应该是有过之而无不及。

在那以前，定居在巴尔干半岛内陆地区的是伊利里亚人和色雷斯人。这些人多数说拉丁语，只有一小部分人还在使用各自部落的原始语言[1]。

---

[1]　阿尔巴尼亚语便起源于古伊利里亚语，也是古伊利里亚语所留下的唯一遗产。——作者注

他们也是意大利境外仅有的还在大量使用过往统治者语言——拉丁语的民族，而且在所有使用拉丁语的人里，他们大概占了四分之一。他们也是花了很大工夫来保护这种源自罗马的语言，以防这种语言被亚洲语或希腊语同化，可以说拉丁语就是他们的骄傲。就连查士丁尼一世亦是如此，因为他出生在这里，所以总在强调拉丁语才是其母语。

这是一片已经拉丁化的土地，它属于伊利里亚人和色雷斯人，也遭遇过多次侵略，但严重程度都不及斯拉夫人与阿瓦尔人的侵犯。哥特人曾经侵犯这里，可他们至少是处于半开化阶段的文明人，而且信奉基督教，但斯拉夫人与阿瓦尔人不同，他们残忍至极，蛮横无比。毫不夸张地说，从570年到600年，巴尔干半岛北部的大部分地区[1]的当地居民几乎已销声匿迹，就连看似安稳的色雷斯和马其顿这两个城市也是居民数量锐减。使用拉丁语的行省更是屈指可数，大概只有瓦拉几人[2]和达尔马提亚岛上的居民了。瓦拉几人的族群规模相对较小，后来因为斯拉夫人逐渐占领了巴尔干半岛而融入了斯拉夫人之中。

以弗所的约翰是当时的编年史学家，他将斯拉夫人的进攻，以及这次进攻给拜占庭帝国所带来的噩运详细记录了下来："历史不应忘记581年，一个名为'斯拉夫人'的种族大张旗鼓地征伐而来，霸占了希腊、塞萨洛尼卡以及色雷斯。他们烧毁一切，攻城略地；他们以主人自居，将人们视为奴隶；他们拿着武器，在此定居，好似这个地方原本就属于他们一般。过了四年，他们仍旧坦然地在这里逍遥，四处征伐，烧杀掠夺，恶事做尽。"

就连山村乡野也没能逃脱被斯拉夫人洗劫的命运。和山村乡野比起来，城镇的防御能力肯定是要强一些的，斯拉夫人与阿瓦尔人也知道自己并不

---

[1]　如今的保加利亚和塞尔维亚。——作者注

[2]　亦称为"瓦拉几亚人"（Wallachians）。——作者注

擅长攻城。莫里斯让英勇的普利斯库斯将军担任了总指挥一职，前往多瑙河流域抗敌，负责驻守要塞重地，保卫家国。普利斯库斯将军跨过了多瑙河，攻入了斯拉夫人与阿瓦尔人的聚居地。尽管普利斯库斯将军一把火烧了村寨，抓捕了那里的守军，可还是没能扭转战局。他没有办法守护那些生活在拜占庭帝国各地、手无缚鸡之力的平民。没过多久，多瑙河流域的要塞就被舍弃了。沿岸荒无人烟，只有零零散散的斯拉夫人还在那儿生活着。一部分拜占庭人退到了巴尔干一线，还有一部分人退到了南部地区。自贝尔格莱德到锡利斯特拉，沿河一带的军事要塞虽然都设有重兵把守，但这并没有令斯拉夫人望而却步，越来越多的斯拉夫人渡过了多瑙河。

因为这场战事，莫里斯下台了。他实在没有能力去抵抗斯拉夫人与阿瓦尔人的侵犯，也就失了民心。莫里斯天生冷漠无情，拜占庭帝国在 599 年的对战中受挫，他有不可推脱的责任。一万五千名拜占庭百姓成了阿瓦尔汗王的奴隶。汗王向拜占庭帝国提出要求说，只要拜占庭帝国向其缴纳高昂的赎金，他便释放这些战俘。鉴于拜占庭帝国的国库早已入不敷出，所以莫里斯拒绝了这笔"交易"。于是，汗王下令杀死了那些无辜的战俘。不过，莫里斯并非只是因为这件事而下台的，主要还是他在军队的管理上出现了诸多问题。莫里斯戎马一生，却从未受到将士的认可，更谈不上被信任和尊重了。但无论如何，他都是一个战果颇丰的军事家，还是军事巨著《战略》的作者。这部巨著在此后的三百年间都是拜占庭军队的官方读物。

602 年，莫里斯将那些对自己不满的士兵派到了多瑙河北岸，让他们驻守在那里，在那片生活着斯拉夫人的荒凉的草原上忍受寒冬。这个命令直接改变了莫里斯的命运。士兵并没有接受国王的指令，并将将领赶出了军队，而后让一个名叫福卡斯的百夫长做了新头领，紧接着朝君士坦丁堡进军。

为了保住性命，莫里斯找到了城内包括绿党和蓝党在内的所有势力，然而谁都不愿出面保护他。万般无奈之下，他只能携着妻子儿女，跨过博斯普鲁斯海峡，前往亚细亚省躲避。可是，亚细亚省的民众更不欢迎他。没过多久，士兵推选出了新君——福卡斯，莫里斯则成了拜占庭帝国的通缉犯。后来人们在卡尔西登抓到了莫里斯。福卡斯生性暴虐，所以莫里斯和他的五个子女都未能逃过一死，而最小的孩子年仅三岁。临死前，莫里斯满心虔诚、大义凛然地说："救世主啊，你是正义的，你的判决亦是正义的！"当时，即使莫里斯的旧日敌人，也被他感动了。

第十章

希拉克略一世的征途与挑战

610—628 年

拜占庭帝国将首都定在君士坦丁堡后，福卡斯是第一个通过谋反而登上拜占庭帝国皇位之人，他的登基不仅破坏了拜占庭帝国流传已久的君主选拔制度，而且还拉开了战乱的序幕。被福卡斯推翻的莫里斯虽然不是一个完美的君主，但是至少是合格的，他在位期间勤政廉洁，无功无过。而福卡斯上位后残忍嗜杀，为了防止有人以复仇名义造反，他斩草除根，将莫里斯遗孀君士坦丁娜及其三个年幼的女儿杀害，手段决绝；而后又把莫里斯的旧臣一一除去，毫不留情。

除此以外，福卡斯为了抹去自己谋逆弑君之名，特邀请曾立下赫赫战功的将军纳尔西斯[1]前来君士坦丁堡，并许他安稳无忧。可当这位将军来到首都后，迎接他的是福卡斯自己研究出的完全违背基督教教义的一种残忍刑罚——火刑，昔年荣耀满身的纳尔西斯怎么也没想到自己会这样葬身于熊熊烈火之中。而强大的拜占庭帝国也开始分崩离析，不复从前。

在福卡斯上位杀害莫里斯后，波斯帝国向其宣战，理由便是为库思老二世的至交好友莫里斯报仇。莫里斯与库思老二世交情如何我们不得而知，不过这场交战不同于之前查士丁尼一世及查士丁二世统治时期的难分胜负，此次波斯明显占得上风。此后两年，波斯军队攻入叙利亚北部，打到

---

[1]　和查士丁尼一世的一个宦官同名。——译者注

了沿海一带；一年后波斯转移战场，攻下了小亚细亚各个省份。值得一提的是，在此之前，这些省份从未经历过战争洗礼。比提尼亚的居民亲眼见到色雷斯为战争所累，但好在比提尼亚还未被战火波及。608年，波斯帝国的军队横穿卡帕多西亚和加拉提亚，直逼卡尔西登。亚洲海岸对面的君士坦丁堡人可以清晰地听到枪炮声，清楚地看到熊熊烈火。

　　而君士坦丁堡也不太平。城内许多人不满于福卡斯的统治，意欲将其推翻，然而许多谋划都被福卡斯看穿。在位八年，福卡斯以暴制暴，滥用酷刑，连亚洲也不能幸免。即使欧洲军队已攻打至博斯普鲁斯海峡，福卡斯也不愿意离开君士坦丁堡。和波斯军队几番对战，色雷斯和伊利里亚的土地因此被斯拉夫人占领，福卡斯也未曾离城迎战。这位发动叛乱而上位的帝王最终也将被战争赶下帝位。

　　福卡斯在位期间，拜占庭帝国内战不断，又遭强敌入侵，唯有非洲领土幸免于难。当时非洲的管辖者是总督老希拉克略，他虽年老，但在当地很受爱戴，故而福卡斯不能轻易动他。老希拉克略经不住君士坦丁堡的各方游说，最终答应起兵反抗，解救帝国。老希拉克略计划兵分两路，舰队由与其同名的儿子希拉克略带领，攻打君士坦丁堡；另一队骑兵由其侄子尼塞塔斯带领攻打埃及。

　　希拉克略率领舰队来到达达尼尔海峡后，收留了许多从君士坦丁堡赶来投靠他的贤能之士。他继续前进，快到达君士坦丁堡时，福卡斯突然下令让军队迎战，然而军队不堪一击，很快便被希拉克略打败了。兵败消息传回城中，大家纷纷打开城门迎接希拉克略的军队。皇宫内宫人乱作一团，福卡斯被一位曾受不白之冤的官员所擒，并被带去了希拉克略的军舰上。看着这个昔日残忍的君主，希拉克略质问道："你便是如此治理国家的吗？"福卡斯自知已无生路，嘲讽道："你以为你能比我做得更好吗？"希拉克略听后不愿多言，抬脚将其踹开。随后，水手的刀剑齐下，将福卡斯砍死。

　　翌日，希拉克略在大教主和元老院的拥立之下登基，后世将其称为"希拉克略一世"。610 年 10 月 5 日，希拉克略于圣索菲亚大教堂举行了加冕仪式。

　　希拉克略一世接管拜占庭帝国后不久便发现，这个国家已是满目疮痍，国内大部分领土被波斯人、阿瓦尔人及斯拉夫人分而食之，唯非洲、埃及和君士坦丁堡尚属完整；而国内资源贫瘠，国库空虚，军队补给跟不上，以至于在小亚细亚一带交战时，差点儿被全部歼灭。要想这样一个国家恢复如初，确实很难做到，他终于明白福卡斯临死前的嘲笑是何意。

　　希拉克略刚登基时尚在壮年，曾有记载说其"登位之时蓄胡留须，中等身高，体格健硕，肩宽胸大，褐色头发，灰色瞳孔，冷白皮，后留短发"。可即使如此，希拉克略对于管理拜占庭帝国也感到束手无策。福卡斯在位期间，美索不达米亚和叙利亚北部已经落入敌手，希拉克略只能竭力保全剩下领土，自他继位后的二十年里从未出过君士坦丁堡，几乎是昼夜不歇地进行着改革策略。他知道国力难继，便弃车保帅，放弃了远方各省份，只尽全力保住色雷斯和小亚细亚的领土。那时候，他满脑子都是拜占庭帝国被占的国土，再难有其他。

　　然而在 613 年，波斯军队因为拜占庭军队全力守护卡帕多西亚和其僵持不下，便将战场转到南方的叙利亚中部一带，攻下了大马士革。噩耗一个接着一个传来，614 年，波斯人打到了耶路撒冷城下，几乎是不费吹灰之力攻克了此城。波斯军首领沙赫巴兹留下了部分军队驻守此处后，便离开了。随后耶路撒冷百姓不甘被俘，击杀了波斯军队的士兵。这激怒了沙赫巴兹，于是沙赫巴兹下令屠城，除犹太人外其余居民一概杀死，共计有九万余名基督教教徒遇难。沙赫巴兹犹嫌不足，便把真十字架和耶路撒冷的大教长扎卡赖亚斯也一并带走了。真十字架被基督教教徒视为至宝，相传原本埋在摩利亚山 [1] 中，后被君士坦丁大帝之母海伦娜取出，海伦娜还特地为其打造了殿宇供奉。而现在沙赫巴兹将真十字架强行带回波斯帝国，这于基督教教徒来说无疑是一种亵渎神灵之举。

信奉基督教的拜占庭人将真十字架视为国家的守护神，于是当真十字架被带走后，人们觉得拜占庭帝国的国运会被带走，国家也将走向毁灭，全国百姓近乎绝望。而库思老二世生性厌恶基督教，所以当他获知战胜的消息后，立刻给希拉克略写了一封信，他如是写道："我才是这世界之主，万物之神，这世上没有任何人比我更伟大了。你希拉克略一世不过是我的一个奴隶，卑微至极，蠢钝无知。你们信仰上帝，可你的上帝并不能替你拿回恺撒利亚、耶路撒冷和亚历山大，而这些城市为我所有，所以我为何不能摧毁你们拜占庭呢？君士坦丁堡终究会被我收入囊中，若你愿意带着你的家人来向我投诚，我可以大发慈悲免你们一死，我还可以赏赐你一些土地、葡萄树和橄榄树，让你余生无忧。别再去相信基督教那些说辞了，他们不仅不能救世，还救不了自己，他们只会被犹太人钉死在十字架上。"信中语气傲慢无礼，提及基督教时也满是轻蔑鄙夷之词，库思老二世似是以此回应《列王纪下》里赛纳克里布的信 [2]。

库思老二世对基督教的出言不逊和真十字架被夺这两件事引起了拜占庭人心中的恐慌和愤懑，大家觉得基督教正面临前所未有的危机，民族情感就此全面爆发，这也是拜占庭帝国史上首次真正意义上的民族情感之战。帝国的全体人民，上到君主高官下至贩夫走卒，都希望可以打败以拜火教为信仰的波斯军队，收复耶路撒冷；希拉克略一世也决定御驾亲征。这是

---

[1] 摩利亚山又叫圣殿山。——译者注

[2] 《圣经》中有一章名为《列王纪下》，其中描写了亚述国王赛纳克里布不信神明，因而被灭。——译者注

自395年狄奥多西一世离世后，拜占庭帝国第一次有君主亲自出兵征战。

君士坦丁堡的所有教会在大教长塞尔吉乌斯的带领下，将会中的全部金银珠宝都送至造币厂，让其制作成货币，在市面上流通。而这笔钱便算作拜占庭帝国的国债了，待到帝国战胜波斯帝国再来偿还。政府也紧跟其后，下令废除了从君士坦丁大帝开始实行的制度——君士坦丁堡居民可以免费领取吃食。之前有此政策是因为拜占庭帝国坐拥埃及这个大粮库，从不必为粮食发愁；但是后来埃及被夺，帝国政府每年只能从国库拨发银钱购买粮食以接济百姓，这对于国库来说实在是笔不小的支出。如今取消这一政策后，百姓不仅毫无怨言，还表示全力支持政府的决定。而这一举措也可谓一石二鸟，其一是让曾经游手好闲、靠吃皇粮度日的青壮年为了养家糊口自发去报名当兵，这其中大多数人以前是竞技场上的好手，如今也终于有了可以一展所长的机会；其二是缓解了国库压力，国家不必再额外掏钱来养着百姓，便有一定资金可以用作军费，希拉克略一世便开始着手筹备军资了。

在教会的帮助下，希拉克略一世不仅顺利组建了军队，而且还加强了舰队的武装力量。出征之前，希拉克略一世还在君士坦丁堡留下了一定的兵力作为留守军以防万一。617年，波斯人强攻博斯普鲁斯海峡，侵占卡尔西登，希拉克略一世率兵反抗。其实他本可在一年内收复卡尔西登，然而阿瓦尔人不停干扰他，使其无法专心对战波斯军队。色雷斯没有成型的防御设备，因此阿瓦尔人一直盯着这片土地，常常入侵掠夺。希拉克略一世对此也很是苦恼，一时不知该如何是好。

就在此时，阿瓦尔汗王对希拉克略一世发出了邀请，承诺愿意还色雷斯以和平，并且请他到赫拉克勒亚附近见面详谈。所谓的见面和谈其实是阿瓦尔汗王设下的陷阱。他生性狡猾，早已在路上布置好兵力，为的就是活捉希拉克略一世。不过在抓捕之时，希拉克略一世反应很快，纵马疾驰，为了不影响马奔跑的速度，他甚至丢掉了自己的披风。那时候阿瓦尔汗王的先锋部队已经快追上希拉克略一世，然而希拉克略一世在城门关闭的那一刻纵身一跃，跑进了城门，躲过了追捕。逃过一劫的希拉克略一世不再寄希望于阿瓦尔人，只能对其宣战。这一战便是五年。一直等到622年，希拉克略一世才有工夫去对抗波斯帝国。

细看希拉克略一世发起的远征，可以发现他其实是得到了宗教势力的鼎力支持，这次行动也是在当时拜占庭帝国百姓的殷切期待下进行的。那时候大家的反抗不仅是出于政治因素，他们还希望君主可以收回耶路撒冷，夺回真十字架，挽救基督教。所以这是十字军第一次东征，将士也壮志满怀，毫不退缩。希拉克略一世为了激励自己也随身带着一幅希腊教会所尊崇的圣像，而当时大家也都觉得这幅画的作者定非凡人。

在622年到627年这段时间，希拉克略一世主动发起的战争不下六次，他为奄奄一息的拜占庭帝国赢得了生机。那时候他在百姓之中的声望越来越高，若非晚年不幸，他当算是世上最强大的"勇者之王"。

希拉克略一世出战时策划周全，以智取胜。他先带领军队乘船至西里西亚，登陆后他并未急着去小亚细亚安营扎寨和波斯军队直接对战，而是绕到了波斯军后方。如此一来，希拉克略一世既能发兵叙利亚，又可攻打卡帕多西亚。正如希拉克略一世所推测的那样，波斯军队立刻撤兵，离开君士坦丁堡，转而攻击他。在希拉克略一世的筹划布局下，沙赫巴兹兵败，退出小亚细亚。而希拉克略一世首战告捷，成功收回了小亚细亚，肃清了省内的波斯军。

经过这一次战役，希拉克略一世觉得此战法可行，也将其运用在之后解救其他城市的战役中。于是在623年4月，希拉克略一世带兵穿过亚美尼亚山脉到达了米提亚^[1]。希拉克略一世此举其实是打算擒贼先擒王，直接进攻波斯帝国，让库思老二世不得不将驻守在叙利亚和埃及的波斯军队召回与其对抗。拜占庭帝国军队的士兵很多来自安条克和耶路撒冷，饱受波斯军队的折磨，为了发泄痛苦他们放火烧了米提亚都城的火神庙及诞生了波斯先知琐罗亚斯德的巴姆斯。库思老二世见此情景，果然如希拉克略一世所预料的那样召回了两地军队，集中兵力和希拉克略一世对抗。两军交战皆不遗余力，拜占庭军队虽连胜波斯军队两场，但也元气大伤；又因严冬将至，希拉克略一世便带领着军队退到了亚美尼亚。之后这个帝王不断指挥作战，又一次让沙赫巴兹成为他的手下败将，并且成功收复美索不达米亚及其周围的阿米达、达拉、马丁洛波利斯等重要城市。

626 年是极为重要的一年，两大帝国的决战就在这一年分出胜负。为了可以战胜希拉克略一世，库思老二世固执地与阿瓦尔汗王结盟，两国皆是破釜沉舟，誓要赢得胜利。阿瓦尔汗王倾全族之力占领巴尔干半岛，就连他的斯拉夫随从也加入其中，只为将君士坦丁堡包围；而库思老二世将主要兵力部署在亚美尼亚以监视希拉克略一世，又让沙赫巴兹出兵南下，攻打小亚细亚，由此踏进博斯普鲁斯海峡。至此，同盟双方便占据了博斯普鲁斯海峡两侧，并互通有无，以便及时交流战况。不过拜占庭舰队也不是吃素的，他们一直在海上巡航，不让敌军汇合。

6 月到 8 月，君士坦丁堡被围，阿瓦尔人和斯拉夫人开始进攻。他们人数足有八万之多，君士坦丁堡陷入了危机之中；而此时他们的君王在千里之外的幼发拉底河，根本无法回来救援。在此存亡之际，幸有一人挺身

---

[1]　米提亚位于扎格罗斯山东部、伊朗高原西部，在公元前 8 世纪归顺了亚述；在公元前 7 世纪建立了奴隶制；公元前 6 世纪被波斯帝国灭国。文中所提及的米提亚是指米提亚古国所在地。——译者注

而出担起军事总指挥之责，带领守卫军迎敌作战，这人便是博努斯。博努斯是世家子弟，自小便机敏聪慧，在 622 年，他便为城内的十字军鼓舞士气。如今敌军兵临城下，他迅速组建了一支舰队，鼓舞军队奋力作战，最终重创了阿瓦尔人和斯拉夫人。

阿瓦尔汗王见势不妙，便下令造木筏以便波斯军队可以渡海。这一举动被拜占庭舰队察觉，他们用战舰击沉木筏，对于乘小船攻击他们的斯拉夫人也毫不手软，击杀了上万人。至此，阿瓦尔汗王无法再占领君士坦丁堡，不得不跑回了多瑙河流域。

君士坦丁堡的胜利及留守军的坚毅让希拉克略一世信心倍增，为了增援都城，他拨出一部分老兵回城，自己则留下来专心攻打波斯帝国。不过这次沙赫巴兹和阿瓦尔汗王趁他在米提亚和美索不达米亚作战时联合攻打君士坦丁堡的事件给了他启发，他依葫芦画瓢找北部的鞑靼结盟，派遣四万余名哈扎尔骑兵攻打波斯帝国北部一带，为了回击阿瓦尔人抢掠色雷斯的种种恶行，希拉克略一世下令允许骑兵自由行动，为所欲为。波斯人终于意识到他们的敌人已经战无不胜，自己再没有退路了。

627 年，库思老二世任命拉孔特为统帅，让他带着波斯最后的军队奔赴战场。临行前，库思老二世告诉拉孔特"此一战，非生即死"，这也是帝王最后的命令。此外，库思老二世还给沙赫巴兹送去一封信，命他撤出卡尔西登，立刻回来。不过沙赫巴兹并没有回来，因为这封信在半路就被希拉克略一世拦下，没有送到沙赫巴兹手上。

希拉克略一世在尼尼微[1]一带和波斯军进行了最后一战。两军对垒间，希拉克略一世身先士卒，以一杆长矛将敌人斩于马下，意气风发，最终大败波斯军，定下胜局。这也是库思老二世最后的兵力，至此库思老二世再

---

[1]　古代城池，靠近现在伊拉克北边的摩苏尔城。——译者注

无反击之力。627 年 12 月 25 日，希拉克略一世攻下达斯塔格德宫殿，这座昔日波斯帝国的宫殿迎来了新的主人。进城后还发生了匪夷所思的事件，在希拉克略一世的默许下，拜占庭军队在城中打家劫舍，随意掠夺，要知道在亚历山大大帝占领苏萨城后，便再没有发生过这样大规模的掠夺了。

正所谓欲壑难填，库思老二世最后还是付出了惨痛的代价。十年前，他以一副高高在上的姿态写信羞辱希拉克略一世，可现在他远比当年的希拉克略一世更惨。在拜占庭占领达斯塔格德后，库思老二世逃回了都城泰西封，可是拜占庭军队很快便打了过来，除了逃亡，他再无别的选择。在逃亡的路上，他还是被擒了，甚至还被戴上了铁链，而抓他的人正是他的儿子西罗斯和波斯的大贵族。没过几天，库思老二世便死了。关于他的死亡，众说纷纭，有人说他是悲愤而亡，也有人说他是被活生生饿死的。

库思老二世死后，西罗斯继任国王，这位新国王登基后的第一件事就是讨好拜占庭，不仅为父亲的种种行为道歉，还称希拉克略一世为"父亲"。希拉克略一世并未计较这些，对于西罗斯派来的使臣他以礼相待，提出的要求也不过分：一是波斯帝国将侵占拜占庭帝国的领土如数奉还并且释放拜占庭俘虏；二是支付战争赔款；三是将从耶路撒冷抢走的真十字架等物品归还。西罗斯立刻同意了这些要求，于是双方签订了和约，持续了二十六年的战火终于停歇。希拉克略一世在 628 年夏季班师回朝，将真十字架带回了君士坦丁堡，并在圣索菲亚大教堂的圣坛前展出，让大家可以一饱眼福。都城百姓欢呼雀跃，大家带着桃金娘枝[1]以古罗马庆祝胜利的方式出城迎接他们的帝王回归。元老院还把"新西庇阿"的称号授予了希拉克略一世。狂欢结束后，希拉克略一世举办了盛大的仪式把真十字架

[1] 产自地中海一带，属于桃金娘科，为矮小常绿灌木。罗马神话将它视为维纳斯的代表。——译者注

迎回耶路撒冷。

纵观希拉克略一世的一生，他亲征东方，深入至罗马将军都未到达的地方，在此立下的功绩即使图拉真、塞普蒂米乌斯·塞维鲁都不能比拟；他面临的险境是任何帝王都未曾见过的，都城被围时他临危不惧，最后收复帝国四分之三的疆土。他是在"恺撒大帝"后第二个枕戈待旦，不停在战场上浴血厮杀的帝王，六年来他几乎"鞍不离马背，甲不离将身"。这位传奇帝王的战绩、政绩都可谓举世无双，无人可比。

奔波半生，再回到君士坦丁堡的希拉克略一世已经五十四岁了，多年的戎马生涯结束后他只想安度余生，再无波澜。然而天不遂人愿，老天爷并不愿意赐予这位帝王平静的晚年生活。他开始政治生涯时帝国时局动荡，结束时亦是满城风雨。

希拉克略一世征服波斯帝国后，一直对拜占庭帝国虎视眈眈的撒拉逊人开始采取行动——穆罕默德广发请帖，邀约当世所有君主信奉伊斯兰教。连年征战，拜占庭帝国的人力、财力消耗殆尽，满目疮痍的土地在结束了波斯人和阿瓦尔人十余年的践踏后，又被人盯上，而这一次帝国要面对的敌人更加可怕。如果人可以选择何时死亡，希拉克略一世一定会选在凯旋之日，这样就不必面对日后的腥风血雨了。

第十一章

社会与宗教

320—620 年

在拜占庭帝国历史上，希拉克略的统治形成了古代和中世纪最好的分界线。尽管三百年间帝国的领土、特征、社会生活和宗教发生了很大的变化，从君士坦丁大帝到希拉克略一世，传承并没有中断。新的秩序自君士坦丁大帝在博斯普鲁斯海峡建立首都开始一直和平有序地发展。在三个世纪的历史中，最引人注目的事实是，权杖从一个君主到另一个君主，平静而不受干扰地移交。继承制度从瓦伦斯逝世起未曾被军事篡夺者破坏，直到 602 年福卡斯加冕。皇帝要么由其前任指定，要么由高级官员和元老院推选。当人们一旦意识到整个时期只有三次是父死子继时，继承顺序的规律就更加令人惊讶。除君士坦丁本人、狄奥多西一世和阿卡狄奥斯外，没有其他皇帝留下了男性继承人。然而，世袭本能在帝国中变得如此强大，以至于侄子、女婿和兄弟作为合法继承人都被欣然接受。基于这个趋势，有一点就尤其值得注意：整整三百年没有出现一位十足的暴君。君士坦提乌斯二世阴沉残忍，瓦伦斯愚蠢贪婪，阿卡狄奥斯懦弱无为，查士丁尼一世刻薄寡恩……但是诸位皇帝大体上都才能卓著，在道德上与同期的任何君主相比也毫不逊色。

320 年到 620 年，三百年的时间让拜占庭帝国也大有改变。第一，拜占庭帝国开始慢慢摆脱罗马帝国的影响，可暂时称其为"消除罗马化"，这主要是靠帝国从上到下，全体人民参与其中。罗马对东方诸国的影响极大，即使是到了 4 世纪，很多地区还是以拉丁语为官方语言，包含巴尔干半岛内陆在内的亚得里亚海东部地区，大多数人讲拉丁语。而当时行政方面的工作基本是基于拉丁语进行的，比如官员的官职名称、法律方面的专业用语和税收机关都用拉丁语。除此之外，那些亚洲、希腊的作家虽然擅长希腊语，但也多是用拉丁语和希腊语双语写作。以罗马史学家阿米安·马塞林为例，他是希腊人，自然更擅长希腊语，可是他在写作时还是用拉丁语。在当时几乎整个拜占庭帝国都会说拉丁语这一罗马帝国的语言，唯有希腊、马其顿和色雷斯海岸沿线的少数城市例外。

不过到了 6 世纪，这种情况就有所转变了。这时候的人很少使用拉丁语，即使是受过良好教育的人也是如此。当世首屈一指的作家普罗科匹厄斯惊才绝艳，但是他完全不懂拉丁语，若是让他来翻译，哪怕是最基本的语法，都会出错。而身为作家的约翰·吕斯也曾表示，他之所以可以进入国家公务员队伍也是因为当时常用的语言不再是拉丁语。而查士丁尼一世过后，便再也没有母语是拉丁语的拜占庭帝王了。7 世纪时，虽然大家仍旧以"伟大的奥古斯都长存不灭"赞颂帝王，但是罗马的影响力还是在迅速减小。而 8 世纪时，帝王便以"忠诚于基督的帝王"自称了，不过还是保存了一些罗马官名，如"保民官""贵族""伯爵"和"执政官"等。

拉丁语是罗马帝国的官方语言，这个强大的帝国在君士坦丁大帝之子在位期间便开始分崩离析；476 年，奥多亚塞担任意大利君王一职成为罗马帝国彻底分裂的标志。各个国家为了加强本国统治以及传承发展的稳定性，开始有意降低拉丁语的使用率。

在拜占庭帝国成立的前一百五十年间，由于地域问题，东、西两部难以交流，使用的拉丁语也因此隔断；而帝国内部也逐渐以希腊语为官方语言。之后西哥特人、东哥特人侵犯使用拉丁语的东部地区，色雷斯人惨遭杀害，伊利里亚人和默西亚人也被大规模残杀；百年后，斯拉夫人又将他们屠戮殆尽，这也在无形中加快了东部拉丁语的没落。400 年，亚得里亚海东部的拜占庭帝国的土地上，会说拉丁语的省份约占四分之一；620 年，这一数据降到了十分之一以下。这时候，还在说拉丁语的人多在达尔马提亚的海港、巴尔干半岛上以及拜占庭帝国的非洲和意大利殖民地。当时巴尔干半岛的罗马化地区已完全成了斯拉夫人的后花园；而在查士丁尼一世的征讨下，曾经属于罗马帝国的非洲、意大利的殖民地皆被收入拜占庭帝国旗下。不过非洲和意大利远离权力中心，不通人烟，不理政治，即使拉丁语也很难传播并影响周边地区。换句话来说就是，拉丁语无法减缓东部省份消除罗马化的趋势。当时还有一位名为弗拉维乌斯·科利普斯的作家使用拉丁语，他曾给查士丁二世写过一首长诗，主题是赞美拜占庭帝国。不出大家所料，他便是出生在非洲的。

在罗马帝国的影响力越来越小的情况下，拜占庭帝国开始信奉基督教了，君士坦丁大帝以及他的继承人都是基督教教徒。不过当时基督教对国家运行的影响才刚开始，帝国内许多重臣仍旧是异教徒，帝国的制度、行政事务以及法律法规同 3 世纪比较，其实也没有改变。而人们真正意识到基督教对国家的上层建筑以及国民生活有了极大影响是在君士坦丁大帝离世四十年后。

自狄奥多西一世起，拜占庭帝国对作奸犯科和败德辱行这两方面的打击力度都很大，尤其对道德的监管极严，这让当时很多帝王都觉得震惊，因为即使他们是优秀的异教徒，在这方面也不能做到这个地步。比如那时在罗马兴起了古角斗士表演，这一活动残忍、令人不齿，但也是古罗马的一大特色。404 年，一场角斗士比赛鸣锣开场，就在角斗士正要上场之时，一个人冲进了竞技场，改变了角斗士表演之后的命运。这个人名叫忒勒马科斯，他在竞技场里向角斗士哀求，希望他们不要自相残杀。他的这一举动引起全场哗然，现场秩序失控，乱成一片，而这位善良人命丧当场。他

圣索菲亚大教堂

的死亡在当时并未改变什么，但之后在任何一个竞技场上都没有角斗士表演了。这个人让在罗马流行了六十余年的活动销声匿迹，君士坦丁堡从未举办过这样血腥残暴的活动。

其实基督教的影响力不仅存在于拜占庭的首都，也存在于其他城市。那个时期父亲可以决定是否要抚养孩子，如果不愿意就可以杀死自己的婴儿。[1]君士坦丁大帝接管帝国后，为了避免穷人家庭发生杀子的现象，规定了贫困家庭的孩子可以由国家抚育。374年，瓦伦提尼安一世将这一行为和其他谋杀行为都定为死罪。基督教的影响力终于为这一恶行画上了句号。

基督教还改变了奴隶制。古时候，大多数人不把奴隶当人看，只有零

---

[1]　古罗马时期，在宗教和别的因素影响下，人们有权利处死自己刚出世的孩子。——译者注

星几位哲学家对奴隶会一视同仁。那时奴隶在大家眼中是没有修养、没有善行、无权无势的会说话的工具。唯有基督教向世人宣告奴隶也是人，生而平等，他们拥有自己的权利，在洗礼仪式上、在圣餐桌前他们和所有的自由人并无不同，也有永恒的灵魂。基督教还提倡主人若是给奴隶以自由，让心地善良的奴隶随意进出公共场所和私人游乐之处，便会被上帝认可。如此一来，即使奴隶制还没有完全废黜，奴隶的地位也有了很大的改善。之后查士丁尼一世还做出了一系列规定，在当时也引起了大家的议论，这些规定大多是抨击奴隶制恶行的。查士丁尼一世下令只要主人允许，奴隶便可和自由人婚配，其子亦为自由之身。此外，他在法律中明确禁止主人胁迫奴隶卖淫。其实奴隶的来源主要是俘虏、异教徒以及蛮族，但主人并不在意奴隶的后代是否会继续成为他们的奴隶，所以也很少有人提及奴隶制还有传承制。

　　妇孺、稚子、奴隶、角斗士，这些弱势群体在基督教的帮助下，社会地位都有了提升。拜占庭人普遍相信上帝，希望自己的灵魂能够得到上帝眷顾，所以他们信奉基督教，也从中得到启示，知道自己应该如何对待社会，不再像从前那样看不起贫苦弱小者。在这里不得不多说一句，在5世纪到6世纪，一味地在罗马推行基督教并非百利而无一害。信奉基督教的人们只看重自己死后灵魂是否能上天堂，却忽略了自己对国家亦有责任。所以基督教中的一些观点并不适用于治理国家，甚至可以说它损害了国家利益。举例来说，那时候人们为了身体力行地推行教义，便提倡苦修道义。所谓的苦修便是放弃世界所有，再无追求，亦不为国效力，只专心自我救赎。苦修之风从埃及兴起，风靡整个拜占庭帝国，东部各省更是对此推崇备至。苦修者若在少数，于国来说尚且无碍；但若国中大多数人跑到修道院或山野之中苦修，放弃国家，那这个国家的命运将不堪设想。这些苦修者既不是传教士也不是满腹经纶的人，所以5世纪的禁欲者并不会为那些人歌功颂德，让其名留青史。而那些修道院也未派遣传教士、老师入世，更未将古时的文学视若瑰宝，珍之重之。直至 530 年到 540 年才出现了首位修道院院长——卡西奥多罗斯，他曾在哥特国王狄奥多里克当政时期从政，在闲暇时他便号召修道士一起手抄书籍。

对于一个国家来说，若是国中半数以上的人以自我救赎灵魂为目标，将所有心思放在这一错误行为上，满心只有自己，不关心国家前途，任其自然发展的话，那么这个国家必然不会健康发展。5 世纪，当拜占庭和蛮族交战后，那些支持苦修的百姓和官员认为蛮族入侵并非国家的灾祸，而是上帝为惩罚世界所做的安排。在这些人眼中，这场战争便是末日启示录所说的劫难，而劫难过后，天主必将再度降世。因此他们不但不带领民众反抗，还为这场战争扬扬得意，甚至放任战火蔓延。

基督教教徒对待帝国战争的冷漠让死里逃生、腹有诗书的异教徒怒火中烧。他们开始声讨基督教，认为其教义违反社会规则，让人们逃避自己应尽之责，实在祸国殃民。辛马库为此还写书声明，世间的种种灾难皆是因君士坦丁大帝信奉基督教而起。为了反驳这些异教徒的疑义，信奉基督教的作家保卢斯·奥罗修斯专门写了一部历史书。他在书中主要反驳了异教徒辛马库的观点。

好在拜占庭帝国还延续着古罗马帝国的政治制度，不管是面对强敌侵扰还是瘟疫、饥荒，帝国都没有坐以待毙，大家开始奋起反抗，也终于意识到上帝对任何灾祸都有公平的判断，而世界末日也将要过去。

5 世纪后期，异教势力式微，唯有少数哲学家还在坚持自己的宗教信仰。529 年，查士丁尼一世下令封禁了雅典学校，如此一来异教便没有了传播途径，也失去了仅有的避风港。然而在受教育人群中，如果大家并没有改变自己对与己无关的事务漠不关心的态度，即使异教信仰已不复存在，那还可能出现以下一些情况。大部分异教徒在 6 世纪虽标榜自己是基督教教徒，但其生活习惯与之前并无差异，名不副实。而事实证明在上层社会中这样的人并不在少数。以普罗科匹厄斯为首的众多生活在 6 世纪的作家大多如此。普罗科匹厄斯对外一直说自己是基督教教徒，可是这位大作家在他的作品中从未提及或表现出一丁点基督教思想。除了作家这一群体外，当时的官员和律师也有此情况。不过随着时代的发展，这种情况也逐渐减少了。一种中世纪心态——盲目迷信和情绪主义开始出现，并慢慢取代了严谨严厉、不信宗教的传统罗马精神。这种现象在受过教育的人身上还不甚明显，仅有的一些基督教情感以信仰无差别论的形式存在着。但它还表现出了与此完全不同的形式，比如魔法、巫蛊、占卜、咒语和一些神秘污秽的仪式，这些低俗粗鄙的方式在社会底层人民的生活中存在着，哪怕帝国严令禁止，采取最决绝的手段来处罚传播者，也还是无法将其完全根除。直至帝国后期，这种可鄙的风气还是存在着。

自君士坦丁大帝执政到君士坦丁十四世退位已有千余年的时光，但是人们在评价这千载历史时却是以偏概全，只以"无能无为、破败腐朽、懦弱不堪"等词一笔抹杀。威廉·爱德华·哈特普罗·莱基 [1] 对这些评论分析后说道："纵观世人对历史的总结，皆有两大要素构成——'鄙陋'和'阴险'。而且这两大要素也同样适用于其他文明。臣子牧师之间的算计陷害、后宫女人的钩心斗角、王室血亲的阴谋诡计无时无刻不在发生着，若真要用一个词评价，那便只有'无耻'了。"[2] 显而易见的是，威廉·爱德华·哈特普罗·莱基的这一结论自然会让某些人恼羞成怒。其实若是只对被批判的人进行生活调查，是无法得出这个观点的。所以我们无法了解到他是怎

---

[1]　威廉·爱德华·哈特普罗·莱基（William Edward Hartpole Lecky，1838—1903 年），爱尔兰籍，历史学家。——译者注

[2]　选自《欧洲道德史》，第 2 章第 13 页。——作者注

拜占庭教堂遗址

么推出这一结论并有此判断的，不过早在五十年前爱德华·吉本便提出了相似的观点。

若是真的要对拜占庭帝国及其文明做一个定论的话，本书提出的观点肯定和绝大多数人的不同。首先我们要知道拜占庭帝国位于古罗马东部，自建国以来，它便有东方的弱点。无论是叙利亚人、埃及人还是已经希腊化的亚洲人，他们在上位者的刻意引导下，对拜占庭帝国的评价都是"软弱可欺""腐朽无能"这一类的词语，就连罗马人都看不起他们，哪怕罗马早在 3 世纪时便已衰败。对于这个国家的缺点，我们不能否认，很多人对它也没有期待。而到后来，拜占庭帝国的特色更是完全违背了 19 世纪的现代精神，宫廷礼仪非但不尊重人性还侮辱人格；宦官、奴隶皆可在朝廷中担任要职；国家没有信用度，连外交时都不遵守承诺，背信弃义。

但看问题要从多方面入手，拜占庭帝国缺点虽多，但若是从其起源来看，其优点更让人叹服。实话实说，基督教确实为拜占庭帝国的道德建设贡献良多，使其领先了世界千年。查士丁尼一世在位期间，教会入世，提倡当人类犯下错误，有违天道时，便以其精神和肉体的双重死亡来作为惩罚。这也是之前帝王会采用的方式。而到 5 世纪时苦修者和隐士将西布莉神[1]和密特拉神[2]拉下了神坛，使得政府和舆论都赞成废黜了达芙妮[3]和卡诺普斯式的狂欢纵欲；他们虽有诸多不足之处，但也确实促进了社会进步。

世人常批评拜占庭人懦弱、不切实际、不守信义，但这些其实并非拜占庭帝国的全部，所以就此而言，他们确实委屈。那时候拜占庭帝国有狄奥多西一世、希拉克略一世这样的君主，亦有亚他那修、赫里索斯托姆这样的高级教士；更不乏贝利撒留、普利斯库斯这样的忠诚热血之士。拜占庭帝国的百姓为保国家安稳，奋起反抗，击退了盖恩斯及其雇佣兵，他们其实并不懦弱。拜占庭帝国后来将波斯人和匈奴人驱逐出境，又收服了东哥特人和汪达尔人，甚至还和不死不休的撒拉逊人顽强斗争了四百余年，直至阿拉伯帝国完全分崩离析，这一切难道还不能证明拜占庭帝国的军事实力吗？

无论是在哪个时代，人们都唾弃浮夸和奢侈。所以无论是耶利米 [4]、朱文诺 [5]，还是约翰·罗斯金，这些道德家无一不觉得自己是处在一个最坏的时代。拜占庭的相关文学里有很多礼仪描写，对此世人指责不断，说起缺点也大有说上三天三夜不重样的架势。那些苦修之人似乎不仅拥有众多奢侈品，还有不少华服银饰、浮夸的银盘和奢华马车。而奢侈和罪恶往往如影随形。不过若是我们静下心来，抛开成见，重观那些关于拜占庭人的所谓暴行时，其实不难发现，它们被夸张化了。要是让赫里索斯托姆来

---

[1] 自然女神，是古时候小亚细亚人信奉的神灵。——译者注

[2] 古波斯神话中的光明之神。——译者注

[3] 古希腊神话中的月桂女神，传说太阳神倾慕于她，驾车追随，而达芙妮为了逃避他的追求，便化身成了月桂树。——译者注

[4] 此人物出自《圣经》。——译者注

[5] 罗马人，是一位讽刺诗人。——译者注

痛骂阿卡狄奥斯时代的"犯罪"之人的话，那大约会是以下这几类人：化妆染发追求潮流的夫人，赌博上瘾的丈夫，上演不道德戏剧的剧院，在节日放肆喝酒的人。其实这些"罪行"存在于任何时代，即使是处在当下的我们也无法避免，更无法为其开脱。拜占庭帝国重视竞技体育，在他们的社交中，绝不会缺少竞技场中的比赛，多少人为此欢呼雀跃，投以最大的热情。虽然我们现在也很重视运动锻炼，但这种重视程度远不及6世纪的拜占庭帝国。拜占庭帝国极爱赛马，如果再联想到君士坦丁堡人是东方人，且他们极易兴奋的情况来看，我们不难发现蓝、绿两党暴乱的原因，那便是没有其他运动比赛可以吸引他们的注意力。

若是将6世纪的君士坦丁堡和19世纪的伦敦相比，我们很难说它们是不一样的，大都市皆是万恶之源。以中立的角度来看，它们的政府和基督教都很注重道德的培养。根据相关记载来看，狄奥多西一世和查士丁尼一世都曾倾尽全力查封所有有违律法的场所，这个任务并不轻松。查士丁尼一世甚至连开设妓院者和从事卖淫中介的人都一并治罪，而等待那些罪大恶极、有悖道德的人的则是酷刑。不可忽略的是，君士坦丁堡是罪与爱同行的，这里有丑陋不堪的罪恶，也有温暖动人的善行。身为皇后的拉西拉常去医院照顾病人，另一位皇后普尔喀丽娅也极为自律，犹如僧人一般。

大家都认为"背叛"是拜占庭帝国所犯下的最大罪行之一，其恶劣程度仅次于"懦弱"和"不道德"。其实每个国家、每个时代都不乏诡谲手段、犯上作乱之事，但这些事件在拜占庭帝国发生的频率实在太高。为什么会这样呢？究其根本还是在于拜占庭的选举制度不够严谨，只要是有才之人皆可录用。文臣武将中什么样的人都有，比如归附帝国的哥特人、反叛的波斯人、伊索利亚半文明山地人、科普特人、叙利亚人、亚美尼亚人……他们来自各个阶层、民族，其中亦有出身卑微却怀有壮志的能人。在这种

"来者不拒"的制度下，臣民中有犯上作乱者也十分正常。这些人有才能，但是却心术不正，没有家国情怀，为了自己有更好的发展他们可以不择手段、玩弄权术。而一个令人震惊的事实是在 350 年至 600 年，在拜占庭帝国内，任何以战争形式夺位或以阴谋诡计上位的统治者都没有被罢免过。其实这之中也有很多阴险计策，但都未真正实施过，由此可见除了背叛外，帝国中还是有许多忠义之士的。这样的事情看起来似乎很平淡，但我可以找到一个例子来和它进行对比。在中世纪的 13 世纪到 15 世纪，意大利发生了很多骇人听闻、不合常理的阴谋诡计，其恶劣程度远胜于拜占庭帝国千年来发生的任何阴谋。这些比之前更糟糕的事情[1]离我们现在的时代也更近些。

---

[1] 威廉·爱德华·哈特普罗·莱基曾经说过关于拜占庭帝国君主为了皇帝之位一直在手足相残。但 340 年到 1453 年的拜占庭帝国历任君主中，只有一位君主是被其兄弟罢免的，还有两位君主被自己儿子篡位，除此之外没有其他君主是被兄弟杀死的。——作者注

第十二章

阿拉伯帝国的威胁

628—685 年

628 年，拜占庭帝国和波斯帝国虽然休战，但是多年的交火已经耗尽了两大帝国的财富和战力。最初双方还只是抢夺边陲之地，消耗的战力一般，难伤根本，而最后的那一场大战才是真正的雪上加霜。希拉克略一世和库思老二世都将火力指向了对方的首都，直捣黄龙。这一战中，波斯军队把凶狠的阿瓦尔人赶到了色雷斯一带；拜占庭军队则把生性残忍的查扎尔人打到了泰西封城。这一仗结束后，双方元气大伤，对对方伤害几乎是毁灭性的，即使最后两国休战，实力也是大不如前。停战后，双方领土满目疮痍，都想休养生息，恢复国力。

在双方休战调养之际，一股庞大的势力席卷而来，矛头直指拜占庭和波斯两大帝国。而这股势力最终击垮了整个波斯帝国并将拜占庭帝国一半领土收入囊中。这个突起的势力便是阿拉伯帝国。

在此之前，虽然无论是拜占庭还是波斯都和阿拉伯半岛上的某些部落有过往来，也曾派过使臣、远征军到半岛南部，但是他们都没有关注过岛上的任何政治活动，觉得不值一提。然而正是他们的自以为是让这个岛上的所有部落联合在一起，形成了新的势力，足以威胁两大帝国。

鹬蚌相争，渔翁得利。阿拉伯半岛趁着拜占庭和波斯互相厮杀之际进行了几次改革，在这期间阿拉伯人首次也是唯一一次提出了一个思想，举世震惊，而这一思想也让历史发生了改变，世界亦随之变化。

在希拉克略一世攻打库思老二世的时候，穆罕默德便着手开疆拓土。穆罕默德其人神秘莫测，看似伪饰却又坦诚，既真挚又奸诈，既充满善心又冷漠无情，既苦修禁欲又放任自我。这个人是先知，是预言家，一生都在奉行自己的信仰，按照自己的标准而活，疯狂至极。他的这份疯狂感染了所有阿拉伯坚持多神论的人，即使在战时，其口号都是"上帝归上帝，穆罕默德却是先知"。

就在拜占庭和波斯交战的最后一年，即 628 年，阿拉伯分别给两位帝王——希拉克略一世、库思老二世送去一封信，要求他们今后举国信奉伊斯兰教。希拉克略一世对此并未答复，只是遣人送去了一些礼物，并表示未来可以同阿拉伯结盟，但对他们所说的神学不置可否；而库思老二世则是一如既往地傲慢无礼，直接回复道："若是今后得了闲，定要把穆罕默德锁起来，而且用的还会是铁链。"面对他们这样的回复，穆罕默德自是不会满意，于是他决定将这两大帝国收在自己手中，归己所有。于是在一年后，阿拉伯人第一次和拜占庭人有了矛盾。穆斯林开始逼近位于死海一带的穆塔地区，隐而不发，一守便是三年。之后穆罕默德离世，留下遗诏，他们这才发兵攻打拜占庭帝国，且声势浩大，凶猛异常。而另一边，哈里发 [1] 阿布·贝克尔也兵分两路，分别攻向巴勒斯坦和波斯帝国。

七八年前 [2]，英国的作家有些小瞧了伊斯兰教教徒的狂热程度，对于他们的能力和怒火没有正确的评估。现在我们经历过塔玛伊之战 [3] 和阿布

---

[1] 哈里发即"继承人"或"代理人"之意，是伊斯兰教阿拉伯的掌权者。穆罕默德去世后，伊斯兰教便以此称呼政治或宗教上的领头人。——译者注

[2] 19 世纪下半叶。——译者注

[3] 塔玛伊之战发生在 1884 年 3 月 13 日。英国军队在杰拉尔德·格雷厄姆爵士（Gerald Graham）的率领下与苏丹交战。苏丹军队的元帅奥斯曼·迪尼亚（Osman Digna）将英军打得溃不成军，最终大获全胜。而英军死伤惨烈。——译者注

比克之战[1]，便应该正视这些问题。当初哈里发的手下跑到了不列颠广场上，他们没有带任何武器，但在面对手持马蒂尼－亨利步枪的士兵时，他们丝毫不惧，直接和其打了起来。此事不容小觑，此后在面对哈里发的士兵时更不能掉以轻心。但对于那些败在哈里发手下的士兵我们也不能采取爱德华·吉本的那种态度去责怪他们无能、可欺。面对疯狂的阿拉伯士兵，即使是之后在维多利亚女王时代，已经拥有现代步枪和火炮的士兵都尚难以抵挡，何况希拉克略一世那些只有长矛、刀剑等武器的士兵。拜占庭的军队其实是军纪严明、骁勇善战的，但是在和撒拉逊人的初期交锋中，面对视死如归、疯狂至极的撒拉逊人，拜占庭军队根本无法抵御。那时的撒拉逊人将死在战场上视为一种荣耀，他们觉得血染沙场、以身殉道，死后便可以有所回报。而他们若是在死前还能斩杀一个敌人，以一换一，就更加值得了。而拜占庭军人没有他们这样的信仰，自然节节败退，完全被敌人掌控了。

　　撒拉逊人侵犯拜占庭帝国时正是希拉克略一世人生最狼狈之时，他为了还上教会之前发行的国债，可谓倾尽了整个国库之力。为了减少经费损耗，他下令遣返老兵；甚至还在全国各地区加税，即使这些税名千奇百怪，即使这些地区才刚结束了战争，已是千疮百孔。叙利亚被波斯蹂躏了十二年之久尚未整顿，埃及也被侵占了十多年，百废待兴。而这两地还有一个共同的困扰——宗教问题，那时候基督教的一性论派和雅各派都发展了起来。其中雅各派是在之前被波斯帝国奴役期间开始冒头的，一大批信仰雅各派的教徒摆脱了拜占庭政府的镇压。而结束了和波斯的战争后，雅各派人采取行动，在他们的影响下，越来越多的拜占庭人开始信奉雅各派。这

---

　　[1]　阿布比克之战发生在 1885 年 1 月 16 日至 18 日，交战双方是英军沙漠纵队和驻扎在阿布比克附近的马赫迪（Mahdist）部队。——译者注

些人受不了希拉克略一世排斥异教、独尊正教的行为，怨恨之情由此而生。所以后来当撒拉逊人攻打拜占庭帝国时，他们不仅对其充耳不闻，甚至还有人会为撒拉逊人助力。

在拜占庭帝国的史书上我们找不到任何关于阿拉伯人攻占叙利亚细节的记载，那些史学家可能并不愿意将基督教所遇之灾记录在册。穆斯林也是后期才开始从事文字记录的工作，而当时并没有一位穆斯林作家着手编纂史书。所以我们无法考证拜占庭帝国被攻击时的资料，它们和许多传说一并流传于世，宛如《一千零一夜》中的传奇故事，而非严谨写实的史料。

不过根据这些传说还是能够推断出战争的时间线。634 年春，在奸细的帮助下，阿布·奥贝尔带着撒拉逊部落离开沙漠，直接攻占了博斯特拉，而博斯特拉正位于叙利亚的边陲。拜占庭帝国马上组织了一队兵力打算将入侵者赶出去。可这支军队在以土利亚的艾因纳丁（即加巴萨）便被打败了。这一次失败终于引起了希拉克略一世的重视，他决定亲自带兵收复失城。六万兵马浩浩荡荡出城，横渡约旦河，很快便收回了博斯特拉。拜占庭帝国军队在约旦河的海罗马克斯和阿拉伯军队交火，两军打了一天一夜，最终阿拉伯人败下阵来，逃回了营地。就在拜占庭帝国以为自己就要胜利之际，阿拉伯军队突然发起了猛攻。卡勒德带着阿拉伯人殊死反抗，终于突破了拜占庭固若金汤的防线。阿拉伯军队的疯狂让希拉克略一世的军队难以招架，纵使拜占庭军队高呼着"彼岸天堂，身后地狱，魔鬼随行"也不能阻挡接连不断的阿拉伯人不要命似的攻击。无论是自帝国都城来的装甲骑兵还是亚美尼亚、伊索尔的弓箭手或步兵，最终都败下阵来，被赶出了战场。经过这场厮杀，阿拉伯人占据了约旦东部整个叙利亚地区，而大马士革成为拜占庭的重要据点。可就在 635 年开春的时候，阿拉伯人攻了过来，即使拜占庭人全力抵抗，也还是没有守住大马士革，数以万计的百姓丧命于敌军刀下。此时希拉克略一世已经年过花甲，精神体力都大不如前，但面对此情此景，他还是披甲上马，重回战场。然而埃米萨与赫里奥波斯里相继沦陷被抢，这让希拉克略一世充满了无力之感，也让他做出了一个决定。大战结束后，年迈的帝王披星戴月地赶往耶路撒冷，五年前他以胜者之姿迎回了真十字架，如今他又将真十字架从圣城带走，回到了君士坦丁堡。他刚到君士坦丁堡便收到了一个噩耗——大敌当前，有人扶持了一位傀儡帝王登基。发动这次政变的人是巴内斯，他趁着帝国军队意志消沉，利用他们对希拉克略一世的不满推举新皇上位，挟天子以令诸侯。当然希拉克略一世最终还是平定了这场叛乱，但付出的代价也是极为惨痛的——阿拉伯人将安条克和卡尔基斯以及叙利亚以北地区尽收囊中。

噩运降临在拜占庭帝国，不幸接连发生。即使拜占庭军队殊死抵抗了一年，但最后还是没能守住耶路撒冷，637 年，耶路撒冷沦陷。沦陷后，耶路撒冷百姓拒不投降，除非哈里发亲自前来。曾经穆罕默德视耶路撒冷为圣城，仅次于麦加。所以攻下耶路撒冷让奥马尔十分得意，即使他当时年岁已高，也还是越过茫茫沙漠来到了耶路撒冷。

阿拉伯人命令大教长索弗罗尼乌斯带他们在耶路撒冷城内四处参观，当这些野蛮傲慢、不懂礼数的人站到圣墓大教堂[1] 前时，索弗罗尼乌斯大叫道："《但以理书》[2] 的预言没错，你们正站在圣城之中亵渎圣物。"虽然之后奥马尔一世没有改造城中任何一个基督教堂，但是他在所罗门神庙遗址上打造了一座清真寺，雕梁画栋、富丽堂皇，这便是闻名于世的奥马尔清真寺。

希拉克略一世是位伟大的帝王，然而他死得却很凄惨。他临死前躺在君士坦丁堡，气息微弱，全身水肿，只能将皇位传给了自己的儿子君士坦丁，

---

[1] 传闻耶稣葬于此处，因此基督教将其视为圣地，又称其为"复活大堂"。——译者注

[2] 《圣经》旧约中的一卷，《但以理书》也是旧约的启示录。——译者注

后世称其为"君士坦丁三世"。638年，新帝君士坦丁三世欲收复叙利亚北部，但是惨败而归。一年后，阿拉伯军队首领阿姆鲁率军东征，过苏伊士地峡，历时两年攻下埃及，拜占庭帝国再次失去了自己的粮仓。641年2月，希拉克略一世与世长辞，而拜占庭帝国在埃及的领土也只有亚历山大港了。

阿拉伯人只用了十年的时间便将希拉克略一世夺回的埃及和叙利亚收归己有。而拜占庭帝国的邻居波斯帝国的命运更惨。穆斯林在攻打叙利亚时也没有忽略波斯帝国，他们发动了卡德西亚之战和亚鲁拉之战，占领波斯帝国西部的所有领土。641年，萨珊王朝之主伊迪格德为守护自己的国家组织了一支军队，他们破釜沉舟，在纽豪德同阿拉伯人正面交锋，最后全军覆没。这是萨珊王朝最后的军队，伊迪格德也成为王朝的最后一位皇帝，最终他出逃到突厥人的地盘上。阿拉伯人之所以如此紧追波斯帝国是因为波斯帝国领土辽阔，国界线直至印度一带。

在拜占庭帝国这边，君士坦丁三世是希拉克略一世第一任妻子优多西娅所生，也是名正言顺的皇位继承人。希拉克略一世的续弦玛蒂娜是他的侄女，民间有很多关于他们叔侄乱伦的议论，希拉克略一世对此十分生气，觉得他们对自己不敬。不过除了感情生活外，希拉克略一世在别的方面都是一位合格的君王，这一点毋庸置疑。然而心思缜密的玛蒂娜为了满足自己的野心便在希拉克略一世耳旁吹枕边风，最后成功为自己的儿子赫拉克洛纳斯争取到了皇位继承权，和同父异母的兄长君士坦丁平起平坐。

一个帝国有两个合法继承人，这实在不是一件好事，之后在拜占庭帝国发生的种种事情也证实了这一点。君士坦丁三世和赫拉克洛纳斯同时登基，帝国的军队自然便分成了两派，各支持一位君主。两兄弟的明争暗斗也使得大家不能全心对付阿拉伯人的进攻。之后君士坦丁三世突然辞世，此时他才做了短短数月的皇帝。关于他的死亡，民间众说纷纭，传闻是他的继母玛蒂娜为了给自己儿子清除障碍将他毒死的。君士坦丁三世死后，赫拉克洛纳斯便顺理成章地成为帝国唯一的帝王。掌权后，由于君士坦丁三世尚有稚子君士坦斯在世，赫拉克洛纳斯为确保自己的皇权，便剥夺了君士坦斯的继承权。元老院对他弑君杀兄、欺凌侄儿的这些行为大为不齿，民间更是怨声载道。不过数周后，士兵和百姓便联名上书要求其归还君士坦斯的继承权，拥护他为另一君主。赫拉克洛纳斯压不住百姓的愤怒之声，害怕之余只得答应了大家的请求，让君士坦斯也登基，后世称君士坦斯为"君士坦斯二世"。不过即使是赫拉克洛纳斯对百姓的要求一一照做也还是只做了一年的皇帝，642 年夏天他便被废黜了，下令者则是元老院。赫拉克洛纳斯落荒而逃，最后被君士坦斯的手下抓住了。君士坦斯二世将赫拉克洛纳斯和其母亲玛蒂娜一同发配边疆，永不许其回城。除此之外，这场皇权争夺战的胜利一方还首次将东方的残忍用在了失败者身上——玛蒂娜被割了舌头，赫拉克洛纳斯被削了鼻子，他们是第一批遭此刑罚的皇室成员，但并不会是最后一批。

　　642 年到 668 年的数十年内，拜占庭帝国只有君士坦斯二世这一个帝王。668 年，其子君士坦丁继位，后世称其为"君士坦丁四世"，直至685 年才退位。君士坦斯二世和君士坦丁四世两任君主在位期间励精图治，上马可杀敌、下马可治国，没有辜负先祖希拉克略一世的英名。他们一直在和阿拉伯人抗衡，守护了拜占庭帝国的大半国土。虽然君士坦斯二世刚登基时被夺了埃及的亚历山大港港口和叙利亚的阿拉德斯港港口，但是非洲沙漠和托罗斯隘口成功阻止了撒拉逊人进攻其余陆地领土。不过这时候拜占庭帝国还是四面楚歌，直至穆斯林爆发内战才有了喘息之机。656 年，奥曼斯被人杀害，哈里发之位空悬，阿里和穆阿维叶为了得到这一职位争斗不休，从而引起了内乱。阿里管辖的是亚洲东部，穆阿维叶的领地却是在拜占庭帝国附近，为了不被分散应对阿里的注意力，穆阿维叶不惜以每年给予拜占庭帝国一笔补贴为代价，与君士坦斯二世休战和解。而正是由于穆阿维叶的休战，拜占庭帝国才从长达二十七年的战争中解脱出来，得以拥有片刻宁静。此时阿拉伯人也停下了四处征战的脚步，他们慢慢发现自己并不能立刻征服全世界，也不能一直战无不胜、攻无不克。所谓一鼓作气，再而衰，三而竭，当他们没有信心的时候便也失去了曾经视死如归的无畏勇气。

拜占庭帝国在撒拉逊人的攻打下不仅实力大不如前，甚至差点儿毁在他们手上。好在后来停战，君士坦斯二世终于可以腾出工夫来专心治理国家，7世纪后半期已有苗头的各省市重组此时也正式开始进行。由于之前沿袭自古罗马戴克里先时期的省份名称和界线已经不能再继续使用，所以拜占庭帝国将省份进行了新的划分，并为这些新省份取了新的名称。这次的划分出现了一个新的区域——军区，顾名思义便是与军方相关的行政省份，这个地方受军团保护，由军团和地区共同组成。军事指挥官和省长由同一人担任。拜占庭在亚洲一共建立了六个军区，即亚美尼亚军区、安纳托利亚[1]军区、奥巴塞军区、色雷斯军区、布塞拉里安[2]军区、西比尔拉霍特军区。六大军区的名字各有根据。亚美尼亚军区自然是亚美尼亚军团保护组建而成；安纳托利亚军区归东方军团守护；马尔马拉海的奥巴塞[3]军区之所以有此名字是因为它是帝王和军事总部的护卫军；色雷斯军区的军队就是之前的色雷斯军，若遇到紧急战事，他们将会前往亚洲加入东部军队；布塞拉里安军区的军队在君士坦斯二世上位前就已经存在了，只是之前分为土著人、外族雇佣兵两队，君士坦斯二世将他们收编在一起，安置于一处，形成新的军队；西比尔拉霍特军团的名字来自一个坐落在潘菲利

---

[1] 古希腊语，意为"东方"，说的是太阳升起之处。——译者注

[2] 意为"吃饼的人"，说的是外族的雇佣兵。——译者注

[3] 古希腊语，意为"相邻"。——译者注

亚西比拉港的小镇，此镇之前便为西南军团的总指挥处，而西比拉港也有一支帝国常备的海军舰队。

拜占庭帝国以西其实也有六个军区，分别是色雷斯军区、海拉斯军区、塞萨洛尼卡军区、拉文纳军区、西西里岛军区以及非洲军区。这六大军区就是直接用管辖省份做了名字。

除了以上所说的东、西两部的军区之外，拜占庭帝国还在城郊一带和一些偏僻的地方，如托罗斯隘口、塞浦路斯和撒丁岛等地设置了军事指挥官坐镇，后来这些地方自行发展成为新的军区。

面对撒拉逊人的疯狂进攻，拜占庭帝国不再有独立的行政总督，此职位由军事总指挥兼任。军政分离制度由盖乌斯·屋大维提出，沿用至戴克里先时代，此时走到了尽头，落下帷幕。

在和穆阿维叶达成协议后，君士坦斯二世着手处理斯拉夫人的问题。若是当时他能即刻将这些在希拉克略一世时期逃到哈伊莫斯南方的斯拉夫人直接赶出巴尔干半岛，也许便不会有之后的种种麻烦了，可惜历史没有假设。面对斯拉夫人，君士坦斯二世只是强行让其向帝国称臣并且按时进贡即可，他将更多的精力放在了伦巴第人身上。君士坦斯二世率兵西征，打算把意大利的伦巴第人清理干净。可他在围攻贝内文托都城时受阻，之前他已经拿下贝内文托公国以及数座城池，但是他始终无法攻克都城，最后只能放弃，将矛头转向了罗马。上一次拜占庭帝国之主亲临罗马还是两百多年前，这一次伴随君士坦斯二世而来的还有罗马人的噩运——664年，君士坦斯二世将万神殿的青铜瓷砖拆下运回了君士坦丁堡。

由于意大利、非洲的战事复杂，君士坦斯二世便留在西部处理，这一留便是五年，就连朝廷大臣都在怀疑他是不是要改设罗马或锡拉库扎为都城了，然而他却再也没有活着回到君士坦丁堡。668年，君士坦斯二世离世，死因离奇，传闻他是在达芙妮浴池沐浴时被侍从安德里亚拿肥皂盒砸中头部而亡，这位侍从随后便逃了出去。君士坦斯二世死后，其子君士坦丁登基，成为新的帝国之主。

而另一边穆阿维叶终于如愿以偿地成为阿拉伯帝国的哈里发，同时也成了倭马亚王朝的首位帝王，后世称其为"穆阿维叶一世"。他平息了阿拉伯帝国的内乱后，便又有了收服拜占庭帝国的心思。他派出阿拉伯帝国的海军和舰队攻打非洲、西西里岛以及小亚细亚，挑起了战事。此后，在那位满脸胡须的帝王君士坦丁四世十四年的执政生涯里，他有大半时间都在和撒拉逊人的战争中度过，他统治的灾难时期慢慢降临了。673 年，穆阿维叶计划御驾亲征，他做了一个撒拉逊人前所未有的决定——让军力鼎盛的舰队、陆军自叙利亚向君士坦丁堡而行，直接围攻。这也是穆斯林第一次围攻君士坦丁堡。此战阿卜杜勒·拉赫曼将军为主帅，穆阿维叶之子同时亦是其继承人的叶兹德为副将。阿拉伯的舰队打败了拜占庭的海军，强渡达达尼尔海峡，攻下昔齐库斯，并驻扎于此，将博斯普鲁斯海峡锁死。

为了守护都城，君士坦丁堡人殊死抵抗，一战就是四年。这四年间君士坦丁堡付出的人力物力难以计数。撒拉逊人的进攻势如破竹，拜占庭人迎难而上，将生死置之度外，可仍是勉强能与其抗衡，拜占庭帝国的末日似乎就要来到了。然而一个奇迹般的发明拯救了这个帝国，那便是"希腊火"。在一次关乎国家存亡的海战中，拜占庭军队在火管上喷上了易燃液体，然后将其喷出火攻撒拉逊人，这是希腊火的首次亮相，为拜占庭帝国挽回了颓势。另一边，拜占庭的陆军也大获全胜，杀死了三万多撒拉逊人。阿卜杜勒·拉赫曼将军在此战中丧命，新任主帅临危受命带着惨败的阿拉伯军队回到了穆阿维叶一世身边复命。经此一役，穆阿维叶一世也再无征战之雄心。

可惜的是，没有留下阿拉伯军队围攻君士坦丁堡的细节，即使是再专业的历史学家也没能找到任何有关资料能将其公示于世。若是那时君士坦丁四世可以遇到一位"高贵的吟游诗人"，也许便能留给世人一个英雄传说，他也将成为继希拉克略一世、利奥三世后的第三位拜占庭帝国英雄。

此战后的第二年，穆阿维叶一世向拜占庭帝国求和，承诺可以将拜占庭帝国的失地如数奉还并且赔偿给帝国一大笔金钱，除此之外阿拉伯还将每年向拜占庭帝国进贡三千磅黄金，连续三十年皆是如此。至此，四海之内皆知君士坦丁四世大胜阿拉伯帝国之事，就连远在高卢和西伯利亚的法兰克人和可萨人也都派出使臣来到拜占庭祝贺他们挽回了东方的基督教。

君士坦丁四世为了保住都城君士坦丁堡，将一些省份的军队抽调回城，这就给了北部心怀不轨的蛮族以可乘之机。斯拉夫人身在内陆，突然围击了塞萨洛尼卡。当君士坦丁四世击退阿拉伯军，答应了穆阿维叶一世的求和后，拜占庭才有精力来拯救塞萨洛尼卡人，此时他们已和斯拉夫人作战了两年。而巴尔干半岛东边一带所经受的攻击更加猛烈，他们面对的敌人是有着芬兰血统的游牧民族——保加利亚人。住在普鲁特河、德涅斯特河一带的保加利亚人渡过多瑙河，打败了默西亚的斯拉夫人后留在了多瑙河和巴尔干半岛东部的中间地带。现在这一带还流传着他们的故事。定居后，保加利亚人将散乱的斯拉夫部落聚集在一起成立了保加利亚第一王国。这个国家也是之后拜占庭帝国的宿敌。679 年，保加利亚第一王国有了第一位皇帝——伊斯佩里奇。这时候拜占庭帝国已经被穆阿维叶折腾得筋疲力尽，再无多余的精力去驱赶保加利亚人，只能任由他们在新地定居。

奔波半生的君士坦丁四世在他为帝的最后六年时光中终于过上了国家安稳的和平日子。此间并无大事发生，值得记载的只有 680 年君士坦丁堡举办的第六届基督教大会。东、西两教会一致向基督一性论发难，对其大加指责。他们提出信奉基督一性论的人无论死活都该被赶出教会。哪怕是之前已经认可了基督一性论的罗马教皇霍诺里乌斯也同意了此建议。

685 年，尚未满三十六岁的君士坦丁四世离世，继承其皇位的是他的十六岁长子查士丁尼，后世称其为"查士丁尼二世"。

第十三章

时势与英雄：第一个无政府时期

695—716 年

作为希拉克略王朝的最后君主，查士丁尼二世冲动易躁、自私自利、铁石心肠、一意孤行，算得上是拜占庭帝国最特别的一位帝王了。简而言之，我们可称其为暴君。十六岁便登上帝位的查士丁尼二世在学习管理国家事务时便已经展现了他的本性——独断专行、不听谏言。

年轻的查士丁尼二世在自己二十一岁生日到来之前便主动突袭了保加利亚王国，正式向保加利亚人宣战。此后的交战中，大多数都是查士丁尼二世占得上风，拜占庭帝国也向亚洲送去了三万余名保加利亚国的战俘，强行让其加入亚美尼亚军队。另一边，阿拉伯帝国哈里发阿卜杜勒·麦利克也和查士丁尼二世产生了矛盾。679 年，阿拉伯帝国同拜占庭帝国定下了协议，每年用拜占庭官方规定流通的"苏勒德斯币"进行岁贡。但阿卜杜勒·麦利克在 692 年改用了铸有古兰经经文的新币进贡，这惹恼了查士丁尼二世，他不仅拒收新币，而且还准备要攻打阿拉伯帝国。

与之前攻打保加利亚王国相比，查士丁尼二世再次贸然出兵阿拉伯帝国给拜占庭帝国带来了极为严重的后果。拜占庭军队在位于西里西亚的塞巴斯塔波利斯同撒拉逊人交战，拜占庭军中新招的保加利亚人反戈倒向撒拉逊人，让拜占庭措手不及，大半人丧命于此。而后的两场大战也都以拜占庭军队的失败告终。阿卜杜勒·麦利克的军队顺利拿下了整

个卡帕多西亚 [1]。

查士丁尼二世常年讨伐各国，使得国库空虚，入不敷出。而这位帝王为了大兴土木劳民伤财，设置了种种苛捐杂税，他甚至还提拔了两个残忍冷酷的官员上位负责敛财。这两个官员一个叫狄奥多特斯，他之前担任的是修道院院长一职，后辞职离开了修道院；另一个是名为斯蒂芬纳斯的宦官，专门负责宫内财账，他们便是威廉二世的"纵火者"拉尔夫 [2]、亨利七世的艾普森和达德利 [3]。这两人暴戾凶恶、肆无忌惮，他们为了敛财不惜敲诈勒索、篡改法律，可谓无所不用其极。有传言说狄奥多特斯曾命人烧起火堆，然后用麻绳把反抗他的纳税者吊在火堆上，让其被烟活活熏死；斯蒂芬纳斯偏爱用石头将人砸死。还有一个传闻是斯蒂芬纳斯曾在查士丁尼二世不在时用鞭子抽打太后，但他并没有因此而受到任何惩罚。

查士丁尼二世为敛财不择手段，富商怨声载道，同时军方也由于一些原因对他颇为不满。查士丁尼二世曾因为输给撒拉逊人的军队而处置了许多军官，或将其下狱或直接处死，战败之军也被他判了斩首之刑。查士丁尼二世的残暴让军中将领惶惶不安，整日提心吊胆。对于他们而言，在查士丁尼二世手下当差比在马克西米连·罗伯斯庇尔 [4] 专政时为官还要可怕，危险百倍。

查士丁尼二世令人发指的恶行远不止此。695 年，军官利昂提乌斯被提升做了海拉斯军区的将军，但他并未有丝毫升迁的喜悦，反而为自己

---

[1] 古时候的一个国家，位于小亚细亚东部。——译者注

[2] 英格兰威廉二世的宠臣。——译者注

[3] 这两个人都是英格兰亨利七世的权臣。——译者注

[4] 马克西米连·罗伯斯庇尔（Maximilien Robespierre, 1758—1794 年）是雅各宾派政府的真正掌权人之一，也是法国大革命时期重要的领军人。那时雅各宾派政府为了处置罪犯和在革命中叛变的人，推行了许多革命的恐怖政策。那时候很多清白之人被构陷，失去了生命，断头台上的血就没有干涸过。后来人们便将这段时期称作"恐怖统治"。——译者注

的未来感到焦虑和忧心。在赴任前，他和自己的好友告别，直言查士丁尼二世情绪多变，随时都可能会处死官员，他觉得自己已是命不久矣了。忧心忡忡地上任后，一位士兵提醒了他。士兵名为保罗，他鼓励利昂提乌斯采取自救的行动，不必胆小怕事，他只需将愿意追随他的人集结起来共同行动便可以推翻查士丁尼二世的统治。

保罗一语惊醒梦中人，利昂提乌斯在他进言后带人直接冲进国家监狱，解救了牢中上百名政治罪犯。在收入一群暴徒后，利昂提乌斯的阵营扩大，他们顺利拿下了圣索菲亚大教堂，攻入了皇宫。这一路上几乎是畅通无阻，因为没有任何一个士兵站在查士丁尼二世这边并且提剑杀敌。利昂提乌斯入宫后活捉了查士丁尼二世以及狄奥多特斯、斯蒂芬纳斯，他下令割去了查士丁尼二世的鼻子并将其流放至谢尔森，然后将两个酷吏丢给了暴徒，随他们处置。这些人把狄奥多特斯、斯蒂芬纳斯绑了起来，先游街示众，昭告天下，然后放火将他们烧死了。

利昂提乌斯发起的这场兵变让拜占庭帝国在接下来的二十年时间里都处于无政府状态。之所以会这样是因为利昂提乌斯并没有治国才能，他当初奋起反抗也不是想治理天下，只是为了不让查士丁尼二世有机会杀死他而已。利昂提乌斯登基不过三年，帝国内便叛乱频发，难以控制，对外也是接连吃败仗，阿卜杜勒·麦利克在亚洲以东不费吹灰之力痛击了拜占庭军队。而亚洲以西也不太平，撒拉逊军队自埃及出征，强行攻占了拜占庭帝国在非洲的领土。当年希拉克略一世率兵殊死抵抗才保住了这些非洲领土，但是如今撒拉逊人一直在进攻迦太基。677 年，迦太基彻底沦陷，被撒拉逊人掌控。一百六十五年前贝利撒留重建的拜占庭帝国的繁华终于不复存在。

失去了迦太基的拜占庭军队只能逃出非洲，从海上撤离。在返回君士坦丁堡的船上，大家决定把利昂提乌斯从皇位上赶下来，他们开始悄悄策划如何行动。为了增强战斗力，他们还把提比略·阿普西玛斯拉入了自己的阵营，而提比略·阿普西玛斯本是帝国舰队的司令，坐镇爱琴海一带。在得到提比略·阿普西玛斯的支持后，这些军官同其舰队会合，拥立他为新皇，并公布于世。在他们打算攻回都城的时候，利昂提乌斯的军队听说了此消息，立刻放弃了抵抗，让提比略·阿普西玛斯和其军队顺利地进入了君士坦丁堡，坐上了皇位，后世称其为"提比略三世"。历史总是惊人的相似，曾经割下查士丁尼二世鼻子的利昂提乌斯如今也被提比略三世削去了鼻子，然后被关在了修道院中。

与利昂提乌斯相比，提比略三世似乎更幸运些。提比略三世在位期间几次和撒拉逊人交战都占得了上风，并且还收复了在查士丁尼二世以及利昂提乌斯手上失去的一些领地。此外，提比略三世还打到了叙利亚北部一带。然而此时的拜占庭帝国已是风雨飘摇，一位皇帝被推翻立刻有一位新帝登基，这样频繁的皇权更迭让百姓不再信任朝廷，军队也来不及培养对

塞萨洛尼卡的（旧译帖撒罗尼迦）拜占庭式建筑

皇室的忠诚。皇位显得格外脆弱，似乎一点点风雨便可以将其摧毁。所以提比略三世的这些政绩并没有替他挽回民心，让他可以躲开查士丁尼二世和利昂提乌斯的结局。

我们来看看当初被割鼻流放的查士丁尼二世。他当年被发配到了谢尔森，这个希腊小镇位于克里米亚，旁边便是如今的塞瓦斯托波尔，即文明世界的最北端。谢尔森虽然归拜占庭帝国管辖，但拥有自己的自治权。查士丁尼二世到了这里以后并不甘心永世被囚禁于此，他在困境中所展现出的能力也让世人震惊。查士丁尼二世逃出了谢尔森，然后向居于亚速海边的可萨汗王即鞑靼部落之主投诚，为表忠心，他还迎娶了汗王的妹妹。成婚后，查士丁尼二世让妻子接受了基督教的洗礼并为其更名为"狄奥多拉"。提比略三世知道此事后便派人送了巨额钱财给可萨汗王，希望他把查士丁尼二世交给自己处置。可萨汗王看到这些钱果然心动了，决定不管和查士丁尼二世的协议，将他交出去。于是汗王秘密召来了两位士官，下令让他们去抓捕查士丁尼二世。这个密令被狄奥多拉知道后，她立刻告诉了她的丈夫，查士丁尼二世听后决定先下手为强，开始计划逃亡。他赶在两个军官行动前先去找了其中一个军官，借口有事要与其密谈，在两人独处的时候把他活活勒死了。接下来他又如法炮制，杀死了另一个军官，如此一来就暂时没有人知道汗王打算抓捕查士丁尼二世了。查士丁尼二世便趁着这点时间带上自己的侍卫和愿意跟随他的人乘坐渔船去了黑海。他们的船在海上遇上了狂风暴雨，船舱进了水。船上人心惶惶，有人便向查士丁尼二世求救，希望他可以向上帝诚心忏悔，发誓绝不伤害那些对不起他的人。可是倔强的查士丁尼二世并不因此屈服，他甚至斩钉截铁地说道："若是上帝让我死在这里便罢了，若是我没死，上岸之后我必将我的敌人碎尸万段！"最终还是有惊无险，他们的船在暴风雨中安然无恙，将他们顺利送到了保加利亚。上岸后，查士丁尼二世找到了保加利亚国王特贝尔，想要说服他出兵帮自己复位。当时特贝尔正苦于没有合适的理由可以攻打拜占庭帝国，查士丁尼二世的出现给了他机会，这世上还有什么理由比出兵帮助流亡帝王重登帝位更完美呢？于是他答应了查士丁尼二世的请求，打算以帮他之名光明正大地攻打拜占庭帝国。查士丁尼二世便这样靠着保加利亚的兵力直接攻到了君士坦丁堡城外。他在深夜潜到了布莱克尼城边，找到进城的入口，顺利进城。与 705 年的情况一样，提比略三世的士兵也没有打算为他抛头颅、洒热血，所以当查士丁尼二世进城后，也是一路畅通无阻，兵不血刃地回到皇宫，夺回了自己的皇位，开始兑现自己在船上的誓言。

　　查士丁尼二世的重新掌权勾起了大家对希拉克略王朝的怀念，甚至因此不再计较查士丁尼二世以前的暴虐残酷，直接臣服于他。不过他们很快便后悔自己没有立刻拼尽全力反抗查士丁尼二世的夺位。查士丁尼二世是复仇者，十年的流亡生活、残缺的鼻子都让他心中充满怨恨，他现在只想报仇雪恨。查士丁尼二世复辟后首先便处置了之前坐在这位置上的利昂提乌斯和提比略三世。他抓回了欲逃去亚洲的提比略三世，然后将利昂提乌斯从修道院抓了出来，用铁链捆了，让他们上街游行。之后又把他们带到赛马场里的皇帝包厢凯西玛前，让他们跪着做脚凳。坐在宝座上的查士丁尼二世高高在上，两脚踩在利昂提乌斯和提比略三世背上。而信徒们在周围吟诵道："你必须践踏狮子和毒蛇。"这句话出自《圣经》九十一篇，他们用诗中的狮子和毒蛇比喻沦为阶下囚的利昂提乌斯和提比略·阿普西玛斯。

　　在结束这一场充满侮辱性的游行后，查士丁尼二世便把这两个人处决了，而后他开始以一种极为恐怖的手段统治整个拜占庭帝国。在君士坦丁堡，他将当初臣服于利昂提乌斯的文武大臣一一绞死，又把大教长的双眼挖出，以此惩罚他为利昂提乌斯办事。接下来他要处置的便是那些地位较低的人了。他处死了一批又一批士兵，然后将君士坦丁堡略有成就的百姓装进麻袋，丢进了博斯普鲁斯海峡，让他们沉入海底。除此之外，谢尔森也没有逃过他的魔爪。查士丁尼二世为了报复谢尔森的人，派出了一支远征军，从海上出发，直接洗劫了谢尔森，并将谢尔森的统治者抓回了君士坦丁堡。查士丁尼二世下令把这些人捆在一起，任人践踏，处以火刑。查士丁尼二世正如自己当年所说的一样，对待那些背叛过他的人，他绝不会手软。

查士丁尼二世的暴行罄竹难书，以上所说不过是冰山一角。他复位后，越发残忍，暴政更胜从前，百姓亦是苦不堪言，他此时的声望还不如之前执政的时候高。

这样的暴政注定是要被推翻的。711 年，查士丁尼二世为他的残暴付出了代价。这年查士丁尼二世离开君士坦丁堡去了锡诺普，菲利普科斯将军揭竿起义，以最快的速度拿下了君士坦丁堡，随后他立即派军攻打锡诺普。不出意料，查士丁尼二世身边的军队都没有反抗，直接放下了武器，查士丁尼二世就这样被抓了，士兵随后便将其当众杀死，以平民怨。查士丁尼二世坏事做尽，最后这个结局对于他来说可算是最好的了。查士丁尼二世在流亡时和狄奥多拉育有一子，名为提比略，这也是他最小的一个孩子。他死后，菲利普科斯斩草除根，把提比略也处死了。历经五代帝王，掌握拜占庭帝国最高权力长达一百零一年的希拉克略王朝就此真正灭亡。

查士丁尼二世死后，拜占庭帝国没有了领导者，此后六年，它又处于无政府状态。其实在查士丁尼二世回来之前拜占庭帝国便已经是道德沦丧、秩序败坏到了不可收拾的地步。查士丁尼二世这几年的暴政和对手下的放纵更是火上浇油，军队内部如一摊烂泥，国家状况更是越来越糟糕。此时的拜占庭急需一个可以力挽狂澜的人来救国家于危难之中。然而这个人始终没有出现，拜占庭帝国也更加混乱。

　　之所以会如此评价拜占庭帝国，是因为打败查士丁尼二世的菲利普科斯也不是一个明君。他上位后纵情声色，不懂国事，不理朝政，两年后便被其首席大臣阿尔忒弥斯·阿纳斯塔修斯赶下了皇位。阿尔忒弥斯·阿纳斯塔修斯政变成功后，登基为帝，后世称其为"阿纳斯塔修斯二世"。至于菲利普科斯，他被刺瞎了双眼，逐出了皇宫，到修道院去苦修了，再不能过从前那样奢靡的生活。阿纳斯塔修斯二世的谋反并未成功稳定军心，军中仍是未将他视为君主。所以在两年后，奥斯奎安军区的士兵发起兵变，将阿纳斯塔修斯二世赶下了台。阿德拉姆的狄奥多西被推上了皇位，后世称其为"狄奥多西三世"。这位新君与之前几位君主大不相同，他是税务官出身，做官时虽无显赫声望，但他清正廉明，为人宽厚，深受当地百姓爱戴；登基后他也是如此。面对阿纳斯塔修斯二世，他并没有取其性命，只是让他在神谕之下交出了皇位。

　　再来看看拜占庭帝国的整体情况。"政府当时已是自顾不暇，既不能守护帝国的疆土，也无法处理各省政务。这个国家走上了下坡路，百姓已经不能得到应有的教育，军方也乱作一团，毫无纪律。"那时拜占庭帝国的各地政府如同一盘散沙，正在被风慢慢吹散。一直对拜占庭帝国虎视眈眈的保加利亚人和撒拉逊人乘虚而入，开始攻打拜占庭帝国，一点一点地吞并他们的领土。面对如此好机会，阿拉伯帝国的哈里发韦尔德自然也不会浪费。他将多方军队集合到了叙利亚港口，枕戈待旦，谁都看得出来他打算直接围击君士坦丁堡。然而拜占庭帝国内部阿纳斯塔修斯二世和狄奥多西三世正在交战，国内的主战派都被牵涉其中，分身乏术，根本无法去抵抗即将到来的撒拉逊人的进攻。710 年，拜占庭泰纳失守；712 年，拜占庭阿默西亚失守；713 年，安条克失守。三大城池就这样被撒拉逊人占领，这也意味着撒拉逊人已经打进了拜占庭帝国内部。716 年，撒拉逊人拿下了弗里吉亚，准备攻打阿摩利阿姆这一重要城市，就在他们快要成功时，一个人的出现改变了所有格局。这个人是拜占庭帝国的救星，名为利奥。

利奥是伊苏里亚人，在之前的十年里，他从血雨腥风的皇位之争中脱颖而出，是当时少有的声名在外的军事指挥官。撒拉逊人进攻阿摩利阿姆时，他正在安纳托利亚军区任职。当时旧卡帕多西亚、利卡尼亚都属于安纳托利亚军区，利奥欲擒故纵，以智谋解除了阿摩利阿姆的危机。天才永远不甘居于人下，面对在政绩上毫无建树的狄奥多西三世，利奥也是如此。他直接带兵闯到了博斯普鲁斯海峡。

狄奥多西三世实在不是一个幸运的人，他最初并非自愿登上皇位，如今也未想过永远坐在这个位置上。但在利奥攻打过来的时候，他也没有坐以待毙，而是让军队出城迎战，但此战还是以失败告终。狄奥多西三世在知道失败后，便将大教主、元老院以及皇室的重要成员召集在了一起，把自己的退位之意告诉了众人。他觉得如今帝国遭遇强敌，撒拉逊人马上就要攻过来，若是帝国内再有内战，恐难取得胜利。众人也尊重他的决定，打算之后为利奥举办加冕大礼。717 年春天，利奥登基，后世称其为"利奥三世"。

退位后的狄奥多西三世安然无恙地回到了以弗所，他之前便生活在这里。他临终留下遗言，在他死后，墓碑上只写一个单词，即"为自己"。

第十四章

撒拉逊人再度袭来

717—739 年

　　狄奥多西三世退位后，利奥登基成为拜占庭帝国的新主人，后世称其为"利奥三世"。那时拜占庭帝国军队军心不稳，士气低落，多年来频繁发生的叛乱让他们已经忘记上战场作战是何滋味了；国库入不敷出，各级政府也是毫无秩序可言。面对这样的国家，利奥三世可谓任重道远。而帝国外部还有撒拉逊人虎视眈眈，随时可能发起进攻。帝国不是第一次有强敌入侵了，三十年前的君士坦丁四世时期便有敌人入侵，但是利奥三世现在的问题更加棘手，他不能避而不战，只能迎难而上。不同于君士坦丁四世在位时的朝堂安稳、三军臣服；利奥三世刚登基几个月，军心不稳，对于之后的严峻挑战他也只能冒险一试。

　　在阿拉伯帝国这边，倭马亚王朝的第七任国王苏莱曼接过了哈里发一位，成为阿拉伯帝国的掌权人。苏莱曼是个不甘平庸的人，他胸有抱负，倾全国之力打造了一支舰队，组建了一支陆军，打算轰轰烈烈地做一番事业。苏莱曼将自己的兄弟莫斯利玛任命为远征军总指挥，并把八万大军交到了他手上。苏莱曼兵分两路，陆军由莫斯利玛领队，自塔苏斯横穿小亚细亚，占领中枢之地佩尔加蒙，攻到了达达尼尔海峡；海军则由维吉尔·苏莱曼[1]带队，自叙利亚扬帆起航，往爱琴海而去。而海军舰队共有

---

[1]　一位与哈里发苏莱曼同名的将领。——作者注

一千八百只船，声势浩大，不输陆军。面对来势汹汹的敌人，利奥三世召集了全部的陆军与海军共聚达达尼尔海峡的阿比多斯，誓死守护首都君士坦丁堡。

717 年，撒拉逊人的海军正开船向马尔马拉海进攻。阿拉伯的陆军已经通过色雷斯西行，欲包围君士坦丁堡。莫斯利玛下令让军队在海上设下防线，一直到金角湾，这样便能让色雷斯无法和君士坦丁堡取得联系。维吉尔·苏莱曼则派兵把守博斯普鲁斯海峡南边的所有出口，并计划将北边的出口也守住，这样拜占庭帝国便无法通过黑海走水路运送物资了。刚登基五个月的利奥三世察觉到这一切，立刻采取了行动。他带上了划桨船队和装着让撒拉逊人闻风丧胆的希腊火的火船突破了金角湾的防线，痛击北边的阿拉伯舰队，扼杀了撒拉逊人打算全面掌控博斯普鲁斯海峡北边出口的企图。

撒拉逊人并不打算和拜占庭军队硬碰硬，他们准备了足够的物资后便包围了君士坦丁堡。他们在城脚驻扎，不给城内提供任何食物和水；而他们自己水粮充足，完全可以和拜占庭耗着，撒拉逊人认为等到城内弹尽粮绝时，拜占庭自然就会向他们投降。可惜他们低估了君士坦丁堡内的存粮。在此之前利奥三世便下了命令，让君士坦丁堡城内的家家户户都囤够自己两年的口粮。如此一来，城内的食物远超过撒拉逊军队的物资，局势也就因此而改变。曾经信心满满的撒拉逊人转眼便成了拜占庭的瓮中之鳖。海陆两军的首领维吉尔·苏莱曼与莫斯利玛不仅错估了君士坦丁堡的存粮，还忽略了天气变化——黑海一带可能会有严冬降临。当年的英国军队就是没有考虑到天气变化的情况，才会在克里米亚之战中输得一败涂地。而此时，撒拉逊人面对的天气更加严峻。在这个冬季，717 年 10 月、718 年 1 月和 2 月是严冬，自东方而来的撒拉逊人没有准备御寒衣服，根本无法抵御严寒，军中大半人因菌痢或者风寒失去了性命，维吉尔·苏莱曼也因此丧命。但是这对君士坦丁堡的城民来说并无太大影响，他们有房屋可以抵御风雪，亦有食物可以果腹。这大概是利奥三世私下最爱提及的一段往事了，就如沙皇尼古拉一世那样揶揄道："这三个月可真是老天都在帮我啊。"

718 年，莫斯利玛的海军和陆军死伤惨重，他开始打算放弃对君士坦丁堡的围攻了。还好在开春之际，阿拉伯帝国的援兵赶到了君士坦丁堡城外。撒拉逊人的海上援军自埃及出发，陆军则从塔苏斯出发，最终成功拿下了博斯普鲁斯海峡的亚洲海岸。

不过撒拉逊人的逆袭并没有打击到利奥三世，他在夏天的时候开始了自己的反击。利奥三世派出火船突袭撒拉逊人的海军，烧毁了这些从埃及过来支援的舰队；然后他又派出一支军队登上比提尼亚海岸突袭了阿拉伯在博斯普鲁斯海峡亚洲海岸上的人马。撒拉逊军队的粮草即将耗尽，而周围的城市早被他们洗劫一空，再无半点食物；若是他们去更远的城市搜刮食物，很有可能会被当地的村民攻击，所以他们马上要面临的是弹尽粮绝的局面。

而让莫斯利玛彻底放弃攻打君士坦丁堡的原因是南下侵占了巴尔干半岛的保加利亚人直接打败了阿拉伯留在阿德里安堡的后援军队。这件事还带来了重要影响——拜占庭军队得到了支援，加强了君士坦丁堡西边的军力。根据阿拉伯的史书记载我们可以知道，在那场大战中，两万多撒拉逊人命丧黄泉，幸存者也受到了极大的精神打击。在莫斯利玛决定撤退后，他回到了塔苏斯，海军舰队便带着陆军从海上仓促回到亚洲。当初莫斯利玛带了八万人马出发，后来阿拉伯帝国又支援了两万兵力，总共十万陆军最后只有三万人返乡。更惨的是，海军舰队在爱琴海突遇暴风，几乎全军覆没，仅有五只船安全返回了叙利亚。

围攻君士坦丁堡之战，阿拉伯人出发时信心满满、势在必得，最终却是惨败而归、一无所成。717 年的这一场战役阿拉伯帝国投入的兵力之多、规模之大是此后三百五十年间再未有过的，即使他们仍旧在和拜占庭帝国战斗。经此一役，阿拉伯帝国元气大伤，再也未将军事目标设为攻打君士坦丁堡，只在两国边境交战；他们也不再像当初那样疯狂地想征服欧洲传播伊斯兰教。由此看来，利奥三世击溃了阿拉伯军队，使得欧洲基督教免受伊斯兰教的干扰，避免了他们被穆斯林同化，他的贡献比同时代打败了阿拉伯侵略远方城市大军的弗兰克·查尔斯·马特尔更大。之后东部地区发展迅速，阿拉伯帝国的国王让他的弟弟带兵攻打拜占庭帝国，但是仍旧败在了利奥三世手下，加上之前围攻君士坦丁堡的失败，阿拉伯帝国中坚信宿命说的人终于醒悟，即使君士坦丁堡不属于拜占庭帝国，也不一定会属于阿拉伯帝国。接二连三的打击让现在的撒拉逊人不再像以前那样视死如归，也没有那股疯狂劲儿了。人世间的美好让他们更加惜命，不再追求以殉道证实自己，若是可以选择，他们也不再为死而活，不再为死而战。

　　再看拜占庭帝国这边，718 年的大获全胜没能让撒拉逊人彻底死心，利奥三世仍旧要和他们打交道，而在他执政的后期，拜占庭帝国仍旧被不停入侵，只是敌人都是在边境作祟，小打小闹，未深入帝国内部。739 年，拜占庭帝国在弗里吉亚的阿克伦之战[1]中狠狠将了撒拉逊人的主力部队一军，解救了小亚细亚，使它逃离了撒拉逊人的魔爪。

---

　　[1]　阿克伦位于如今的土耳其的阿菲永（Afyon）附近，文中所说的阿克伦之战发生在 739 年，阿拉伯帝国的倭马亚王朝军队与拜占庭军队在安纳托利亚高原西部边缘弗里吉亚的阿克伦（Acroinon）交战，拜占庭帝国大获全胜，此后阿拉伯军队再也没有骚扰过安纳托利亚。——译者注

第十五章

毁坏圣像运动拉开帷幕

720—802 年

在击退围攻君士坦丁堡的阿拉伯帝国军队后，利奥三世声名大噪，若是他此时离世，史书定会对其大加夸赞，后世亦会觉得他是明君。可惜在此之后利奥三世不仅没有与世长辞，而且还继续做了二十年的皇帝。在利奥三世看来，击退敌军十分重要，但治理帝国同样重要，因此他推出了许多改革政策。因为在利奥三世的改革行动中，反对推崇圣像是其主要特点，所以后来的史学家将他的改革称作"毁坏圣像运动"。

过去百年间，拜占庭帝国几乎一直处于战争状态，文化方面几乎荒废了，古罗马的法学无人问津，帝国的文明更是无以为继。帝国的所有官员真正受过教育的少之又少，各省总督基本都是士兵出身，没有文化，粗鄙不堪。以前用以维持朝堂安稳的官僚制度自然也就不复存在了。罗马文明已经不适合当时的社会了，一股新的风气由此而生——基督世界的人开始迷信，大家的痴狂程度日渐加深，因此产生的一些荒唐无稽的幻想也影响到基督教。当时的那些幻想即使在 19 世纪也是荒诞可笑、难以理解的，何况是在 4 世纪。那时民间出现了许多无知的传闻、活动，而这一切都是由于大家在追寻何为宗教本质。但是神学家都在忙着争辩一志论派与一性论派这种空洞理论，完全没有人关注民间兴起的那些奇怪活动。大家对圣像以及文物的崇拜疯狂发展，算得上是最地道的拜物教形态了，这也是当时最为突出的一点。帝国内的百姓将每一幅古画都看作被上天赐予神秘力量的神迹，将它们和雕像都视为圣物。对于教堂和修道院来说，只要院内有一件圣物，无论是什么，都可以为他们带来无尽的财富。在那个时候，人们对待有形体之圣物如同对待记忆中之圣人一般，推崇备至，虔诚无比。由圣像崇拜引起的一系列事件也是滑稽荒诞：幼儿洗礼的时候，亲朋好友会为孩子选一个"教父"，只是这教父并非人而是一幅画；在一些活动仪式，大家会从圣像上取一些颜料，并将其放在圣人之位，以为代表；还有些大教长和主教也信誓旦旦地告诉世人，大家可以在某幅圣母画像中提炼出香脂。大家甚至认为希拉克略一世可以击退波斯帝国的军队全是因为他随身携带了一幅圣母的画像，正是这幅画像赐予了他无上神力。

　　大家之所以会有这些荒诞的念头全是因为身后有神职人员教唆，虽然一些平民将此奉为真理，但是上层社会中接受过教育、被穆罕默德思想影响过的人对此则恨之入骨。其实近百年来，伊斯兰教一直存在于拜占庭帝国亚洲领土的各省份之中，影响着当地的居民。伊斯兰教反对任何形式的偶像崇拜，甚至会对其进行强烈的谴责。曾经有一个拜占庭人贪婪颓败、盲从迷信，他的邻居是个穆斯林，经常嘲讽他的一些行为。不过这个人若是留心观察周围人的行为作风，就会知道他为什么要被邻居嘲笑了。

　　世间万物相生相克，此消彼长，因此在那个思想自由的年代，虽然迷信之风渐长，但随之而起的便是反对迷信的力量。神职人员推行迷信，但在平民中的这股力量则更加瞩目；而这股力量在亚洲更是影响甚广，远超欧洲。利奥三世在位期间，人们对迷信的反感达到了极限，表现得也尤为明显。于是利奥三世在击退撒拉逊人的第七年，借此形势，发起了一场轰轰烈烈的反迷信运动，这也影响到了之后的人。这场运动主要针对推崇圣像的行为和对圣人的盲目讴歌赞颂，其中对圣母玛利亚的崇拜程度最深。不过利奥三世发起的运动以及采取的各种行动跟其儿子相比都是小菜一碟，仅仅只是展现了他的决心而已。接过利奥三世皇位的君士坦丁五世在这方面的手段比他父亲更加决绝、激烈。君士坦丁五世在发觉修士都十分狂热地推崇偶像之后，便大力阻止各种修行、出家的行为。

725 年，利奥三世正式采取行动，他宣布将君士坦丁堡内所有的圣像都销毁，一个不留。这一命令在民间掀起轩然大波，奉命前来拆除宫门上的十字架的官员被暴动的百姓直接乱刀砍死。利奥三世并没有因此退却，他将参与的人全部处决，然后继续强行推行这一命令。由僧人带头，百姓集结在一起奋起反抗利奥三世，其中反应最激烈的是欧洲各省的人们。这些人随意揣测利奥三世的心思，并将其大肆宣传，恶意中伤。当时传播最广的一个说法是利奥三世之所以如此破坏圣像，是因为他收受了犹太人的贿赂，而且他在阿拉伯帝国哈里发兹德的游说下已经偷偷改信伊斯兰教了。有此传言可能是因为当时利奥三世虽然在宣传正确的教义，但是他并没有

毁坏圣像运动

全盘否定十字架所蕴含的意义[1]，所以大家把他当作故意毁坏基督教的罪魁祸首。其实以教义来看，阿里乌斯教派并未构成什么大罪；而利奥三世的反对派也并不甘心只是做一些反对毁坏圣像的颓废运动。于是在希腊和意大利相继爆发了动乱，直接威胁到了拜占庭帝国的统治，最终以拜占庭帝国出兵镇压而告一段落。不过经此一事后，拜占庭帝国的皇权有所动摇，此后也难以恢复如初。在这场运动中，从头到尾都坚定反抗并且斥责利奥三世所推行的毁坏圣像运动的便是教皇，为此他们站到了利奥三世的反对派这边，听从他们的指挥。这些人什么都不怕，他们甚至和把拜占庭军队打出拉文纳和那不勒斯的伦巴第人达成了合作。

此次运动惹得百姓群情激愤，但利奥三世为什么可以完全不在意，一意孤行地推行自己的政策呢？究其根本还是他有军方的支持。此前他在和阿拉伯帝国的战争中大获全胜，这使得他在军方声名远播，军中将士对他都十分敬佩并且忠诚。利奥三世不仅在宗教教会方面进行了改革，还十分关注国内政务。他命人编纂了一部新的法典，这是在查士丁尼一世后首部以希腊语写就的法典，而此时拉丁文在巴尔干半岛已经完全消失。除此之外，在 695 年到 717 年的这段时间，由于帝国处在无政府的状态，国库开支皆无明细，账面上也是一塌糊涂，难以细究，于是利奥三世开始着手整顿国库。

诚然，利奥三世对军方极为关心，但是他在政绩上的建树才更值得后人铭记。纵观拜占庭之前的历史，我们不难发现，这个庞大的帝国在查士丁尼一世时期便开始走下坡路了。可自利奥三世掌权后，帝国停止了滑落。历经三百年的重组，新的拜占庭帝国焕发出新的生机；而在经过了 7 世纪的种种天灾人祸后，这股生机为帝国带来了不容小觑的力量，拜占庭帝国

---

[1] 此处所提到的"十字架"并非耶稣受难像。——作者注

圣母与圣子在圣徒与天使间升座

如同神鸟凤凰，涅槃重生。在此之后，直至 11 世纪土耳其人攻入之前，拜占庭帝国都站在了东方诸国之上，掌控着绝对的统治权。对于利奥三世的历史记载，我们喜忧参半：喜的是史书记载了其改革的种种细节，让我们有迹可循；忧的是那些本为修士的史学家吝啬于描写利奥三世在位时所施的德政善举，将笔墨都花在了利奥三世推行毁坏圣像运动上，并夸大其词，将利奥三世写成了无恶不作之徒。若是公正地看待利奥三世的改革及其对后世的影响，可以将他上位前拜占庭帝国处于无政府时期的国情和其离世后拜占庭帝国的国情做一个对比，改革的影响如何，不言而喻。

740 年，利奥三世离世，其子登基，后世称其为"君士坦丁五世"。君士坦丁五世自小长在利奥三世身边，耳濡目染下，行事作风、治国理念沿袭了父亲的风格，而他上位后，也延续了利奥三世的治国方针。这位新帝在行军打仗方面也毫不逊色，排兵布阵、上阵杀敌、运筹帷幄都是一把好手，不过他最感兴趣的还是和那些推崇圣像的人斗智斗勇。在处罚推崇圣像的信徒时，利奥三世喜欢用鞭子抽打，而君士坦丁五世则偏爱蝎子。他对犯罪者的处罚比他父亲更狠更绝，不仅杀暴徒、叛徒，还会杀一切反对他改革的人。所以君士坦丁五世的风评比利奥三世更差，史书上还给他加了一个绰号——科普罗尼穆斯[1]，极为轻蔑。

　　君士坦丁五世上位的时候比利奥三世年轻许多，体力也更好，只是他的能力终究还是比不上利奥三世。他在位期间政绩并不算差，只是也经历了几次动荡。在军事战绩这方面，他两次输给保加利亚人，这还不算太差劲；可是750年，拉文纳、意大利相继失守，为伦巴第人所占，虽然损失不大，但影响甚广。在伦巴第人攻打过来的时候，斯蒂芬教皇的求助对象不是君士坦丁五世而是法兰克王国的丕平，所以最后他依靠的并不是拜占庭帝国而是法兰克王国。不过之前在击退撒拉逊人、斯拉夫人以及保加利亚人后，君士坦丁五世对待入侵者从不手软，多次屠杀并将他们直接赶了出去，由此看来，拉文纳地处偏远，失去它不值一提。

　　君士坦丁五世在位期间的一大特色就是处理宗教问题，这也是当时人们和君士坦丁五世本人所认可的。761年，君士坦丁五世和由三百八十三个主教组成的委员会在君士坦丁堡开会，商议宗教问题。君士坦丁五世在会上直言推崇圣像的行为有悖于基督教义，并对其大肆呵责，称其为迷信之举，妖邪至极。之后君士坦丁五世命令禁止百姓出家，不让教会招收新人；随后他又下令封了大批修道院。有传言说当时强行要求修士修女结婚，否则便要处置他们；他把数以百计的人发配到了塞浦路斯；他还收押了一批人并对其进行了鞭打折磨，还处死一些名士。君士坦丁五世的种种行为使得当时的百姓称散于各地的修士为"殉道者"，对他们很是敬重。这也直接导致那些殉道者所支持的崇拜圣像活动在百姓中受到了空前的吹捧。

　　775年，在毁坏圣像运动达到高潮的时候，君士坦丁五世突然与世长辞，其子利奥接过皇位，成为拜占庭帝国的新主人，后世称其为"利奥四世"。利奥四世和君士坦丁五世一脉相承，登基后大力提倡毁坏圣像运动，只不

----

[1]　蜣螂之意。——译者注

过他并不像他父亲君士坦丁五世那般激进残暴，而是学其祖父利奥三世缓缓图之。然而利奥四世肺痨缠身，只做了四年皇帝便撒手人寰。在他统治的这四年中，唯一值得一提的只有他在 776 年打败了撒拉逊人而已，除此之外，帝国无甚大事发生。利奥四世死后，其幼子君士坦丁登基，后世称其为"君士坦丁六世"。君士坦丁六世登基的时候不过十岁，还是个孩童，难管政事，于是一个女人登上了朝堂，代替君士坦丁六世处理国政，此人便是利奥四世之妻伊琳娜。此后，凡是帝国政事文件上，都有两个名字——伊琳娜和君士坦丁六世。

由利奥三世所创建的伊苏里亚王朝最终还是惨淡收场，其结局也是让人感到不可思议和害怕。说回眼下，伊琳娜做事虽固执己见，但是为人聪慧，极得人心。轻而易举得到的理政之权滋养了她的野心，不需承担主要责任更是让她做事肆无忌惮。为了在百姓中得到一个好的名望以及拉拢神职人员，伊琳娜下令结束了毁坏圣像运动；同时她还在军方和政府里安插眼线，扶持自己的人上位。她掌控皇权的十年，帝国内无任何风波，朝堂安稳，这使她越发扬扬得意起来。欲壑难填，伊琳娜如今已不想在君士坦丁六世成年后交出皇权了，她忍受不了大权旁落、退居后宫的日子。所以在君士坦丁六世成年之后，她仍旧把权力牢牢掌握在自己手中，不许君士坦丁六世参政议政，甚至将自己的心腹塞给了君士坦丁六世，强行让他奉其为后。伊琳娜的所作所为实在过分，所以君士坦丁六世在二十二岁那年不再听从于母亲伊琳娜，强行夺回了政权，正式掌管国事。伊琳娜并没有坐以待毙，她发动兵力与君士坦丁六世夺权，只是最终还是败了，被君士坦丁六世软禁了起来。君士坦丁六世也并非不孝之人，所以他还是饶恕了自己的母亲，给了她应有的荣华富贵。不过伊琳娜并不认同自己的儿子才是帝国之主这一事实，她一直蛰伏着，想趁机夺回皇权。这个机会终于来了，在和保加利亚人的殊死一战中，君士坦丁六世处置不当，给世人留下了骂名。伊琳娜便在此时反攻，趁此机会在君士坦丁六世和教会的不睦以及和妻子的不和这方面狠下功夫。而之前君士坦丁六世掌权后恢复了毁坏圣像运动，在民间自然不如伊琳娜得人心，伊琳娜借助这些事情终于推倒了君士坦丁六世，重新回到了权力之巅。

　　797 年，准备多时的伊琳娜觉得自己已是万事俱备，便下令自己的支持者行动，抓住了君士坦丁六世，为了以绝后患她甚至废了自己亲生儿子的双眼，将他禁足于修道院中。而这一切她做得决绝干脆，速度极快，当君士坦丁六世的心腹赶来时，一切都已成定局，无法挽回。伊苏里亚王朝就这样结束了，年轻的君士坦丁六世成为盲人修士。不过他的生命还在继续，之后他还经历了五位皇帝的统治时代。

　　狠心无情的伊琳娜终于如愿以偿正式成为拜占庭帝国的主人，后世称其为"伊琳娜女皇"。不过伊琳娜女皇在她费尽心思抢来的皇位上也只坐了五年。自她登基以来，就没有一日安宁，国外列强不停侵犯拜占庭帝国边疆，挑起战乱；国内后宫各怀鬼胎，暗斗不休。在如此内外受敌的情况下，伊琳娜女皇竟然统治了帝国五年，实在让人惊叹不已。伊琳娜女皇执政期间推行了各种维护宗教地位的政策，对于当时的百姓来说，伊琳娜此举似乎是在弥补自己谋逆的过失。

　　802 年，大司库[1]尼斯弗鲁斯在联合了一批朝臣和宦官之后决定动手夺位。他先是悄无声息地抓住了伊琳娜女皇，然后把她关在了迦勒克岛上的修道院里。国内没有任何一个人反对尼斯弗鲁斯的这种行为，也没有谁为狠毒的伊琳娜鸣不平，这次皇权的更替格外平静，尼斯弗鲁斯安稳地登上了皇位，后世称其为"尼斯弗鲁斯一世"。

　　伊琳娜女皇在位期间其实并不值得史书多费笔墨记载，不过有一件事

---

[1]　官中掌管财务的官员。——译者注

还是值得一提，因为这件事导致了罗马和君士坦丁堡的分裂。拜占庭帝国建国后，东、西罗马其实一直都有所联系，可是在 800 年，教皇利奥三世册封法兰克国王查理曼大帝为罗马之主，并将之前拜占庭帝国予其的管理权也一并赐给了法兰克国王。而在君士坦丁五世上位后，意大利爆发动乱，此战之后，罗马不再效忠于拜占庭帝国了，他们只服从法兰克国王的调遣，罗马和拜占庭帝国正式决裂。其实毁坏圣像运动为罗马脱离拜占庭帝国清理了道路，伊琳娜的登基又给了教皇利奥三世一个绝佳的借口可以名正言顺地背叛拜占庭帝国。教皇利奥三世对外只说女子为帝有违纲常，实在让人难以信服，他要解决这场荒唐的统治。因此他要在意大利推选一位新主来统治西方。这话说得冠冕堂皇，其实名不正言不顺，因为查理曼大帝并非荷诺里和罗慕路斯·奥古斯都的合法继承人。不过他仍旧掌管了原西罗马帝国的大半领土，足以和伊琳娜女皇相抗衡。800 年后，西罗马帝国重新崛起，便如同当年的拜占庭帝国一样。不过为了方便起见，在讨论以君士坦丁堡为核心的拜占庭帝国史时，不管是从哪个方面入手，都还是用"拜占庭"来替代"罗马"更好。

第十六章

毁坏圣像运动戛然而止

802—886 年

毁坏圣像运动并没有随着伊苏里亚王朝的覆灭而结束，在君士坦丁六世退位后，这场运动所引发的矛盾持续了五十多年，只是并不激烈。矛盾双方仍然是官方成员和亚洲各城市内支持毁坏圣像运动的人，还有神职人员和欧洲各城市的"偶像的奴仆"[1]。由此也引发了一些有趣的事情，比如9世纪，许多东方的帝王在其一出生就决定了将来要继承皇权，而伊苏里亚王朝所推行的毁坏圣像运动还是受到很多人的支持。此时大多数推崇圣像的人都是欧洲军团成员，所以马其顿的巴希尔家族才能成功地谋逆夺位。

大司库出身的尼斯弗鲁斯一世是东方亚洲人，他将伊琳娜女皇赶下了台，自己轻松接过皇位，成为拜占庭帝国之主。他上位之后立刻废黜了伊琳娜女皇的偶像推崇，恢复了毁坏圣像运动。他之所以这么做是因为他的祖先是阿拉伯的王子，本就信奉伊斯兰教，只是在穆罕默德上位后被赶了出去，之后便定居在小亚细亚。而对于那些捍卫圣像的人，尼斯弗鲁斯一世既没有像利奥三世那样大加残害，也没有保护、支持他们。从拜占庭帝国的史料上，我们可以发现10世纪的僧人在描述尼斯弗鲁斯一世时几乎用尽了最肮脏的词语，不过这也是在意料之中的。有传言说尼斯弗鲁斯一

[1] "偶像的奴仆"是指那些不尊重偶像的人。——作者注

世是一个伪善之人，他爱财如命而且欺压百姓。然而在尼斯弗鲁斯一世在位的九年时间里，他并没有任何这方面的倾向，也没有任何证据可以证明。尼斯弗鲁斯一世并不是一个好运的帝王，他虽然不费吹灰之力就平定了国内几场动乱，但是在对外战争方面，他实在没占到什么便宜。当时阿拉伯帝国的哈里发哈伦·拉希德带兵攻打拜占庭帝国，亚洲各城都惨遭战火荼毒，其攻打范围远至安卡拉。尼斯弗鲁斯一世无法阻挡哈伦·拉希德的军队，最终以战败收场，签下了一份极具屈辱性的和约并且赔付了大笔钱财。然而这对于尼斯弗鲁斯一世尚不算灭顶之灾。811 年，尼斯弗鲁斯一世因为保加利亚国王克鲁姆侵犯色雷斯而主动发兵攻打保加利亚人。此战中，拜占庭帝国成为胜利一方，成功攻入保加利亚第一王国首都并将其洗劫一空，就连皇宫也不能幸免。然而这胜利的果实尼斯弗鲁斯一世也没能享受几日。在他拿下首都后的一个夜里，他的营地被人偷袭，军队没有想到会有此一劫，都乱了阵脚。在一片混乱中，尼斯弗鲁斯一世被人杀死，作为他继承人的儿子斯达乌拉焦斯也身负重伤。遇袭之后的拜占庭军队溃不成军，逃回了阿德里安堡，而尼斯弗鲁斯一世的遗体为保加利亚人所得。保加利亚人对于尼斯弗鲁斯一世并无丝毫怜悯，他们参照三百年前伦巴第人处置库尼蒙德国王的方法，直接将其头颅砍下，用其头骨制成了酒杯。

斯达乌拉焦斯是尼斯弗鲁斯一世唯一的儿子，他在尼斯弗鲁斯一世死后对外宣告自己是拜占庭帝国的新皇，然而他伤势实在太重，难以救治。临终之前，斯达乌拉焦斯将皇位传给了他的姐夫米海尔·兰加贝，后世称其为"米海尔一世"。

这位因为婚姻而登上皇位的帝王本来就是信徒，为人和蔼，不争不抢，只想专心修道。他登基后自然不会支持毁坏圣像运动，米海尔一世不仅停止了尼斯弗鲁斯一世的相关政策，而且还将朝廷中支持毁坏圣像的一干人等都免了职。米海尔一世这一系列动作激怒了赞成毁坏圣像运动的人们，也为自己埋下了隐患。不过因为之后米海尔一世在和保加利亚人的战斗中败下了阵，在国内失了声望，所以他没有足够的底气支持推崇圣像。一直被拜占庭帝国看不起的保加利亚人继续洗劫色雷斯，攻下了梅森布瑞亚要塞和安奇阿卢斯要塞，打到了君士坦丁堡城外，但米海尔一世对这些事情不闻不问，大家对他更加失望、不满。当这些消极情绪达到顶点后，兵变自然就会发生。亚美尼亚的一位名叫利奥的军官才高行洁，深得军心，于是大家拥护他成为新君，后世称其为"利奥五世"。对于这一次兵变，米海尔一世没有丝毫反抗之意，自然地结束了他两年的帝王生活，到了他心心念念的修道院，过起了隐居的日子。

利奥五世登基后的种种行为都没有辜负军中将士对他的信任。他将试图强攻君士坦丁堡的保加利亚人成功打退，大获人心。不过之后他在某次会议上计划刺杀保加利亚国王克鲁姆，如此出尔反尔的做法实在让人难以接受。而这个计划最终也没能实现。其实，他根本无须使用如此卑劣的手法，身为一位帝王，他应该在战场上光明正大地和敌人作战。814 年春，利奥五世御驾亲征，攻打梅森布瑞亚，迎面痛击保加利亚军队。利奥五世善于作战，无人可出其右，此战之后保加利亚第一王国无力再战，之后五十年里都不敢再侵犯拜占庭帝国。

才结束了保加利亚战争的利奥五世还来不及喘口气便要处理毁坏圣像运动的事务。利奥五世来自东方，他和偏爱僧人的米海尔一世不同，对于毁坏圣像运动的态度倒是与利奥三世一致。不过利奥五世做事没有那么激进，处理手段也更加和缓一些，他希望可以平衡推崇圣像与赞成毁坏圣像双方的势力，让其和平共存。不过最终利奥五世里外不是人，两方都不买他的账，还送了他一个"变色龙"的绰号。利奥五世的处理方法确实也有些奇特，他不反对大家叩拜圣像，但是他将圣像挂得极高，使大家不能触摸、亲吻圣像。这样的做法实在让人难以接受，大教主和僧人依然强烈反对毁坏圣像运动，而支持毁坏圣像运动的亚洲将士直接跑到了教堂里，将所有的圣像和画卷付之一炬，猖狂至极。利奥五世在位七年，双方的纠缠从未停歇，不过这七年无一人被处以死刑，也是令人敬佩。对于那些犯上作乱、不听君令的人，最严重的也不过是被利奥五世发配到了偏僻的修道院中，终身监禁。利奥五世想平衡双方的政策最后还是被迫停止，他开始采取强硬措施推动毁坏圣像运动。他号令议会听从他的安排，与当初君士坦丁五世的做法如出一辙。于是东方的大部分教主都相信推崇圣像不是正道，同时还废黜了尼斯弗鲁斯[1]的主教一职，开除了崇拜圣像者。

　　除开宗教这一方面，利奥五世在位期间拜占庭帝国日渐强大，国泰民安。可惜他也没有得到一个好结局。之前有一位名叫米海尔的将军是阿摩利阿姆人，密谋造反，计划败露后，利奥五世将其下狱，但是米海尔军功累累，表现优异，利奥五世一时不知该如何给他判罪，所以将这事一直搁浅，而米海尔的同伙也未受到任何处罚。米海尔之前结识了许多皇宫中人，这些人为了救米海尔出来，决定赶在米海尔被治罪之前将利奥五世杀死。经过一番谋划后，他们决定在圣诞节当天动手，而谋杀地点就定在了利奥五世的私人教堂。820年的圣诞节，利奥五世如往年一般参加了晨祷仪式，并且不带任何侍卫和武器，那些杀手也潜入其中，跟着利奥五世去了圣餐桌前。待到圣歌响起时，这些人终于动了手。虽然利奥五世反应过来，抓起祭台上的金属十字架砸向刺客，但是他孤身一人，和对方力量悬殊，最后还是命丧于此。

　　谋杀成功后，那些人立刻把牢中的米海尔拉了出来，急急忙忙地为他举办了登基大典，连镣铐都未为其取下，后世称这位戴着脚镣登基的皇帝为"米海尔二世"。登基仪式之后，米海尔才有空找来工匠为他打开了脚镣。

---

　　[1]　并非拜占庭帝国之主尼斯弗鲁斯一世，只是和他同名。——译者注

米海尔二世出身于农民家庭，他凭着自己的聪明才智在军中站稳脚跟，靠自己的军功升到了将军。因为他生于弗里吉亚的阿摩利阿姆，所以大家叫他"阿摩利阿姆"，他还有一个绰号是"口吃人"，而且叫这个绰号的人更多些。利奥五世时期，米海尔二世是帝王的得力干将，所以纵使刺杀利奥五世并非他主谋策划，但是他仍是获利者，永远也摆脱不了见利忘义之名。

农民出身的米海尔二世并非儒雅有礼之人，但其实力不容小觑，他为了稳固自己的帝位，便娶了欧佛洛绪涅公主为后，这位公主是双眼被废的君士坦丁六世之女，也是伊苏里亚王朝最后一位名正言顺的继承人。在面对棘手的宗教问题时，米海尔二世尽力做到不偏不倚，以公正的态度去对待崇拜圣像一方和毁坏圣像一方。他还把利奥五世发配到修道院的修士召回都城，并对全国百姓宣布人人都可以讨论国中有争议之事，有权做出决断。即使米海尔二世如此宽容，也还是有人贪心不足想要更多，这便是推崇圣像者。他们想要米海尔二世拥护圣像，将被毁坏的圣像一一复原并且送回原处。最终修道院满足了他们的要求，米海尔二世也没有干涉。

对于通过兵变而登位的帝王来说，他们都知道自己不是名正言顺的继位人，所以很担心自己被人以同样的方式赶下皇位，米海尔二世也不例外。他在位期间有两位反叛者——托马斯与尤菲米厄斯，他们都曾自立为王，想谋权篡位，当然都未成功。不过这两人的篡位也让米海尔二世损失了两座重要城市。当时国内托马斯发起兵变，国外从亚历山大城出发的撒拉逊大军逼近克里特岛，而米海尔二世忙着镇压国内的叛乱，无暇顾及外敌。等他收拾完托马斯后，克里特岛已经被撒拉逊人收入囊中了。此时米海尔二世带了两支军队前去阻击撒拉逊人，想追回克里特岛，可还是没有成功。此后的百年时间里，克里特岛归属穆斯林管辖。岛上的众多港口就此成为上百海盗的栖身之所，这也为之后黎凡特商业埋下了隐患。此为后话，暂且不提。克里特岛失守后，只要舰队被海盗所夺，拜占庭帝国就再无权管理海上治安了，这对拜占庭来说也是一个巨大的安全隐患。

同样的事情也发生在西西里岛上。827 年，谋逆的尤菲米厄斯带着非洲摩尔人强占西西里岛，他们为了将岛上的原住民赶出去可谓无所不用其极，原住民都走后，他们自己则占岛为王。刚开始的时候他们没有太大的收获，直至米海尔二世掌权后，他们才慢慢掌控了西西里岛。

在米海尔二世带领拜占庭帝国走过第九个年头后，他走到了生命的终结。这五十年来，他是拜占庭帝国唯一一个寿终正寝的帝王。就在闭眼前，米海尔二世头上还戴着他引以为傲的皇冠。米海尔二世死后，其子狄奥斐卢斯登基。这位新帝是毁坏圣像运动的狂热支持者，他父亲在世时也不能改变他的想法。所以狄奥斐卢斯坐上皇位之后，毁坏圣像运动也翻到了崭新一页。当时的大教长约翰也是一位支持毁坏圣像运动的人，狄奥斐卢斯便将他拉到自己这边，让他同意把所有与他们政见不和的教徒赶出教会；对于那些带头推崇偶像的人，狄奥斐卢斯或对其鞭笞，或将其发配边疆、下狱。狄奥斐卢斯对崇拜圣像者的严苛程度堪比君士坦丁五世，不过他的手段尚未如此残忍，至少诸如炮烙、刖刑等酷刑他没有对人使用过。

狄奥斐卢斯首次和撒拉逊人交手便获得胜利，他攻下了萨佩特拉镇[1]并将其烧毁。这个城市对于阿拉伯帝国哈里发莫塔西姆来说极为重要，狄奥斐卢斯灭城无疑是火上浇油，莫塔西姆与他势不两立。正所谓以其人之道还治其人之身，莫塔西姆决定毁了狄奥斐卢斯在意的城市，即他的出生地——阿摩利阿姆城。于是莫塔西姆整肃兵力，集合了一支庞大的军队，从塔苏斯进军阿摩利阿姆。这是继 717 年阿拉伯帝国围攻君士坦丁堡后规

---

[1]　民间关于萨佩特拉镇有两种传言：一说此处是莫塔西姆的出生地；一说此处是其母亲的出生地。——作者注

米海尔二世与他的儿子狄奥斐卢斯

模最大的军队，多达十三万人。若是传言不假，这十三万大军的盾牌上都刻有"阿摩利阿姆"几个字，势要攻下此城。出发后，莫塔西姆兵分两路，一路同狄奥斐卢斯亲率的军队周旋，一路则是莫塔西姆亲自统率攻打阿摩利阿姆。阿摩利阿姆的军民殊死抵抗，可还是阻挡不了侵略者的步伐，五十五天后，阿摩利阿姆失守。莫塔西姆带兵入城，屠戮百姓，放火烧城，三万多人死于城中。莫塔西姆将失去萨佩特拉镇的悲痛尽数发泄在阿摩利阿姆城后，扬长而去。狄奥斐卢斯经此一役，损失惨重，不过好在之后虽然一直在和阿拉伯帝国交手，但其损失与这次相比都不足挂齿。然而在那些推崇圣像的人看来，这是上帝在惩罚狄奥斐卢斯，才会让他在和阿拉伯帝国交战的时候损失这么大。

史册上关于狄奥斐卢斯的记载不仅只有惩处推崇圣像者以及他与莫塔西姆的战争纠葛，还有他对奢华装饰的痴迷。多年来，大家知晓狄奥斐卢斯也多是因为他喜爱华丽的陈设。狄奥斐卢斯在位时，他的金悬铃树便常常被大家讨论，除此以外他宝座上的金狮子还有一个精妙设计，那就是金狮子可以站起来咆哮，如真正的狮子一般，实乃珍宝。

狄奥斐卢斯的婚姻经历也不得不提。在第一任皇后去世之后，狄奥斐卢斯打算续弦，便让欧佛洛绪涅太后替他选后。欧佛洛绪涅太后便把所有年轻貌美的贵族女孩都召进了宫，让狄奥斐卢斯自己选一个中意的女子为妻。当时狄奥斐卢斯如帕里斯一样手拿金苹果，眼光扫过众人，最终看向了外表出众的艾卡西亚，一步一步向她走去。

然而在这几步路的时间里，狄奥斐卢斯并没有想好应该如何跟艾卡西亚说话，走到姑娘面前时，他说了一句最糟糕的话："世间多数罪恶都是女人带来的。"艾卡西亚闻言立即反驳道："可是世界的美好多半也是女子带来的。"狄奥斐卢斯自然不愿意再选择艾卡西亚这样锋芒毕露的女孩子，所以他转身离开，毫不犹豫地将金苹果给了另一个同样漂亮的女孩——狄奥多拉。狄奥斐卢斯此举实在冲动了些，也为之后的悲剧埋下了伏笔。之所以这么说，是因为狄奥多拉是一位典型的推崇圣像者，登上皇后位后，她便用自己所有的能力来左右狄奥斐卢斯对于宗教的看法。

842 年，尚在青年的狄奥斐卢斯与世长辞。他唯一的儿子米海尔接过了帝国皇位，后世称其为"米海尔三世"。然而这个孩子才三岁，狄奥多拉自然便成了真正的掌权人，这位年轻的太后迫不及待地要开始自己的改革。于是在狄奥斐卢斯下葬后，狄奥多拉立刻开始着手停止他生前推行的一系列措施。最先被叫停的便是毁坏圣像运动，僧人和推崇圣像的人欢呼雀跃，之前被流放的人也回到了君士坦丁堡。而曾经极力赞成狄奥斐卢斯推行毁坏圣像运动的大教长约翰则被削职罢免。狄奥多拉行动很快，那些提倡毁坏圣像运动的人似乎还没有反应过来，没有任何反抗，于是一个月后，君士坦丁堡城中的各个教堂再度挂上了画像。狄奥多拉也没有伤害赞成毁坏圣像运动的人，所以他们只是被剥夺了权利，无性命之虞。不过在经历了漫长的争执后，东方各教会也做出了退让，不再像之前那么疯狂。他们虽然在教堂中布置了挂画和镶嵌画，但是没有设立任何雕像，其他做礼拜的地方也是如此。其实神像最初只是人们为表达对圣人先贤的敬仰之情而建，并无过错，也没有任何违背宗教教义，只是异教徒将其神话，使得拜占庭帝国的信徒对其疯狂追捧，因而才衍生出一系列的荒唐举措。

临朝听政的狄奥多拉将自己所有的心思都放在了解决宗教问题上，无暇顾及幼子，所以便把米海尔三世托付于弟弟巴尔达斯教养。后来巴尔达斯也涉足朝政，成为狄奥多拉的左膀右臂，被封为"恺撒"。然而巴尔达斯性格暴躁，做事也是避重就轻，敷衍塞责，他还沉迷于酒色之中，不能自拔。米海尔三世长于他的膝下，耳濡目染中也学得了这些陋习。米海尔三世未满二十一岁便贪好杯中之物，嗜酒如命，从不加以节制，因而在史书上留下了"酒鬼米海尔"之称。羽翼渐丰的米海尔三世不满于舅舅巴尔达斯对他的管教，便将其杀死，此后再无人敢管教他，他也因此更加嗜酒成性，毫无节制。好在当时拜占庭帝国的臣子忠心耿耿、德才兼备，竭力维持着国家运转，这才保住了国家的安稳。不过米海尔三世也无心政治，并不想参与国事，他只想花天酒地、纵情声色，所以他找来自己的朋友马其顿人巴西尔帮他处理国事，并封其为共治皇帝。这个巴西尔其实是马夫出身，最初侍奉米海尔三世时也是地位低下之人。不过他的确有才能，又不和周围的人同流合污、沉迷享乐，米海尔三世正是看中他这些优点，才将他提拔上来，成为首位皇室大管家。之后巴西尔平步青云，坐到了恺撒之位。不过这位看起来宠辱不惊、风轻云淡的巴西尔，其实是包藏着极大的野心。在他知道拜占庭帝国的子民对这位酒鬼皇帝多有不满时，他背信弃义，毫不犹豫地开始策划谋杀叛逆，丝毫不念及米海尔三世对他的提携之恩。巴西尔利用米海尔三世沉迷享乐的特点，趁着他醉酒昏睡之际，派人将其杀死。他的计划成功了，出身卑微的巴西尔如愿以偿地登上了皇位，成为这个庞大帝国的主人，后世称其为"巴西尔一世"。

肯定有人会问，为什么拜占庭帝国的臣民会这么轻易地接受巴西尔一世为帝呢？毕竟巴西尔一世是靠着米海尔三世才能进入朝廷的，他弑君夺位，实在忘恩负义。然而就是这样一位名不正言不顺的帝王却成为拜占庭帝国有史以来最长王朝的开国君主。巴西尔在意识到自己能力不足时，善用能人，也算一位明君，不过他的运气确实也很好。

巴西尔一世的主要功绩在于他编撰了拜占庭帝国的法典《大教堂》。当年，利奥三世编纂的《法律选编》成功代替了查世丁尼一世所写的法律著作，如今也被《大教堂》取代。之后巴西尔一世的儿子利奥六世也为《大教堂》做了补充，这本书便成了拜占庭帝国的法典，一直到拜占庭帝国覆灭，它都再没有被改动过。

和之前的亚洲帝王不同，巴西尔一世是欧洲人，他一直推崇圣像，登基后全力打压保罗派教徒。其实以前推行毁坏圣像运动的皇帝也不接受保罗派，觉得他们是信奉摩尼教的异教徒。所以在当时的情况下，保罗派中的教徒不得不逃离拜占庭帝国，向阿拉伯帝国的穆斯林求助。为了能生存下去，他们只能落草为寇。

巴西尔一世当政时期，即 867 年至 886 年期间，在拜占庭帝国的外交方面不得不说的是，西西里岛被人夺去了。其实之前提过，在米海尔二世时期，撒拉逊人就已经全面地控制了西西里岛。他们又在 878 年拿下了锡拉库扎港 [1]。

---

[1]　在西西里岛的东部。——译者注

第十七章

文人帝王及其时代

886—963 年

　　巴西尔一世去世后的八十年里，拜占庭帝国都是处于无风无浪的状态，这也是拜占庭帝国有史以来最安稳的时期。而巴西尔一世的儿子利奥六世和孙子君士坦丁七世则建立了马其顿王朝。我们可以发现巴西尔一世是一个勇于冒险的人，他没有接受过良好的教育，缺乏文化知识，不过能力不错。可他的子孙却都偏爱文学，性格温和，做事也有风度。这实在是令人有些意外。利奥六世和君士坦丁七世在位的时候，拜占庭帝国军工产业发达，并不缺乏刀剑，但是大家都更愿意拿笔写书，研究文学。便是在这段时期内，拜占庭帝国的文学界佳作频出。

　　利奥六世和君士坦丁七世都是重文不重武的帝王，他们若是在乱世之中，也许根本无法立足。不过幸运的是他们在位的八十年内，即 880 年到 960 年这段时间，是拜占庭帝国最为稳定的时期，很少有外敌入侵。那时候，位于东部的阿拉伯帝国正在分裂；位于西部的查理曼大帝的国家分崩离析；拜占庭帝国的北方邻国和保加利亚人都开始信仰基督教，不再挑起战事。对于拜占庭帝国来说，他们唯一需要去解决的就是北部和南部非洲的海盗入侵。北部的海盗是罗斯人，南部非洲的海盗则是撒拉逊人，他们虽然一直在骚扰拜占庭帝国，但其实难以撼动帝国政局，所以无伤大雅。若当时的帝王是主战派，那此时对于他们来说是一个开疆拓土的好机会，可惜无论是利奥六世还是君士坦丁七世，他们都没有这样的雄心壮志，比起上阵杀敌他们更愿意留在宫中安稳度日。

利奥六世统治了拜占庭帝国二十六年，只经历过一次战争，对手是保加利亚人。但当时拜占庭帝国的将军判断失误，落了下风，最后还是输给了保加利亚人。904 年，拜占庭帝国率先袭击了塞萨洛尼卡一带的撒拉逊海盗。随后安条克失守，安条克是拜占庭帝国的第二大城市，攻击他们的是非洲的冒险者舰队。这件事使百姓对利奥六世及其政府部门十分失望，民间的抗议之声此起彼伏。其实客观来看，非洲舰队来势汹汹，又将目标锁定在易攻难守的海边，由此进城，可谓出其不意。其实拜占庭帝国的援军在几周后便赶到了安条克，但是当时撒拉逊人可能并不想占据城池，所以将那里洗劫一空后便逃之夭夭了。

利奥六世在晚年时期才和他的第四位妻子育有一子，为其取名君士坦丁。君士坦丁七岁的时候，利奥六世离世，他便登基做了皇帝，被后世称为"君士坦丁七世"。新帝年幼，大权自然容易被他人掌控。利奥六世的弟弟亚历山大便趁此机会做了共治皇帝，同新帝一起临朝理政。亚历山大死后，接替他的是海军将领罗曼努斯·利卡潘努斯。罗曼努斯自立为王，控制了整个帝国，被后世称为"罗曼努斯一世"。罗曼努斯一世野心极大，所以即使君士坦丁七世已经成年，他也不愿意将权力归还，甚至将君士坦丁七世这位正统皇帝完全架空。在这样的形势下，君士坦丁七世只能寄情文学和绘画，来抒发心绪。他直至年近不惑，才重新登上皇位，掌握了帝国的所有权力。不过这也并非君士坦丁七世自己争取来的。当时罗曼努斯一世的儿子斯蒂芬·莱奇皮诺斯迫切地想掌握皇权，所以想要推翻他的父亲，自己做皇帝。为此他联合自己的兄弟，不顾父子之情，如同当年的罗曼努斯一世一样自立为王，想逼迫父亲退位。这样大逆不道的行为实在是人神共愤，所以帝国内的百姓和官兵合作，将这群忤逆不孝的人们赶下了皇位，并且关在了修道院里。这样一来，君士坦丁七世便成了帝国唯一的皇帝，他重回皇位，不再隐居，正式开始了自己的统治。君士坦丁七世虽然不是惊才绝艳之人，但是为人谦和，在位二十余年未曾施过暴政。比起之前德才兼备却惨烈收场的统治者，他算幸运的了。

　　利奥六世和君士坦丁七世的建树都在文学方面。利奥六世著有《战术》一书、数篇神学论文、一部预言书以及一部政治之谜合集，这部合集内有很多未解之谜，在给东方人带来困惑的同时也受到了诸多读者的追捧。[1] 而他的处女作《战术》内容有趣，记载了许多关于他在位时期的军事组织、相关战术及策略，为读者还原了拜占庭帝国军队作战时的战术，还配了行军草图，非常值得研究。拜占庭帝国军队中最重要的还是军区和图尔默 [2] 重骑兵，各省也都配有一支图尔默。希拉克略王朝建立后，拜占庭帝国的疆土不断扩大，省份不断增加，相应的军事力量也逐渐强大。军中官员大半是拜占庭帝国的人，归属于贵族。利奥六世在书中便曾说道："招募出身贵族的军官是轻而易举之事。士兵都敬佩出身名门之人，也会听从于豪门。因为有钱人常常会打赏他们一些小物件，或是施加一些恩惠，士兵因此而得到的钱财远多于他们的俸禄。"诸如杜卡斯、福卡斯、科穆宁、布里恩尼乌斯、克库阿斯，还有戴奥真尼斯等名门望族都被记录在了拜占庭帝国的花名册上。除此以外，利奥六世的书还极具军事参考价值。他在书中写道，军队若是要对付撒拉逊人、土耳其人、匈牙利人或斯拉夫人，应该采取快打战术，一旦有出手的机会就不要放过；若是要对付法兰克人、伦巴第人或其他西方人，则要多加留心，缓缓图之，最好能断了他们的粮草补给，以车轮战术消耗他们的兵力。我们可以从

---

[1]　现牛津大学的图书馆有此书的副本，是在 1560 年所作。利奥六世所写的预言书则是针对土耳其人和威尼斯人。——作者注

[2]　也可译成"图尔马"，在拉丁语中为"群""中队"之意。在罗马共和国和罗马帝国时代指的是军队中的骑兵。——译者注

利奥六世的文字里看到一支训练有素、兵精粮足，其疾如风、其徐如林、不动如山的拜占庭军队，如此军队，便是现在也罕有其匹。而当时拜占庭的各个军团都配有精巧战车、优秀的工程师、出色的外科大夫以及救护车，配备齐全；每个军团还有自己的专属服装，井然有序。军中武器和组织也是世界领先水平，无人可与之抗衡。利奥六世写明在战败之时，若士兵救下一名伤者，其军团便可获得一枚金币，以此来激励大家互相救助、相互扶持。即使是现在，也没有几个军队设有这样的救护机制。

利奥六世还在书中提及拜占庭舰队主要守护爱琴海、黎凡特和意大利南部一带的海域。当时他们主要防备的就是叙利亚和非洲海岸的撒拉逊人，尤其是克里特岛的海盗。拜占庭帝国曾经几次围剿海盗，但都没有成功。后来在 961 年，尼斯弗鲁斯·福卡斯出兵征伐，才彻底消灭了海盗。拜占庭帝国的舰队由黑海舰队、西部海域舰队两只小舰队和一只规模极大、出没于爱琴海一带的舰队组成。而在君士坦丁堡的兵器库中共有六十艘大型的快速帆船和战舰，这些船只改装后可以在摩萨斯、塞萨洛尼卡和其他几个港口使用。拜占庭舰队不仅规模大，而且还有希腊火，总体上胜于阿拉伯舰队。不过拜占庭舰队虽然可以牵制撒拉逊人的所有舰队，但是对于那些分散于各处的海盗势力实在是无能为力。所以中世纪的海上贸易所面临的最大风险就是来自海盗。

在文学方面，君士坦丁七世的造诣比他父亲更高。对于研究历史的人来说，君士坦丁七世所写的《论军区》的价值不可估量。此书详细地记录了军区的名称、边界、居民、特征和资源以及更多值得研究的事务。君士坦丁七世在他另一本书《帝国行政论》中也记录了拜占庭帝国的外交策略和与帝国交好国家的国情、资源。他还写了一本书，叫作《宫廷礼仪》，顾名思义，书中记录的主要是宫中的尊卑礼仪，讲述了皇室内部的财务收支。此外书里还一一列举了拜占庭帝国的官员制度以及各政府的权力、责任。虽然内容烦琐冗长，但是君士坦丁七世并不觉得麻烦，他很乐意将自己知道的都写进书中。阅读此书，我们不难发现君士坦丁七世在写这本书时花费了很多心血。他并非一个创作型人才，但好在他颇具耐心，不急不躁，善于观察细节，尤其是宫中的各种典礼。不过这可能是因为他当时大权旁落，被囚禁于府，只能通过描写皇家仪式来抒发自己的不忿。除了政治礼仪方面的书籍，君士坦丁七世还写过人物传记，主角便是他的祖父巴西尔一世。虽然巴西尔一世获得皇位的手段并不光彩，但是这丝毫不影响君士坦丁七世带着自己对他的敬仰和思念之情为他著书立传。

从利奥六世和君士坦丁七世都沉迷于文学创作来看，拜占庭帝国的文化确实是缺失已久了。自查士丁尼一世到希拉克略王朝结束的这段时间，几乎没有人关心文学。利奥三世创建伊苏里亚王朝后，才开始有人关心文学创作。在 600 年到 750 年间，拜占庭帝国的文学作品只有一首皮西迪亚[1]诗人乔治·赫拉克利德所写的记录希拉克略王朝的史诗，再无其他，即使是关于神学的作品也寥寥无几。这实在可以算是拜占庭文学史最黑暗的时期了。伊苏里亚王朝创立之初，文学已无传人。不过在利奥三世推行改革后，情况发生了变化，百姓也都有所感觉。所以到了 8 世纪后期，拜占庭帝国的作家越来越多，虽然其中有很多人是为了反驳毁坏圣像运动才写作的，西奥多·斯蒂塔便是典型代表。而到了 9 世纪，拜占庭帝国的文学发展得更好了，渐渐有了如佛提乌斯大教长这样的真正意义上的优秀作家。佛提乌斯大教长学富五车，文采卓越，他家里的藏书数量也让人叹为观止。

拜占庭帝国文学史上的史诗是很值得研究的，它们出现在马其顿王

---

[1] 皮西迪亚位于现在土耳其的安纳托利亚，在 120 年的时候是罗马帝国的一个省份。——译者注

朝后期，又名骑士文学。史诗《迪吉尼斯·阿克里塔斯》[1]写于 10 世纪后期，描写的是尼斯弗鲁斯·福卡斯和约翰·齐米塞斯时期的一位英雄和他所处阶级的生活状态。诗中记录了巴西尔·迪吉尼斯·阿克里塔斯这位托罗斯骑士的情感经历和战争生活，他本来是一个英勇的猎人，不管是面对森林中的野熊还是战场上的撒拉逊人，他都不会胆怯后退。他从军时便杀死了在边疆闹事的长毛，即现在的土匪，然后带兵攻打叙利亚，而且他还因屠龙而被自己喜欢的吟游诗人称赞。不过最吸引人的桥段还是他和优多西娅·杜卡斯私奔的故事。优多西娅·杜卡斯的父亲是卡帕多西亚军区的将军，而她有如花般的娇艳容颜。巴西尔·迪吉尼斯·阿克里塔斯喜欢上了优多西娅·杜卡斯，然而优多西娅·杜卡斯的父亲和他的七位兄长都不同意他们的婚事，所以巴西尔·迪吉尼斯·阿克里塔斯决定带着优多西娅·杜卡斯私奔。优多西娅的家人们发现此事后怒火中烧，立刻抓捕二人。二人逃到一个关口时，被追兵追到，巴西尔·迪吉尼斯·阿克里塔斯借助关口的地形击退了追兵，最后在优多西娅·杜卡斯的恳求之下，双方终于和解了。《迪吉尼斯·阿克里塔斯》也是首部描写这个阶层的上乘之作。

600 年到 900 年期间，拜占庭帝国的艺术和文学发展道路相似。前期几乎都没有发展，只有几部粗糙之作，难登大雅之堂。就绘画技巧和表现力来看，君士坦斯二世和君士坦丁五世时期所用金币上的图案，简直是一塌糊涂，糟糕至极。不过法兰克人和西哥特人的作品也庸俗得让人无法接受。我们从那时流传下来的小部分手稿完全可以看出当时艺术的衰败程度。那时候稍微好一些的作品，只有镶嵌画作，即使如此，七八世纪的佳作也

---

[1]　这部史诗的主角是一位希腊和阿拉伯的混血儿，原名巴西尔。迪吉尼斯·阿克里塔斯是混血的边境之主之意。——译者注

基督教主题镶嵌画

是寥寥无几。

进入 9 世纪后，艺术的发展步入了一个良好的阶段。源远流长的古典绘画传统重现于世，被用在了当时最好的手抄本插画之中。其实古典绘画传统的表现手法和绘画技巧早在四五世纪便已存在了，它们表现的是古罗马时期的绘画风格。而在毁坏圣像运动中，绘画得以发展。因为当时拜占庭帝国的君主都在毁坏画像，所以大家更在乎圣像画艺术，许多画家也因此殉道。画家拉扎勒斯所创作的作品丝毫不逊色于那些含教化意义的画像。不过拉扎勒斯被狄奥斐卢斯所迫害，其作品也被人们视为艺术和神性的最高水平。

虽然狄奥斐卢斯伤害了不少画家，但他也有许多可取之处。他自己本身便是查士丁尼时代以来首位优秀的建筑大师，而且他还特别支持一些小众艺术的发展，比如珠宝、银制品、镶嵌画等。根据史料记载，在 829 年到 842 年期间，狄奥斐卢斯在位时，拜占庭帝国可谓繁华盛世。

不得不提的是，在 9 世纪以后的两百年内，君士坦丁堡的商业发展越来越重要。之前百年，撒拉逊海盗在海上洗劫了所有的商业往来，只有君士坦丁堡的商业活动可以顺利开展，所以拜占庭海军一直在保护东西方基督教的往来联系。而当时东方的产品要是想运输到意大利或法兰克王国，都必须要经过博斯普鲁斯海峡的仓库，因此拜占庭帝国揽下了所有海上贸易，商船也只开往意大利的阿马尔菲和威尼斯新城等一些港口。拜占庭帝国几乎独霸了欧洲商圈的所有交易，国家实力也随之增长。虽然当时的税收制度十分严苛，并不合理，但是因为那时所有的金钱、商品都必须经过拜占庭帝国，所以这对拜占庭帝国的商业没有任何影响。

第十八章

昨日重现：对阿拉伯世界及罗斯人的征服

962—976 年

君士坦丁七世在继续他漫长的统治时，拜占庭帝国的亚洲边境陆陆续续发生了许多事情，东方的伊斯兰世界剧变，开始了崭新的篇章。自拜占庭帝国建国以来，其亚洲边境便不安稳，总有国家在闹事。最初是萨珊王朝管理的波斯帝国，然后是倭马亚王朝和阿巴斯王朝所管理的阿拉伯帝国。而这时阿拉伯帝国开始分裂，阿卜杜拉·埃斯·萨法和哈伦·拉希德的子孙只是名义上的帝王而已，早就失去了对国家的掌控权，只有巴格达王宫内的人还听命于他们。

951 年，阿拉伯帝国开始陷入危境。取得波斯大权的布哈维德王朝 [1] 的伊玛德丁率领军队直接攻进了巴格达王宫，软禁了哈里发，挟天子以令诸侯。不过侵略者还是没能真正掌控整个阿拉伯帝国，归顺他们的只有波斯和幼发拉底河下游地区，而阿拉伯帝国西部的各个省份在内的多个王朝崛起后，依旧为国而战。拜占庭帝国的邻居叙利亚北部和美索不达米亚地区分别由阿勒颇和摩苏尔的埃米尔 [2] 掌管；距离比较远的埃及和叙利亚南部则属于伊赫希德王朝。

---

　　[1]　阿拉伯语 Buhawid，又可译作"布伊迪"即 Buwaihids、Bowayhid、Buyyids。布哈维德王朝的开创者是来自伊朗的阿里·伊本·雅布（Ali ibn Buya）。——译者注

　　[2]　阿拉伯语，音译，原意为"掌权人"，即伊斯兰教国家的高层统治者、王公或者军事长官。——译者注

依照当时的情况来看，在拜占庭帝国的东方，昔日的庞大的中央集权帝国已被军事能力较弱的阿勒颇酋长国和摩苏尔酋长国取代，而它们背后则是布哈维德王朝和伊赫西德王朝。这四个穆斯林国家有一个共同点——依靠战争而立，因此在曾经的阿拉伯帝国内，领土已经是四分五裂，国家也是风雨飘摇，战争不断。这对于拜占庭帝国来说是一个绝佳的机会，若是他们能把握住良机，不仅能一雪前耻，还能开疆拓土，将拜占庭帝国的边境扩张到长久被穆罕默德势力所管辖的托罗斯山脉附近。

正所谓乱世出英杰，占据了天时、地利的拜占庭帝国自然也拥有了人和，那便是尼斯弗鲁斯·福卡斯。在利奥三世去世后，拜占庭帝国内的良将精兵众多，可以随时调配，尼斯弗鲁斯·福卡斯便是其中一位。他出身小亚细亚贵族，是大地主家族之子，也是家族的首领。他的家族在穆斯林边界的卡帕多西亚一带皆有土地，靠战争发家，祖上皆为优秀将领，但其功绩都远逊色于尼斯弗鲁斯·福卡斯。因为尼斯弗鲁斯·福卡斯既是纵横沙场的将军，还是一位军旅作家，他所写的《恐怖战争》为军队组织提供了绝佳方案，其中所写的内容即使今人读来，也会为他天才般的军事能力所折服。

罗曼努斯二世在继承君士坦丁七世的皇位后愿意主动攻击穆斯林，也是因为有尼斯弗鲁斯·福卡斯这样的将领。罗曼努斯二世这次要攻打爱琴海出海口的克里特岛，因为这里常有海盗出没，杀人越货。而海盗每次在洗劫了拜占庭帝国和西方的商船后，都会躲回克里特岛上，难以擒获。近五十年来，拜占庭帝国不是没有出兵围剿过这群海盗，但每每都是以失败告终。所以这次他们带齐了装备，调动了大部分兵力，相传他们这次的舰船数以千计，而且全是在亚洲战场上精心挑选出来的。此战由尼斯弗鲁斯·福卡斯为主将，军资完备、兵力充足，最后自然是拜占庭帝国获胜。尼斯弗鲁斯·福卡斯在把撒拉逊人全部都赶到了军事重镇坎迪亚后，便拿下了此镇，海盗百年来所累积的财富都成了尼斯弗鲁斯·福卡斯的战利品。在攻下并掌握了克里特岛后，尼斯弗鲁斯·福卡斯于 961 年凯旋，舰队也随之返回了首都。回朝后，尼斯弗鲁斯·福卡斯便把最好的战利品和在克里特岛擒获的埃米尔库鲁全都交给了罗曼努斯二世。

尼斯弗鲁斯·福卡斯靠自己天才般的军事能力获得了百姓的尊重。962 年，尼斯弗鲁斯·福卡斯奉命带兵攻打小亚细亚边境的撒拉逊人。他们横穿托罗斯山脉直接攻进西里西亚，打败阿纳扎布斯后，越过阿曼努斯山，兵临叙利亚以北，拿下希拉波利斯，包围埃米尔赛义夫·乌德·道利所在的都城阿勒颇。而在当时黎巴嫩山到幼发拉底河之间的疆土皆为赛义夫·乌德·道利所管辖。之后两军交战，赛义夫·乌德·道利成为尼斯弗鲁斯·福卡斯的手下败将，阿勒颇被尼斯弗鲁斯·福卡斯收入囊中，城中所有财富也被收缴。然而即使在如此情景之下，阿勒颇的大本营仍未失守，并且还在坚持作战，殊死反抗，这便使得叙利亚南部和美索不达米亚的穆斯林有了充裕的时间可以合作救援北方。962 年，阿拉伯城外出现了一支规模极大的军队。尼斯弗鲁斯·福卡斯是个识时务的将领，他并不打算和对方硬碰硬，而且此战他们所得到的战利品和俘虏颇多，于是他率军撤回到托罗斯山脉的峡谷。这一次，尼斯弗鲁斯·福卡斯连攻边塞六十座城池和城堡，如此战绩，实在让世人惊叹。

963 年，年仅二十五岁的罗曼努斯二世死于非命，其子巴西尔才满七岁，君士坦丁也刚两岁。按照规定，巴西尔和弟弟君士坦丁共同登基为帝，被后世称为"巴西尔二世"和"君士坦丁八世"。两位新帝都是稚子，难以处理朝政，所以大臣便按照惯例推举了尼斯弗鲁斯·福卡斯将军为共治皇帝，有监护两位小帝王之责，被后世称为"尼斯弗鲁斯二世"。尼斯弗鲁斯·福卡斯为了让自己的地位更加稳固，便迎娶了先皇遗孀——狄奥法诺为妻。

963 年到 969 年的六年时间里，拜占庭帝国的事务由共治皇帝尼斯弗鲁斯二世和两位年幼的君主巴西尔二世、君士坦丁八世一同处理。尼斯弗鲁斯二世有很多侄子，但是他对皇家忠诚无比，从未想过架空两位帝王，更没有想过让自己的侄子来代替他们。可是尼斯弗鲁斯二世的侄子们野心勃勃，一直盼望着他可以正式成为皇帝，这样他们便有了皇位继承权。

出身行伍的尼斯弗鲁斯二世心性坚毅，掌权时也更注重国家军事。他做将军时一直有一个未了的心愿，如今成为帝王终于可以得偿所愿了——他决定发兵征伐西里西亚和叙利亚北部。从 964 年开始的一年时间里，他便将此付诸行动，三次出兵征战，拿下了西里西亚边境重镇塞亚达纳、摩普绥提亚和塔苏斯，缴获了稀有的战利品——青铜大门，并将它送回了君士坦丁堡，安在了皇宫之中。数月后，他又成功收复塞浦路斯，结束了撒拉逊人长达十七年的统治。

结束征战后，尼斯弗鲁斯二世重回皇宫，继续处理政事，这一待便是两年。其实比起行政方针，他更善于处理军务。这位坚毅严苛的将军不喜欢与朝臣结交，更不会和牧师交流。之前他数次与佛提乌斯大教长起争执，牧师们也因此不喜欢他。尼斯弗鲁斯二世不喜奢华，在各种宴会仪式上也丝毫不掩饰自己的厌恶。他拒绝各种表演和体育运动，把公共财政所得拨给了军事支配，因此拜占庭的百姓私下里都叫他"吝啬鬼""勒索者"。968 年，尼斯弗鲁斯二世亲率大军攻打撒拉逊人，但这时候百姓已经不像两年前他拿下西里西亚时那样爱戴他了。

不过尼斯弗鲁斯二世在军中深得将士们的喜爱。这是他最后一次远征叙利亚，但是他雄姿英发，行军布阵丝毫不输六年前。在这场战役中，他攻下了埃米萨、希拉波利斯和劳迪西亚等叙利亚北部的所有城市，包括埃米尔生活的阿勒颇，大马士革连忙向他进贡了一堆珍宝。为了拿下易守难攻的古都安条克，英勇的将军伯茨在 968 年冬季以云梯攻城，成功进入了安条克城，打开了城门。不过这中间还有一个故事值得一提，当时尼斯弗鲁斯二世将一部分兵力留给了将军彼得，让他围困安条克，同时他告诉彼得不能冒进。不过彼得的副指挥官伯茨觉得不能一直坐以待毙，便在一个大雪纷飞的夜里带了三百人来到城外，搭云梯强行攻城。然而彼得并不敢违抗尼斯弗鲁斯二世的军令，所以他没有派军支援。伯茨孤军作战，在他占领的高楼上苦守两日，终于等到主力军前来。撒拉逊人打不过他们便弃城而逃。此战过后，尼斯弗鲁斯二世将伯茨和彼得都踢出了军营，因为他们一个违反军令，一个只知听从上级安排，不会判断时机。

969 年，尼斯弗鲁斯二世战胜归国。这位满身荣耀的将军本该享受亲人的鲜花和掌声，但是迎接他的却是身边人密谋已久的死亡计划。尼斯弗鲁斯二世的妻子狄奥法诺皇后年轻貌美，但是她并不能接受丈夫的常年冷酷、不近人情。尼斯弗鲁斯二世是个面冷心热的人，可惜他没有在妻子面前表现过他的温柔。于是狄奥法诺注意到了另一个人——尼斯弗鲁斯二世的侄子约翰·齐米斯。约翰·齐米斯年轻有为，是骑兵军官，在叙利亚一战中拔得头筹，深得尼斯弗鲁斯二世的喜爱。面对狄奥法诺的勾引，约翰·齐米斯愿者上钩，不过他看中的并不是皇后的美貌，而是她背后的权力。之前约翰·齐米斯就希望叔叔可以正式登基，然后让他取代年幼的巴西尔二世。然而尼斯弗鲁斯二世忠心耿耿，从未想过夺权篡位，这便让野心勃勃的约翰·齐米斯起了杀心。

为了权势，约翰·齐米斯和狄奥法诺皇后狼狈为奸，开始秘密筹划杀死尼斯弗鲁斯二世。969 年 12 月的某个夜里，尼斯弗鲁斯二世正在宫中安寝时，十几个刺客悄然潜进了他的房里。尼斯弗鲁斯二世被惊醒，约翰·齐米斯见状立刻将尼斯弗鲁斯二世打倒在地，刺客蜂拥而上，挥剑刺向尼斯弗鲁斯二世。身中数剑，血流不止的尼斯弗鲁斯二世痛苦地叫道："啊！上帝，救救我吧！"随后气绝而亡。一生光明磊落的尼斯弗鲁斯二世就这样死在了一个卑鄙的阴谋之中。

约翰·齐米斯杀死尼斯弗鲁斯二世后立刻封锁消息，镇压将领，威慑群臣，强迫大教长为他举办登基仪式，被后世称为"约翰一世"。约翰一世上位后，为表达对于叔叔惨死的惋惜悔恨之情，便将自己的财产一分为二，一半修建医院，用以治疗麻风病患者；一半用来救济贫苦之人。对于狄奥法诺皇后，他不仅没有迎娶她，反而把她关进了修道院里，从此约翰一世都没有再见过她。

若是抛开约翰一世弑叔夺位一事不说，其实约翰一世也算一位明君。他登基后，不但没有架空年轻的巴西尔二世和君士坦丁八世，而且对他们敬重有加，就如当初他叔叔那般忠心耿耿。他也不止一次说过自己是行伍出身，接替叔叔尼斯弗鲁斯二世的位子名正言顺。不过人在做，天在看，他不光彩的篡位手段终究还是遭到了报应。自他上位后，拜占庭帝国的内战就没停止过。他的堂弟巴尔达斯·弗卡斯不能接受约翰一世的做法，发誓要为尼斯弗鲁斯二世报仇，便一直在卡帕多西亚煽动群众，挑起事端。最后约翰一世抓住了巴尔达斯·弗卡斯，把他关进了修道院。

约翰一世在位时期的主要贡献是打败了常常大肆侵略巴尔干半岛的罗斯人。关于罗斯人，我们此前并未怎么提及他们，因为他们常年住在第聂伯河和多瑙河附近的荒凉之地，其部落也分散在森林、沼泽一带，远离拜占庭帝国。他们若是一直如此生存下去，史书上可能根本不会有关于他们的记载。不过一群外来人改变了罗斯人的命运。在约翰一世登基的前几个世纪里，一个名叫留里克的人带着瑞典的维京人[1]闯进了第

---

[1]　维京人（Vikinger）是古英语词语，意为"海港中的人"，又叫北欧海盗。——译者注

尼基弗鲁斯二世在市民的欢呼声中进入君士坦丁堡

聂伯河和多瑙河流域，他便是罗斯王公和沙皇的先辈。这些来自北方的冒险家和他们的子孙慢慢掌控了这片地区上的全部部落，将他们集合在一起，建立起了一个新的国度，他们将首都设在了第聂伯河沿岸。历史告诉我们，这个崭新的王国必将成为周围其他蛮族的噩梦。在几代人的努力下，王国的实力日渐强盛，势力蔓延到了黑海。身上流着维京人血液的罗斯王公充满了雄心壮志，他们不满于现状，便把散落各处的罗斯人部落联合起来，开始向外海进攻。正如以前丹麦人突袭西欧那样，他们也不断地骚扰拜占庭帝国的北部边界。10 世纪，罗斯人仿照当年维京海盗所做的船型制造了一种轻型划艇，他们驾驶这种划艇两度从第聂伯河出发，偷渡到了色雷斯海边。然后他们从这里登陆，选择离博斯普鲁斯海峡几英里的拜占庭帝国边境城池为目标，进城掠夺财物。他们第一次行动是在 907 年，那次他们行动顺利，满载而归。第二次行动则是在 941 年，可惜这一次他们没有那么好的运气了，誓要为色雷斯雪耻的拜占庭帝国海军早就在海上等着他们了。他们刚一露面就被拜占庭舰队痛击，面对大型百桨战舰，他们的小船简直不堪一击，几十艘轻型划艇被击毁。

不过罗斯人这两次攻击与约翰一世所遇的袭击相比，便是小巫见大巫了。970 年，罗斯王公斯瓦托夫率六万大军从第聂伯河出发，朝保加利亚第一王国进攻。那时候保加利亚王国正在内战，对外防卫薄弱。有备而来的斯瓦托夫很快便拿下了保加利亚第一王国。随后他又率兵横穿巴尔干半岛，进入色雷斯平原，赶在拜占庭帝国军队到来前将菲利波波利搜刮干净。正在小亚细亚的约翰一世听闻此消息后，勃然大怒。他调动了三万兵马，在 910 年开春之时穿过巴尔干半岛，把罗斯人打回了多瑙河上。然而之后发生的战争，可谓拜占庭帝国史上的最惨烈之战。

罗斯人抛却所有代步工具，从斯瓦托夫开始，每个人都是身穿长袍铠甲，头戴尖顶头盔，手持长矛斧头，宛如西欧的诺曼人。他们排成方队，一步一步向前逼近，气势如虹，打起仗来也是宁死不屈，轻伤不下火线。约翰一世则带着小亚细亚军区的骑兵和拜占庭的弓箭手、投石兵奔赴战场。双方在普雷斯拉瓦战场和西里斯提亚战场都交了手，激烈程度如同当年的黑斯廷斯战役。在保加利亚，则如同苏塞克斯之战。罗斯人手持利斧，疯狂又凶悍，将拜占庭帝国的骑兵斩于马下。但是他们当时没有远距离杀伤武器，也无法抵御拜占庭帝国的弓箭手。所以拜占庭帝国先以弓箭开道，打乱罗斯人的方阵，骑兵随后上场攻击，手起刀落间没有丝毫犹豫，战场上血肉横飞。不过斯瓦托夫要比森拉克战场上的哈罗德·戈德温森 [1] 多些运气，他不但没有死在对方刀下，还带着残存的罗斯人逃走了。约翰一世率兵追击，将他们困在了西里斯提亚城中。此时的斯瓦托夫除了投降再无别的选择。于是双方首领签下和约，约翰

---

[1]　哈罗德·戈德温森（Harld Godwinson，1022—1066 年），被后世称为"哈罗德二世"。他是盎格鲁 - 撒克逊时期韦塞克斯王国的最后一位君主。——译者注

一世放了斯瓦托夫和他的将领，让他们回到故乡；而罗斯人从此不得再进攻侵犯拜占庭帝国。在罗斯人集体发下毒誓后，约翰一世履行了诺言，放他们归去。

发生的这一切被当时跟在约翰一世身边的一位"执事官"利奥看在眼中，利奥本人似乎是负责记录这些事件的史官。他看着这两位有强烈对比的帝王，感慨颇多，便将这些都记录了下来。他如是写下：约翰一世虽然并不高挑，但十分聪慧，他骑在马上身披金甲，金色头发在阳光下闪闪发光，身边的护卫一字排开，将河岸围了个水泄不通。高大强壮的罗斯人划着小船来到岸边，向约翰一世辞行。他们身上只穿着一件白色衬衣，长长的胡须迎风而动。寒暄一阵后，罗斯人便驾船离开，踏上返乡的归途。

可惜当年斯瓦托夫回国后不久就和南部草原的鞑靼人开战了，这次斯瓦托夫仍旧没有获胜，成为帕茨尼亚克部落的手下败将，命丧黄泉。斯瓦托夫死后，大多数罗斯人开始信奉基督教，成为东正教教徒，不但没有攻击拜占庭帝国，而且还在学习君士坦丁堡的文明，就连取名时也借鉴了君士坦丁堡，比如"沙皇"一词便是借鉴于"恺撒"，"米海尔""亚历山大""尼古拉""约翰""彼得""亚历克西斯"这些名字也全都是来自拜占庭帝国。没过多久，罗斯人就投身到拜占庭帝国雇佣兵的行列，成为之后瓦兰吉护卫队的重要组成部分。丹麦人、英格兰人、挪威人也相继入伍，成为雇佣兵。

西里斯提亚之战中约翰一世不仅全身而退，而且回到了君士坦丁堡继续做了五年君主。在他人生最后的五年时间里，他在叔叔尼斯弗鲁斯二世攻下安条克、阿勒颇，将领土扩大到美索不达米亚的阿米达和埃德萨地区的基础上，收复了叙利亚北部，打退了撒拉逊人。而这位年轻的帝王则是死在了征战的路上。有传言称约翰一世是中毒而亡的，而下毒者则是他此前想要罢官的一位大臣。不过这个说法并没有得到证实。史书上只记载了

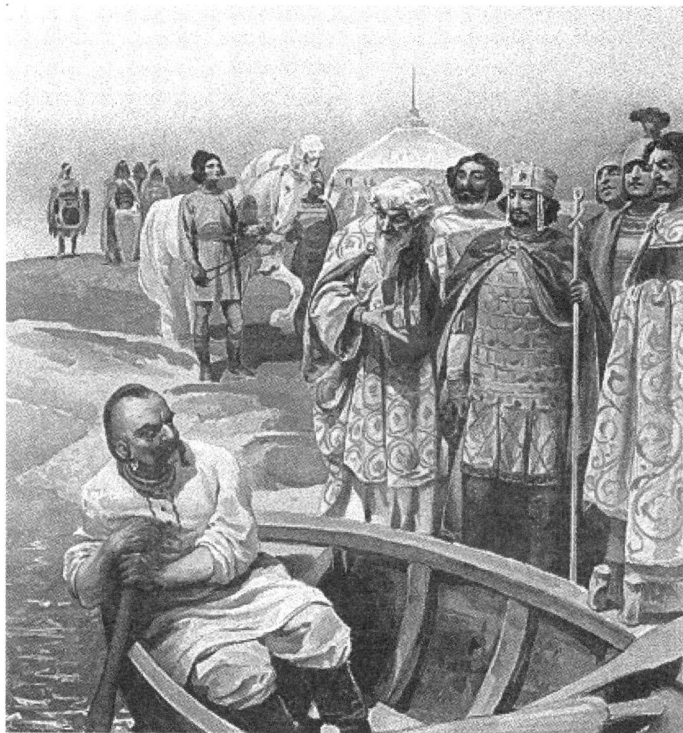

约翰一世与斯瓦托夫会面

在 976 年约翰一世患病，后不治身亡。约翰一世死后，接替他皇位的正是当时刚满二十岁的巴西尔二世。

第十九章

马其顿王朝的覆灭

976—1057 年

　　尼斯弗鲁斯二世和约翰一世都竭尽全力守护着的皇权，如今终于回到了巴西尔二世手上。他才是拜占庭帝国名副其实的君主、马其顿王朝的继承人。但可能是常年跟在尼斯弗鲁斯二世和约翰一世身边，受到他们的影响，巴西尔二世对战争也十分支持，在这一点上，他和他的祖先完全不同。976 年到 1025 年，巴西尔二世带领拜占庭帝国经历了大大小小数十场战役，且基本都是战胜方。虽然他有两位监护人，但他的风格其实更偏向尼斯弗鲁斯二世，严苛坚毅。刚登上大位的十年间，巴西尔二世纵情声色，很少把心思放在国政上，但过了而立之年后，他突然醒悟，开始用心治理这个国家，将所有精力放在了战争和宗教问题上。他一心向教，为表忠诚，他在铠甲下、黄袍里都穿了教徒的衣服。他是真心地信奉他的宗教，但是并没有太过偏激。不过即使他信奉宗教，在战场上他还是嗜血如命，绝不手软，其行为之血腥实在让人难以接受。拜占庭帝国的百姓都知道巴西尔二世主张公正，然而到了最后他的公正变成了天地不仁，以万物为刍狗。他没有继承祖父的温文尔雅，也不像父亲纵情享乐，他冷血冷面，铁石心肠，所以大家送了他一个称号——保加利亚屠夫。

　　巴西尔二世在位期间所想的便是将多瑙河收归拜占庭帝国所有，把拜占庭帝国在巴尔干半岛上的边界延长。因为在三百五十多年前，许多斯拉夫人向内地迁徙，拜占庭帝国便再没能拿下多瑙河了。然而巴西尔二世正

拜占庭式俄罗斯建筑

式掌权之后，亚细亚的两大贵族——尼斯弗鲁斯二世的侄子巴尔达斯·弗卡斯和亚美尼亚军区的将军巴尔达斯·斯克雷罗斯犯上作乱。巴西尔二世忙着应对叛乱，所以无暇顾及外交事务。在解决了巴尔达斯·弗卡斯和巴尔达斯·斯克雷罗斯后，巴西尔二世便开始着手处理欧洲战场事务，之前尼斯弗鲁斯二世和约翰一世所在意的东方战场便无人问津了。

巴西尔二世在位时期，保加利亚国王塞缪尔管辖着巴尔干半岛的内陆，除此以外，保加利亚、塞尔维亚、马其顿内地和周边一带都是他的领土。那时候保加利亚第一王国兵多将广，全国百姓众志成城，上下一心。塞缪尔凭借自己出色的能力和强悍的实力成为保加利亚第一王国的国王。早在十年之前，由于受到斯瓦托夫的侵略，保加利亚第一王国皇室死伤惨重，已经灭亡。塞缪尔登基后，没有将自己的势力布置在巴尔干半岛和多瑙河之间，他放弃了这块一直属于保加利亚第一王国的领土，转向靠近西部和南部的斯拉夫一带。塞缪尔将都城定在了保加利亚第一王国的要塞奥赫里德，奥赫里德依山傍水，有马其顿群山作为屏障，易守难攻。塞缪尔在此集结兵力，监视周围，打算趁机攻打塞萨洛尼卡和阿德里安堡。

此后，巴西尔二世一直在和塞缪尔作战。1014 年，塞缪尔离世，才结束了这长达三十四年的战争。然而塞缪尔在军事方面能力出众，所以和他打了三十四年的拜占庭帝国几乎也耗尽了元气。塞缪尔并非有勇无谋的匹夫，他一直在学习拜占庭帝国的战术，加强国内的防御体系，发挥地理优势，借助山地城堡抵挡巴西尔二世的进攻，使其三十余年来都未能攻入城堡。他们这一场仗实在是打得太久，其中细节也不必深究了，只有一件事不得不提。虽然早期巴塞尔二世一直没能大获全胜，但是在1002 年他还是攻下了保加利亚第一王国，将多瑙河收入囊中，而塞缪尔设置在北方的据点也被他攻破了。此后的十二年中，保加利亚的军队便分散于奥赫里德和乌斯库普，守候着巴尔干半岛中部的马其顿据点。胜利的天平开始偏向巴西尔二世，他在战场上战无不胜，攻无不克，成功拔除了保加利亚第一王国的势力。但是他对俘虏毫不留情，尽数斩杀。1014 年，巴西尔二世再一次获得了胜利，得到了一万五千名俘虏。残忍的巴西尔二世将他们分了组，每组一百人，然后将他们的眼睛全部刺瞎，每组只有一个人免受此刑。做完这些事后他便将这一万五千名俘虏尽数送回了保加利亚第一王国都城。塞缪尔看到如此惨状，怒火攻心，当场身亡。他死后，加布里埃尔和拉迪斯拉斯继位，但他们都不是巴西尔二世的对手，所以在 1018 年，他们率众投降。奥赫里德是保加利亚第一王国最后的要地了，交出它便意味着保加利亚第一王国覆灭。不过这一次巴西尔二世并没有屠城，反而善待降兵，开始修复巴尔干半岛的古罗马道路和国防要地。就连之前经常骚扰他的斯拉夫部落，他也手下留情了。经此一役，巴西尔二世收复了拜占庭帝国北部的所有失地，将拜占庭帝国的北部边界推到了匈牙利的马扎尔王国。巴西尔二世不但征服了保加利亚第一王国、马其顿，还征服了塞尔维亚。从贝尔格莱德到多瑙河河口为拜占庭边界线，在 1186 年保加利亚起义反抗伊萨克二世前，都是如此。

巴西尔二世在欧洲战场上的所作所为传开后，大家便开始叫他"保加利亚屠夫"。在他晚年时期，拜占庭帝国以东地区出现了一股新的势力——埃及法蒂玛王朝。那个时候阿拉伯帝国分崩离析，穆斯林国家实力仍弱。于是巴西尔二世将战场从欧洲转回了东方，继续约翰一世未完成的大业。1021 年 2 月，巴西尔二世开始了他的最后之战，主动出击攻打亚美尼亚王国，随后又攻击了其北部的伊比利亚人和阿巴斯吉安人，皆马到功成。他把亚美尼亚的大部分土地划归拜占庭帝国东部的省份。然而凡事都有两面性，各方臣服于拜占庭帝国真的就是百利而无一害吗？我们暂时不得而知。不过与强盛的亚美尼亚王国交好还是给拜占庭帝国带来许多好处的。亚美尼亚王国信奉基督教，与拜占庭向来关系亲密，若是穆斯林对拜占庭发起进攻，亚美尼亚王国将会是拜占庭帝国的一道天然屏障。所以虽然巴西尔二世打败了亚美尼亚的国王，推翻了他的政权，但是并没有侵占整个国家，也没有在这里设兵防守穆斯林。

1025 年，六十八岁的巴西尔二世与世长辞，哪怕在临死之前，他都在想方设法收回被撒拉逊人夺走的西西里岛。这位帝王生前将拜占庭帝国的版图扩大许多，是贝利撒留时代以后开疆拓土最多的一位帝王。然而他的后人却没能守住他的江山，将他一次次出生入死打下的领土一块块拱手送人。巴西尔二世死后，拜占庭帝国再也没有出现过像他这样可以上马杀敌、征战四方、不断提升国家实力的帝王了。

巴西尔二世在位五十余年间，其实还有一个共治皇帝，他便是巴西尔二世的弟弟君士坦丁八世。然而这位共治皇帝心思根本不在国事上，作风也与他严于律己的"保加利亚屠夫"哥哥截然相反。君士坦丁八世没有治国之才，一心只在风月之事，整日花天酒地，身边聚集的也都是宫中宦官和溜须拍马、阿谀奉承之人。因此巴西尔二世从不让他参与朝政，商讨国事。不过值得一提的是，他十分喜爱音乐和文学。巴西尔二世死后，君士坦丁八世接过了皇位，肩负起管理国家的重担。然而君士坦丁八世之后的作为向世人证明了他确实没有能力治理国家，也没有魄力掌控群臣。不过好在他本身并没有暴力倾向，掌权后所做的最过分的事情也就是让六个上了年纪的宦官来掌管国事。昔日的宫廷内监摇身一变，成为帝国的掌权者，这样的变化实在是让人难以接受，尤其是朝廷中的名门望族。这些宦官之前没有管理政务的经验，帝国被交在他们手上实在是前途渺茫。

君士坦丁八世接手拜占庭帝国的时候，已经是耳顺之年，所以他统治帝国的时间并不长，只有三年。1028 年，这位马其顿王朝的最后一位男性帝王辞世。君士坦丁八世生前没有儿子，只有几位公主，但他对这几个女儿疏于管教，以至于大女儿佐伊到了四十多岁还未婚配。不过在临死前君士坦丁八世做主为佐伊寻了一门婚事。他选中了年纪与佐伊相仿、出身名门的罗曼努斯·安格拉斯为驸马，并且要求他即刻迎娶公主佐伊，在一日内完婚。两日后君士坦丁八世离世，罗曼努斯·安格拉斯成为名正言顺的继承人，被后世称为"罗曼努斯三世"；佐伊也成为共治皇帝，被后世称为"佐伊一世"。佐伊是个有手段、有想法的人，即使是做共治皇帝，她也想独揽国家大权，因此她给罗曼努斯三世带来了不少麻烦。佐伊一世自命不凡，虽然她已经年近半百，但仍旧觉得自己是天下人心中的主宰。对此，罗曼努斯三世并不会干涉她，他自己虽然没有想过争夺帝位，但在其位谋其职，如今既然已经是一国之君，便该关心国事。可惜他的军事能力实在太弱。由他贸然发起的叙利亚之战，最终以失败结尾；边疆的几座城池也被阿勒颇埃米尔夺去。罗曼努斯三世登基的第六年，他被病魔夺去了生命，与世长辞。而年过半百的佐伊一世早在罗曼努斯三世病重之际，便和一个名叫米海尔·帕夫拉戈尼亚的人暗通款曲。罗曼努斯三世死后，她便立即和米海尔·帕夫拉戈尼亚结婚，辅佐他登上了帝位，成为拜占庭帝国的新主人，被后世称为"米海尔四世"。

米海尔·帕夫拉戈尼亚本是臣子，之前侍奉过罗曼努斯三世。他才二十八岁，可谓风华正茂，许多人觉得他是君士坦丁堡最好看的男子。而米海尔·帕夫拉戈尼亚正是借助这一副好皮囊勾引到了已过知天命之年的寡妇佐伊一世，成功走上了权力巅峰，这是他不曾料到的结果。

不过米海尔四世确实有才能，掌管拜占庭帝国后也尽心为国做事，想以此洗白他的上位经历。米海尔四世在面对叙利亚撒拉逊人的侵略时，成功反击，将他们赶了出去；他还平定了保加利亚的动乱。不过米海尔四世统治的后期，在巴西尔二世时期归顺的塞尔维亚突然起义，米海尔四世立刻派兵前去镇压，但铩羽而归。之后他派骁勇善战的乔治·梅尼亚克斯率兵攻打西西里岛。乔治·梅尼亚克斯连夺数座城池，两胜摩尔人，可还是没有收复被摩尔人占据的西西里岛。他的失败让米海尔四世攻克全岛的计划付诸东流，再也无法实现。之所以这么说，是因为当时米海尔四世身患癫痫，常年受病痛折磨，身子已经被掏空，药石无效，他病故的时候还没满三十六岁。从不在乎世俗礼教的佐伊一世又成了寡妇，不过这一次她在纠结到底是领养一个儿子，还是再找一个情人。

在思索数日之后，她决定先试试前者。于是她收养了米海尔四世的侄子，封他为共治皇帝。这个侄子与米海尔四世同名，被后世称为"米海尔五世"。然而米海尔五世上位后不仅不感谢佐伊一世的提携之恩，反而想从她手中抢过国家大权，自立为王。他觉得佐伊一世年老可欺，所以直接对外宣布要将佐伊一世赶下皇位，逐出都城。而他的这个做法彻底激怒了君士坦丁堡的臣民。当时的百姓都忠于马其顿王朝，他们只认佐伊一世这一个主君，即使佐伊一世有诸多缺点，他们也只会私下讨论，从不曾有过厌恶憎恨。所以当佐伊一世受到欺辱时，他们毫不犹豫地拿起武器，同米海尔五世的护卫队交了手。在这一次的斗争中，双方情绪高昂，战况激烈，共有三千余人丧命，而最终百姓获得了胜利，打败了米海尔五世的护卫队，生擒了米海尔五世，剜了他的双眼。

拜占庭帝国的帝王又只有佐伊一世一个了。所以佐伊一世在她六十二岁那年又找了一个丈夫——君士坦丁·莫纳马科斯，这个三十年前曾是她情人的浪荡之人如今成为她人生最后的伴侣。他们结婚后，君士坦丁·莫纳马科斯自然成为拜占庭帝国的新一任帝王，被后世称为"君士坦丁九世"。此后君士坦丁九世和佐伊一世共同掌握国家大权，处理政务，然而拜占庭帝国风波不断，内外皆不安稳。国内小亚细亚和巴尔干半岛总有人起义；多瑙河也被佩切涅格人侵扰。国外，意大利南部的诺曼人在 1055 年登上拜占庭帝国的历史舞台，他们拿下拜占庭帝国设在亚得里亚海西部的军区兰戈巴第亚，然后在此成立了阿普利亚公国；拜占庭帝国东边的奥克苏斯河流域和波斯也迎来了新的敌人——塞尔柱人 [1]。1048 年，塞尔柱人派出了先锋部队袭击拜占庭帝国的亚美尼亚边界，不过情况还不算危急。

佐伊一世和君士坦丁九世相继离世后，马其顿王朝只有最后一丝血脉，那便是佐伊一世的妹妹狄奥多拉女皇。虽然那时狄奥多拉已年过古稀，但她是唯一合法的继承人。狄奥多拉女皇信奉宗教，一心向道，克己复礼，有些小气，常年生活在修道院中，与放荡多情的姐姐佐伊一世截然不同。

---

[1] 又叫塞尔柱突厥人。他们在 1000 年前后抢夺了被阿拉伯帝国所管辖的波斯大半领土。——译者注

虽然如此，她也绝不是表现最差的拜占庭帝国之主。她在位的两年，拜占庭帝国内外风平浪静，既无内战，也无外敌。由于她为人朴素善良，所以百姓都十分爱戴她。作为马其顿王朝最后的成员，狄奥多拉女皇若去世，这个王朝也将随之消亡，皇位的继承将成为拜占庭帝国最棘手的问题。大家似乎都在思考将来应该由谁来接管这个庞大的帝国，无心其他，所以给了这个王朝最后的平静安稳。

1057 年 8 月 30 日，狄奥多拉女皇宣布米海尔·斯特罗蒂科斯为其继承人后，与世长辞。随后拜占庭帝国便踏入了第三个无政府状态时期。

第二十章

曼齐科尔特之战

1057—1081 年

马其顿王朝的统治结束后，帝国无主，内乱不止，外有强敌，江山飘摇，国家危机四伏，大厦将倾。1057 年到 1081 年的二十四年间，拜占庭帝国所遇的天灾人祸数量之多，仅次于希拉克略一世在位之时。就在这二十多年的时间里，拜占庭帝国的领土被外敌分而食之，面积急剧减小，最终只剩下原来的二分之一，之后也再未回到巅峰时期。

我们先来看国家内部矛盾。当年垂死的狄奥多拉女皇将皇位传给了米海尔·斯特罗蒂科斯，被后世称为"米海尔六世"。虽然米海尔六世在二十五年前便已从军作战，且表现不俗，但是他登基时已经七十多岁，和狄奥多拉女皇的年纪差不多，人至暮年，无论是能力、心性还是其他，皆不如从前，无法管理帝国，何况当时虎狼环伺，情况棘手。当时军中觊觎皇位之人不在少数，面对这样一位垂垂老矣的帝王，他们怎么可能心甘情愿地臣服？所以在米海尔六世继位未满一年时，便有一群人密谋造反。他们是亚洲的名门望族，声威颇高，而他们选中的人也是出身名门，那便是伊萨克·科穆尼努斯。伊萨克·科穆尼努斯是历史悠久的卡帕多西亚家族首领，在军中也是威望极高，拥立他为帝王，自然不会引起军中之人反感。

于是伊萨克·科穆尼努斯率军造反，一呼百应，轻而易举地便将米海尔六世赶下了台。伊萨克·科穆尼努斯不出意外地成为拜占庭帝国的新一任君王，被后世称为"伊萨克一世"。然而似乎是冥冥之中自有天意，谋朝篡位的伊萨克一世登基一年后便身患重病，无奈之下他只好退位让贤，在修道院中休养调息，可惜最终还是不治而亡。接过伊萨克一世手中皇位的人，是卡帕多西亚家族中另一位成员，其声望和能力皆不逊于伊萨克一世，他便是君士坦丁·杜卡斯，被后世称为"君士坦丁十世"。他在位七年，国内接二连三的风波证明他确实不适合做帝王，也无法管理国家。君士坦丁十世上位后，把所有的心思都放在了财政收入上，他一心想遏制从巴西尔二世之后盛行的奢侈浮夸之风，所以提倡节俭。因此他解散了一大批军队，削减军费。可惜他忽略了当时拜占庭帝国的情况，四周强敌对其虎视眈眈，随时都可能一拥而上，将这个强大的帝国吞噬。而拜占庭帝国此前之所以能震慑四方，便是因为其军队军规森严，兵强马壮，后需充足。所以削减军力实在是愚蠢又可笑的行为，这毫无疑问是在将帝国推向深渊。

就在君士坦丁十世专心致志节制兵力时，塞尔柱人开始袭击拜占庭帝国。当时塞尔柱人的领导者图格鲁勒·贝克以"守护信仰，保卫哈里发"自居，他带领塞尔柱人从阿姆河流域出兵，攻下波斯，推翻了布哈维德王朝；1050 年，他们袭击了巴格达，接着占领亚美尼亚；1064 年，他们相继收服了没有归顺于拜占庭帝国的各片领地。同年，历史悠久的亚美尼亚王国都城阿尼陷落，这个拜占庭帝国的最后一层防护罩，彻底失守。

塞尔柱人对亚美尼亚、安纳托利亚和卡帕多西亚的不断侵扰让君士坦丁十世感到害怕，他也曾下令出兵对抗，击退过塞尔柱人。可有时候塞尔柱人选择避开军队，带着自己收缴而来的财物逃之夭夭。这些人残酷无情，和当年的撒拉逊人相比，有过之而无不及。他们每次袭击城市的时候，不管成功与否，都会闹得天翻地覆，烧杀抢砸，血流成河。几次交手之后，拜占庭帝国的军队根本不能将塞尔柱人赶出境。不过其中一部分原因是拜占庭帝国还要抵抗乌兹人的入侵。当时来自鞑靼部落的乌兹人由黑海登陆，攻入了保加利亚。

1067 年，君士坦丁十世离世，其子米海尔·杜卡斯继位，年仅十四岁，被后世称为"米海尔七世"。幼子临朝会发生什么样的事情，大家可想而知。太后优多西娅为了让自己儿子可以安稳地坐在皇位上，只能改嫁罗曼努斯·第欧根尼，让他做了共治皇帝，后世称其为"罗曼努斯四世"。罗曼努斯四世出身亚洲名门，在之前攻打塞尔柱人时，一鸣惊人，英勇不凡。但是对于一国之主而言，领兵打仗不能只靠无所畏惧的勇气，更应该小心筹划，统领全局。罗曼努斯四世上位之后，不像君士坦丁十世一样有所顾忌，他将欧洲和亚洲的所有兵力全部聚集在一起，自己亲率大军攻打塞尔柱人。此后三年，他相继打到了亚美尼亚、卡帕多西亚和叙利亚，同当地的塞尔柱人交战周旋。

塞尔柱帝国[1]苏丹阿尔普·阿斯兰最开始的时候将兵力分布于拜占庭帝国边界，但在罗曼努斯四世的努力下，这小部分军队全被歼灭，只有少数塞尔柱人逃了出来。当时罗曼努斯四世带领的都是重骑兵，而塞尔柱人派出的则是弓箭手一类的轻骑兵，所以罗曼努斯四世很难追上他们。而塞尔柱人的军队在逃离时绕路而行，继续洗劫沿路村庄，卡帕多西亚被他们折腾得面目全非。当时塞尔柱人已经攻进了弗里吉亚腹地——阿摩利阿姆。

1071 年，罗曼努斯四世经历了人生中最大的劫难。当时他被塞尔柱人有意引到了位于东边的曼齐科尔特，这已经是亚美尼亚的边界了。直至这时罗曼努斯四世才终于反应过来自己被算计了，他即将面对的敌人，不再是之前的一小撮逃兵，而是塞尔柱帝国的全部军队。阿尔普·阿斯兰早就率兵在此恭候罗曼努斯四世多时了。经过长途追击，拜占庭帝国的军队早已疲惫不堪，而且在路上折损了两个主力部队。但即使双方状态悬殊如此

---

[1]　又叫塞尔柱王朝，成立于 11 世纪，主要在中亚和西亚。——译者注

曼齐科尔特之战

之大，罗曼努斯四世也不畏惧，仍然想和对方大战一场。因为此前他和塞尔柱人交战时，对方只有轻骑兵，无论兵力如何，都会被拜占庭帝国的重骑兵碾轧。

1071 年夏天，曼齐科尔特之战爆发，这对于拜占庭帝国来说是一个重要的转折点；对于参战者来说，那是格外漫长的一个夏天。当时塞尔柱人的弓箭手抵抗不了拜占庭帝国骑兵的攻击，但每当拜占庭帝国骑兵有所突破时，就会有更多的塞尔柱人围攻上来，双方陷入胶着状态。一直至日头西落，罗曼努斯四世才打算让军队回营休息。可是当时他撤兵回营的命令没有精准地下发到各处，导致拜占庭军队攻防出现漏洞，被塞尔柱人趁机而入，将拜占庭军队分开包围。拜占庭军队中指挥预备队的军官安德洛尼卡·杜卡斯见状立即下令大家放弃抵抗撤退，谁也不知道他做出这样的决定是因为害怕还是打算叛变。于是罗曼努斯四世带领的部队被围攻，罗曼努斯四世奋力抵抗，然而寡不敌众，对抗到夜幕将至时，他受伤从马上摔下，

阿尔普·阿斯兰羞辱罗曼努斯四世

被敌方擒获。拜占庭军队几乎全军覆没。

然而阿尔普·阿斯兰对待俘虏罗曼努斯四世十分宽容，这也让人很是惊讶。当时罗曼努斯四世被擒获，塞尔柱人将他送到了阿尔普·阿斯兰的大帐，让他跪在阿尔普·阿斯兰面前。塞尔柱人对待俘虏有一个传统，那便是用脚踩在俘虏脖子上。阿尔普·阿斯兰在面对罗曼努斯四世时也如是照做。不过完成这一习俗之后，他便给了罗曼努斯四世极好的待遇，数月之后他收到赎金，便把罗曼努斯四世放了回去。然而对于罗曼努斯四世来说，若是他继续留在塞尔柱人那边安分地做一个俘虏，其结局可能会好点。所谓国不可一日无君，所以在罗曼努斯四世被俘后，拜占庭帝国内的大小事务便由米海尔七世的叔叔约翰·杜卡斯负责了。至高无上的权力是每个人都向往的，约翰·杜卡斯并不打算将皇位还给罗曼努斯四世。所以在罗曼努斯四世回国后，约翰·杜卡斯立即下令将其擒获，刺瞎了他的双眼。在承受了几日残酷的刑罚后，罗曼努斯四世撒手人寰。

曼齐科尔特之战让拜占庭帝国彻底失去了小亚细亚，而且在当时的拜占庭帝国之内，无人可以接替罗曼努斯四世，也无法再阻止塞尔柱人的侵略步伐。当时塞尔柱人已经打到了拜占庭帝国深处，然而帝国之内无人可以与之抗衡，军队也只会撤退不敢应战。此后的九年内，拜占庭帝国内部纷争不断。在罗曼努斯四世去世后，拜占庭帝国人心惶惶，军心浮动。据统计当时有不下六位将军都在觊觎皇位，野心勃勃，觉得自己可以成为一国之主，能够挽救帝国。除此之外，国内还爆发了几次与夺位无关的兵变。在这样恶劣险峻的情况下成长起来的米海尔七世自然也不会是善良可欺之辈。不过在拜占庭帝国的历史长河之中，米海尔七世并不是一位很重要的帝王，比起他的政绩，大家更关注他的绰号——"偷粮贼"。当时的百姓之所以会这么称呼他，是因为在闹饥荒的时候，米海尔七世居然把卖给众人的粮食扣下了四分之一。1078 年，尼斯弗鲁斯·博塔内亚造反，推翻了米海尔七世，自己登上了皇位，被后世称为"尼斯弗鲁斯三世"。从米海尔七世到尼斯弗鲁斯三世退位一共是十年的时间，但是他们的权力都只限于君士坦丁堡之内，所以历史上对这段时期的记载几乎是一片空白。在君士坦丁堡之外的各个军区内，将领自立为王，不遵皇令，自己管理所在地区。而在这种情况下，伊萨克一世的侄子亚利克修斯·科穆宁崭露头角。1081 年，亚利克修斯·科穆宁登基，被后世称为"亚利克修斯一世"。

亚利克修斯一世智勇双全，却是拜占庭帝国有史以来形象最差的一位帝王。大家甚至送给了他一个隐含鄙视之意的称号——拜占庭 [1]。亚利克修斯一世大概是当时最会说谎的人了。为了争夺皇权他用了许多卑劣的手段，登基之后为了巩固自己的皇位，他言而无信，各种誓言信手拈来，但从来不会遵守；在面对外敌时，他虽然不反对战争，但他更多的时候会使用诡计获胜。拥有这样一位谎话连篇的君主，君士坦丁堡的朝臣百姓也都觉得不可思议。不过抛开道德来看，亚利克修斯一世也是一位优秀的掌权者，他在大厦将倾时挺身而出，挽救了拜占庭帝国，所以对于他的政绩，

---

[1] 拜占庭（byzantine）作为普通名词有"复杂的"和"神秘的"等含义。——译者注

大家也铭记于心。而且亚利克修斯一世虽然为人有些卑鄙，但他并不凶残，比如他善待前任君主，无论是合理继位的帝王，还是通过谋朝篡位而上位的反臣都可以安稳度日。由此可见，亚利克修斯是一个卑劣却伟大的矛盾体，这一点在他之后的统治之中也有充分体现。

第二十一章

科穆宁王朝与十字军东征

1081—1185 年

　　亚利克修斯一世自登基后就发现自己的处境不容乐观，如同当年的利奥三世一般，他们自己本身就是通过造反而登上皇位的，名不正言不顺，不得民心，皇位朝不保夕。内有居心不良之人对皇位虎视眈眈；外有强敌入侵，江山不稳。他比利奥三世面对的情况更加棘手，利奥三世所面对的只是帝国以东的敌人，西面尚算平静；而亚利克修斯一世腹背受敌，东边有夺了小亚细亚的塞尔柱人要防备，西边被如狼似虎的新敌人攻击。此前已经介绍过拜占庭帝国是如何失去对意大利的统治管辖权的。如今卡拉布里亚公国和阿普利亚公国已归诺曼人所有，他们正打算横渡奥特兰托海峡，进攻拜占庭帝国。当时意大利和西西里的领导者是阿普利亚公爵兼卡拉布里亚公爵罗伯特·吉斯卡德，此人性情坚毅，为达目的可谓无所不用其极，他在十年前便率兵拿下了拜占庭帝国在欧洲的最后一座城池——巴里。如今眼看拜占庭帝国处于无政府的状态，他觉得这是天赐良机，打算趁此时攻到亚得里亚海东岸，成立一个全新的诺曼人王国。当年诺曼人仅用数百兵力便拿下了意大利南方地区和西西里岛，并以此为据点发展起了一支拥有五万将士的军队；十五年前他们的公爵威廉横跨四方的海峡，攻下了英格兰[1]。当时英格兰的情况和如今的拜占庭帝国极为相似，哈罗德·戈德

_____

　　[1]　英格兰在 1066 年被威廉攻占。——译者注

温森和亚利克修斯一世一样都是刚登上王位，对国家还不能完全掌控。所以阿普利亚公爵兼卡拉布里亚公爵罗伯特·吉斯卡德的计划并非心血来潮或盲目自信，他打算借鉴威廉的经验，突袭拜占庭帝国。

1081 年 6 月，阿普利亚公爵兼卡拉布里亚公爵罗伯特·吉斯卡德亲率三万兵马将杜拉佐团团围住。杜拉佐在伊庇鲁斯海岸，是一座军事堡垒。亚利克修斯一世知道后，立刻派兵前去杜拉佐支援。然而他过于乐观又小看了诺曼人，所以并没有对他们的兵力进行准确分析，最终导致拜占庭帝国惨败。失败之后他连忙向塞尔柱帝国的苏丹苏莱曼割地求和，答应将之前塞尔柱人所管辖的拜占庭帝国土地全部让出。这一行为将拜占庭帝国由普罗庞提斯海滨起到比提尼亚海岸的尼西亚城的疆域拱手送与他人，其中的尼西亚城离君士坦丁堡仅七十英里。

其实，亚利克修斯一世派出的军队规模远远不如十年前罗曼努斯四世率领的大军，国内的军方组织也大不如前。之前作为拜占庭军队主力的军区重骑兵现在已经解散了。亚利克修斯一世时期新成立的军事力量组成如下：军中小部分将士是生长于拜占庭帝国的人，正规军的成员主要来自拜占庭帝国的色雷斯、马其顿和塞萨利，主要兵力是此前因勇气而得到帝王信任的由罗斯人、丹麦人和英格兰人雇佣兵组成的瓦兰吉护卫队；其余雇佣兵则是塞尔柱人、法兰克人、塞尔维亚人以及南方的斯拉夫人。

拜占庭帝国的军队之所以在杜拉佐输给阿普利亚公爵兼卡拉布里亚公爵罗伯特·吉斯卡德，是因为亚利克修斯一世没有治军之能。当时拜占庭的军队在行军途中因为步调不统一，所以在前锋部队被围时，他们的主力还没有到达战场。而瓦兰吉护卫队一如既往，在其他军队还未排好阵形时率先冲锋，由巴黎伯爵带领，同诺曼人交战。他们攻击诺曼人侧翼，将其全部打落海中。然而此举也同时干扰了拜占庭军队的阵形。罗伯特·吉斯卡德率兵突击，在亚利克修斯一世到来之前，用骑兵将瓦兰吉护卫队的主力冲散，溃不成军。余下的护卫队成员在海边的土山上集结，以手中的斧头将前来攻击的诺曼人击退，争取了一些时间。所谓无巧不成书，当年英格兰人和诺曼人在森拉克[1]进行最后一战时，英格兰首领哈罗德·戈德温森也是采用的此法。罗伯特·吉斯卡德见强攻不行，便让弓箭手开道，骑兵随行，最终打败了瓦兰吉护卫队。存活下来的瓦兰吉护卫队成员誓死不降，聚集在一座废弃的教堂中殊死反抗。罗伯特·吉斯卡德见此情形不再继续攻击，便将教堂和里面的人付之一炬。

强悍如斯的瓦兰吉护卫队被诺曼军全歼，这让刚赶到战场的亚利克修斯一世其余军队害怕不已，大多数人不战而退，只想苟全性命。不过作为君王的亚利克修斯一世坚持到了最后，他靠脚下的快马和手中的宝剑突破了罗伯特·吉斯卡德军队的围攻，成功逃脱。杜拉佐因此失守。1082 年，诺曼大军席卷伊庇鲁斯，攻入塞萨利。亚利克修斯一世兵行险招，将军队一分为二，同时和诺曼人开战。然而当时的拜占庭军队并无任何作战经验，所以两方拜占庭军队都以失败告终。在经历这几次失败后，亚利克修斯一世终于明白强攻不是制敌之法，于是他开始韬光养晦。1083 年，诺曼人的军队解散，亚利克修斯一世终于等到了机会，他立刻派兵，打算将诺曼军队一一击破。双方在拉里萨进行了决斗，亚利克修斯一世痛击了诺曼军队，将他们打回了伊庇鲁斯。经此一役，诺曼人无法再进攻拜占庭帝国。1085 年，罗伯特·吉斯卡德离世，诺曼人群龙无首，拜占庭帝国的危机终于解除。

虽然解决了诺曼人进攻这一棘手问题，但亚利克修斯一世还是不能就此高枕无忧。此后十年间，拜占庭帝国内乱不止，佩切涅格人、斯拉夫人

---

[1] 黑斯廷斯之战便发生在此处。1066 年的 10 月 14 日，英格兰部队和诺曼底人在此一战，两军统帅分别是英格兰国王哈罗德·戈德温森和诺曼公爵威廉一世，最后诺曼人大获全胜。——译者注

和塞尔柱人仍旧在和拜占庭帝国交战。不过亚利克修斯一世并没有因此而消沉，相反他竭尽全力，无论是派兵作战、议和谈判还是阴谋诡计、撒谎骗人，只要是有用的招数他便来者不拒，以狐狸的狡黠守护着狮子的颜面。好在他的努力没有白费，他守住了拜占庭帝国剩下的疆土，也稳住了自己的皇权。

1062 年，亚利克修斯一世已经做了十五年的皇帝，可是就在这一年，拜占庭帝国西面又陷入了新的危机之中——西方国家马上要进行十字军东征。毋庸置疑的是，这次东征一定会给拜占庭帝国带来诸多影响，而这些影响有好有坏。1071 年，已经统治曼齐科尔特四年的塞尔柱人攻下了耶路撒冷。这意味着那些从西边来到耶路撒冷朝圣的人必须要服从于塞尔柱人的统治。若不是后来西方的基督教又开辟了叙利亚通道，大家将要一直忍受这样野蛮的统治。在 11 世纪后期，有两件事改变了东西方，让他们可以自由交流。从某些角度来看，这次交流意义重大，可以算得上一座里程碑。

第一件事便是匈牙利王国开始信奉基督教。基督教是从 1000 年开始在匈牙利国内传播的，当时的匈牙利王国还处于圣斯蒂芬时代；在 1050 年前后传播完成。这对于匈牙利王国来说，此前被他们当作蛮族和异教国家之战的拜占庭帝国和罗马帝国之战，如今已变成和未完全开化的基督教国家之间的对抗了。匈牙利王国成了信奉罗马天主教国家中的一员。利用保加利亚的前哨阵地，拜占庭帝国和多瑙河流域的维也纳进行了首次交谈，之后双方的来往也变得频繁。第二件事便是撒拉逊人的海上力量在地中海中部被消灭。当时穆斯林统治的科西嘉岛和萨丁岛相继被比萨人和热那亚人占领，而后诺曼人又攻下了西西里岛。这便开辟了由马赛和热那亚到东方的海上路线，这也为之后十字军东征提供了方便。当时热那亚人、比萨人、诺曼人，以及亚得里亚海上的威尼斯商人已经成为海上最强的四股重要势力。他们的船队也陆续到了之前基督教战船从未去过的海域，此前就连拜占庭帝国的舰队也没有到过这些地方。这两件事的发生使得东西双方打通了海陆两条线，为之后的自由交流打下基础，也使十字军东征变成现实。除此以外，十字军东征的实现也有隐士彼得和教皇乌尔班的一份助力。

1095 年，亚利克修斯一世知道了十字军即将东征，当时西方各国集结兵力打算前往拜占庭战场前线。他们打出的旗号是要将穆斯林赶出巴勒斯坦。这样的说法自然无法取信于亚利克修斯一世，他知道世界上没有免费的午餐，所以他觉得十字军东征有其他的图谋——他们的目标可能就是拜占庭帝国。当第一批法兰克朝圣者来到拜占庭帝国境内之后，他们一路烧杀劫掠，和沿路居民以及拜占庭的军队发生了摩擦，甚至差点儿引起全面战争，这些行为也证实了亚利克修斯一世的想法。不过好在亚利克修斯一世的反应极快，他竭尽全力，用上了所有手段，包括骗人的特长，才将此事和平解决。在经历一番死缠烂打后，亚利克修斯一世得偿所愿，十字军首领——从上到下有戈弗雷和佛曼多瓦的休到各个男爵，在亚利克修斯一世的诱骗之下决定帮助他，为其效命，而且还答应要把拜占庭帝国被塞尔柱人抢走的领土全部拿回来。至于这其中亚利克修斯一世所用的手段，如溜须拍马、金钱行贿、威逼利诱等，都不值一提。因为在撰写这段历史时，亚利克修斯一世的女儿安娜·科姆尼娜觉得亚利克修斯一世可以成功诱骗十字军的能力远比其他手段更重要，她写下了很多关于亚利克修斯一世和狂妄自大的法兰克人智斗力搏的事迹。亚利克修斯一世给十字军送去了大批黄金，并向他们承诺会对其提供各种帮助，成为他们强大的后援，直至他们替拜占庭帝国夺回圣城为止。

1097 年春，十字军横跨博斯普鲁斯海峡，踏过两段漫长的征途，终于进入了塞尔柱帝国的领域。他们到达之后，立刻将塞尔柱帝国的前哨要地尼西亚包围起来。大军压境，这给塞尔柱的守军形成了很大的压力，他们无心恋战，直接缴械投降。不过真正让他们投降的不是法兰克的十字军，而是他背后的亚利克修斯一世，因为当时亚利克修斯一世的部队早就潜入了尼西亚。当时十字军本来打算将尼西亚洗劫一空，但是被亚利克修斯一世阻拦了下来，十字军对此多有不满，差点儿和他起了争执。为了安抚这些法兰克人，亚利克修斯一世又给他们送去了一大批金钱。得到了钱财的十字军心满意足地继续向小亚细亚深处进发。

同年，十字军强制穿过弗里吉亚和卡帕多西亚一带，将塞尔柱人打得落花流水。在进入叙利亚北边后，十字军立刻包围了安条克城。为了万无一失，亚利克修斯一世立即派出军队去支援十字军。其实这有些多此一举，因为当时十字军势如破竹，直接击退了塞尔柱人。十字军获胜后，亚利克修斯一世立刻跑出来接手了安条克城。这一路上亚利克修斯一世率军躲在十字军后面，待在一个安全区域，如同站在老虎身后的狐狸。之后，当塞尔柱帝国的苏丹和十字军胶着之时，亚利克修斯一世已经趁机从塞尔柱人手上收复了士麦那、以弗所还有萨迪斯，不费一兵一卒地拿下了小亚细亚的西部地区。之后十字军又把塞尔柱人赶到了东部地区。1098 年，亚利克修斯一世故技重施，让十字军在安条克和美索不达米亚各部落的首领交战。可是在十字军派人向亚利克修斯一世求援时，亚利克修斯一世并没有派兵增援，而是将兵力部署在了更容易攻下的吕底亚和弗里吉亚要塞。此举自然会引起双方的冲突。十字军觉得亚利克修斯一世并没有在战场上帮助他们，只会坐享其成，所以他们不打算让亚利克修斯一世来接管安条克以及他们攻下的叙利亚领土。其实事情发展到这个样子，双方都没有遵守当年在君士坦丁堡许下的承诺，他们互相

十字军通过海上航行来到君士坦丁堡

责备，互相推诿，最终拜占庭帝国收复叙利亚的计划也因此被搁浅。而十字军则在叙利亚成立了许多法兰克人的王国，如埃德萨伯国、安条克公国、黎波里伯国，还有最重要的耶路撒冷王国。

亚利克修斯一世虽然没能按计划成功收复叙利亚地区，但其实对于拜占庭帝国而言，这也没有任何损失。因为按照当时的情况来看，即使十字军真的把叙利亚还给了亚利克修斯一世，他也不能完全统治这个地区。十字军给亚利克修斯一世带来的利益已经超过他的预期。在十字军的进攻下，塞尔柱人不得不将设在亚洲的军事阵线后撤两百英里，本来已在尼西亚驻军的塞尔柱人被打退到了比提尼亚山后面。吕底亚和卡利亚全线以及弗里吉亚大半土地都再度回到了拜占庭帝国的怀抱。经此一役，塞尔柱人受到重创，之后百年内他们都处于军事防备状态。

亚利克修斯一世刚登基的时候就一直被穆斯林的问题困扰，如今在经过小亚细亚和叙利亚之战后，穆斯林碍于十字军的威力，终于不再对拜占庭帝国虎视眈眈。从 1100 年到 1118 年期间，亚利克修斯一世建立起了自己的声望，巩固了自己的权力，之前此起彼伏的内乱也终于平静了下来。1107 年，诺曼人以塔伦特姆的博希蒙德为统帅，打算东山再起，重现 1082 年罗伯特·吉斯卡德公爵的辉煌。然而亚利克修斯一世不费吹灰之力便将他们打败，并且让他们签下了不平等的和约。

其实以亚利克修斯一世的能力，他本可以让拜占庭帝国更上一层楼，可惜当时的两个条件限制了他。其一便是君士坦丁堡的商业地位大不如前。在十字军东征之后，热那亚人和威尼斯人停在了叙利亚港口，并在此发展。而热那亚人和威尼斯人也注意到在阿卡 [1] 或提尔 [2] 赚到的利润比到博斯普

---

[1] 位于现在的以色列境内。——译者注

[2] 位于现在的黎巴嫩境内。——译者注

鲁斯海峡高出许多，因此他们慢慢地便不再去君士坦丁堡进行贸易活动了。其二，新成立的耶路撒冷王国实力羸弱，极易控制；而他们的国王比起拜占庭帝国极有手段、巧言令色的亚利克修斯一世，也好对付得多。对于耶路撒冷的国王来说，即使是在他自己的港口，他也没有多少权威。所以当时意大利人在此进行商业活动时，从来不按照耶路撒冷的政策行事，只遵守自己的规矩。在这种情况下，西方与东方诸国，如波斯、埃及、叙利亚和印度等国的商业往来不需再通过博斯普鲁斯海峡。热那亚和威尼斯商人带来的商品，在法兰西、意大利以及德意志等地都极受欢迎。有相关数据表明，在十字军东征结束后的半个世纪里，君士坦丁堡的贸易额下跌了三分之一至一半。放眼望去，无论是哪个国家，若想发展，都离不开经济的支持。君士坦丁堡的经济收入大幅度下跌使得国库收入急剧下降，随之而来的问题也越来越多，百姓对此也抱怨纷纷。因此无论是在亚利克修斯一世在位期间，还是在他之后的两任继承者统治下，拜占庭帝国都没有很好地发展起来。

为了解决君士坦丁堡的经济问题，亚利克修斯一世采取了许多政策，并且答应给意大利等国商业优惠，美其名曰报答他们曾在战争之中助拜占庭帝国一臂之力。然而就是他的这一决定让拜占庭帝国的经济陷入了更大的危机之中。1061 年，正在和诺曼人进行首次对战的亚利克修斯一世正式推出各种优惠政策。在他的允许之下，威尼斯商人得到一系列特权，可以随意穿梭于拜占庭帝国境内的绝大部分港口，并且不需要缴纳任何关税。不过外国人所享受到的优惠远比本地人享受到的要高出许多，这对于本地百姓来说实在是不公，自然会引起大家的不满。由于威尼斯商人不需要缴纳关税，所以他们卖出的物品远远低于市场价，这使得拜占庭帝国的商人无法进行正常交易。到了 1111 年，这种情况愈演愈烈，然而亚利克修斯一世一意孤行，对待比萨人也同样地免除了他们的关税，只是他们享受的优惠没有之前威尼斯人享受的多而已。

1118 年，约翰·科穆宁从他父亲亚利克修斯一世手上接过了皇位，被后世称为约翰二世。约翰二世上位之后发现拜占庭帝国其实并没有表面看起来那么风光，虽然国土越来越多，但国内经济一塌糊涂，并且无人在意。好在约翰二世擅长经济治理，最终挽救了拜占庭帝国，让其可以延续下去。与拜占庭帝国历代君王相比，约翰二世最特别之处在于，他深受百姓爱戴，没有一人曾抱怨过他。约翰二世天生勇敢，对人大方，而且重诺守信，心地善良，跟他父亲截然不同，这实在是让大家有些吃惊。当时拜占庭帝国的臣民都亲切地称呼他为"好人约翰"，这无疑是对约翰二世的一种肯定。事实也证明，他确实担得起百姓的信任，因为从 1118 年他继位到 1143 年结束统治，在这漫长的几十年里，拜占庭帝国朝堂安稳，百姓无忧，竟没有发生过一次内乱。

约翰二世是一位杰出的君王，同时他还是一名卓绝的军人。在他统治时期，拜占庭帝国军队在亚洲边境不断取得胜利，将塞尔柱人击退。不过约翰二世还是做了一个错误的决定，在取得接二连三的胜利之后，他本应该将目标锁定在塞尔柱人身上，把他们中部高原的重要军事力量一举歼灭；然而他却打算收复小亚细亚北部和南部海岸。当时约翰二世已经收回了西里西亚，皮西迪亚和本都等地区，这些地区都分布在沿海，若是在此三处布军，则从三面包抄塞尔柱帝国，那样塞尔柱帝国便只有卡帕多西亚和利考尼亚高原两处据点了。如果约翰二世按照此计划实行，那么他将可以收复整个小亚细亚。可惜他最终将目标定在叙利亚并发动了突袭。最后他成功地让安条克的法兰克人大公和阿勒颇的塞尔柱人埃米尔向拜占庭帝国俯首称臣，每年朝贡。其实这次的战争并没有给叙利亚造成任何难以消除的影响。之后约翰二世整顿兵力打算攻击法兰克人建立的耶路撒冷王国。然而他在狩猎时发生了意外，撒手人寰。

　　约翰二世离世后，其子曼努埃尔·科穆宁继位登基，被后世称为"曼努埃尔一世"。与父亲誉满天下相比，曼努埃尔一世的风评可谓褒贬不一。他便是压垮拜占庭帝国的最后一根稻草。曼努埃尔一世是位侠客，为战而战，比起江山社稷，他更在乎自己的冒险之旅。他天生酷爱军事，所以在接管帝国之后，曼努埃尔一世最爱做的事便是打仗。他在政治上虽然一无是处，但是在军功上战绩颇丰。他打仗不需要任何理由，想打便打，想停便停，都是赢多输少。因此军中大部分人对他极为崇拜。他打仗时经常一马当先，只带经验丰富的雇佣兵骑兵中队而行，无论对手是谁，他都如秋风扫落叶般无情决绝。他拿下塞尔维亚，直接攻入匈牙利王国，强迫其国王签下了和约；又在诺曼人侵犯西西里时，助希腊一臂之力，取得了胜利。而曼努埃尔一世最著名的一场战役便是和威尼斯人在海上进行的决战。此战中，拜占庭帝国将威尼斯军队打得片甲不留，直接把他们的总督和舰队轰出了爱琴海。不过在没有威尼斯舰队作战后，爱琴海附近海盗盛行，海盗聚集了黎凡特，很多商船不敢前来和君士坦丁堡进行商业交易。于是在1174年，为了国内的经济发展，曼努埃尔一世无奈之下只能与威尼斯讲和，恢复了当年亚利克修斯一世许给他们的商业特权。

　　兵马未动，粮草先行，任何战争都需要经济支撑，而曼努埃尔一世打仗开战之时，从未想过拜占庭帝国的财政收入。当时君士坦丁堡经济下滑，国库空虚，每况愈下，根本无法拨出足够的钱粮支撑战事。于是曼努埃尔一世搜刮民脂民膏，将其全部花在了军政上。这导致拜占庭帝国乱成一团，当时国内政事无人理会，道路桥梁无人修葺，港口码头无人问津，国库空虚，战争耗空国力，国家已是外强中干，奄奄一息。可是曼努埃尔一世对这一切置若罔闻，只要还有钱发军饷，他便不在乎饿殍遍地。

　　曼努埃尔一世征战一生，也曾遭遇滑铁卢。1176年，拜占庭帝国同塞尔柱帝国在野外交战，曼努埃尔一世太过轻敌，完全不把塞尔柱人放在眼

打猎中的约翰二世

里，导致拜占庭军队被困在了一个峡谷中，只能被人鱼肉。拜占庭帝国在密列奥塞法隆的失利完全是因为曼努埃尔一世狂妄过头，没有竭尽全力作战。为此他也付出了惨痛代价，在塞尔柱人的强迫下，拜占庭帝国与其定下盟约，曼努埃尔一世此生都不可再攻打塞尔柱帝国。

1180 年，曼努埃尔一世离世，科穆宁王朝气数将尽。当时曼努埃尔一世年仅十三岁的儿子亚利克修斯·科穆宁继位，被后世称为"亚利克修斯二世"。无数历史事实向我们证明新帝年幼必将大权旁落，由此引发的权位之争也不在少数。为了抢夺亚利克修斯二世的监护权，各方势力博弈，尔虞我诈，历时两年，最终曼努埃尔一世的堂弟安德洛尼卡·科穆宁获胜，成为小皇帝的监护人，当时人们尊称他为"恺撒"，后世称其为"安德洛尼卡一世"。不过安德洛尼卡一世也并非良善之人，对他稍加了解便可知道这人毫无礼义廉耻之心。在曼努埃尔一世尚在世时，他便曾计划行刺，此后他还曾两度向塞尔柱人求和。不过此人极善伪装，他以忠心耿耿的君子形象示人，靠着自己精湛的演技登上了皇位。他在获得国家大权后不停地稳固自己的地位，确定可以高枕无忧后立刻将亚利克修斯二世软禁起来，于1183年将其绞杀。

　　不过安德洛尼卡一世在独揽大权后便再没有安稳日子了，正如当初的理查三世[1]。当时军中有不少人要为亚利克修斯二世报仇，为此发起军变；西西里岛的诺曼人也侵犯马其顿地区。为了镇压叛乱，安德洛尼卡一世推行暴政，对于叛乱之人绝不手软，其手段残酷，让人心惊。在人心惶惶之中，安德洛尼卡一世在拜占庭帝国开始了恐怖统治。他越来越暴虐，推行的政策日益凶残，慢慢地大家都觉得他精神有问题。好在这种状态没有持续太久。当时伊萨克·安吉卢斯被人指控叛国，安德洛尼卡一世便派人去逮捕他。然而伊萨克·安吉卢斯出身名门，在百姓中又颇有威望。所以当伊萨克·安吉卢斯拔剑砍下前来逮捕他的官员的手时，围观者纷纷出手相助，随之揭竿起义的人越来越多。安德洛尼卡一世那时候并不在君士坦丁堡，无人做主，所以军队也不肯出兵镇压，此事便越闹越大。安德洛尼卡一世闻讯匆忙赶回之时，局势已经是不可收拾了。暴徒抓住了安德洛尼卡一世，并且将他剁成肉泥，在此期间无一人愿意帮助安德洛尼卡一世。叛乱之后，伊萨克·安吉卢斯顺理成章地成为拜占庭帝国的新任君王，被后世称为"伊萨克二世"。

---

[1]　理查三世（Richard Ⅲ，1452—1485年），英格兰之主，爱德华四世的弟弟。有传言称他为了得到皇位杀死了自己的侄子爱德华五世。——译者注

第二十二章

十字军占领君士坦丁堡

1185—1204 年

　　曼努埃尔一世沉迷于军事，几乎将拜占庭帝国的国库掏空。而后安德洛尼卡一世推行暴政，拜占庭帝国内部人心惶惶，千疮百孔。伊萨克二世登基后，没过多久便被他的兄弟亚利克修斯·安杰勒斯推翻。1195 年，亚利克修斯·安杰勒斯登基，被后世称为"亚利克修斯三世"。伊萨克二世和亚利克修斯三世两兄弟大概是拜占庭帝国历史上最为无能且卑劣的帝王了。

　　到目前为止，他们俩在位期间的所作所为算得上是拜占庭帝国有史以来最荒谬、最怪异的了。对他们之所以有如此评价，是因为在他们接手之时，拜占庭帝国还并没有走到绝境。以当时的情形来看，拜占庭帝国的敌人并非不可战胜，若当时的帝王是利奥三世一般的人物，或有亚利克修斯一世的政治修养，都可以不费吹灰之力解决拜占庭帝国所面临的各种难题。哪怕掌权者的能力只是在及格水平之上，都可以让拜占庭帝国东山再起。可惜伊萨克二世和亚利克修斯三世皆是平庸之辈，不堪大用，他们当时所奉行的原则就是今朝有酒今朝醉。这两人知道自己并非治国之才，所以也没有将心思放在国家大事上，只想趁机花天酒地。伊萨克二世好华服，痴迷于收集各种精致画像；亚利克修斯三世则嗜酒如命，流连于美酒之中。在昏庸无能这一点上，他们两人可谓平分秋色。当时拜占庭帝国摇摇欲坠，无论是被交到伊萨克二世手中还是亚利克修斯三世手中，都会引来灭顶之灾。不过平心而论，拜占庭帝国有后来的遭遇，也有客观因素。本是以武立国的拜占庭帝国当时军心涣散，军中装备不齐，帝国经济也不景气，经过塞尔柱人的袭击后，元气大伤，难以恢复。塞尔柱人夺走了小亚细亚，断掉了拜占庭帝国的兵源，拜占庭帝国只能重新招募雇佣兵。当年曼努埃尔一世治军有方，在他的军中有超过一半的人不是拜占庭人，但是在曼努埃尔一世的训练下，他们唯令是从，绝无二心。为了保证军中有足够的资金运转，曼努埃尔一世不惜搜刮民脂民膏，倾尽了全国之力。可是在伊萨克二世和亚利克修斯三世上位之后，他们整日花天酒地，不务政事，消耗国库，对军事不管不顾。国家若是不能对雇佣兵严加管束，放任军中之人，那么之前所建立的铁一般的军纪将会被打破，而雇佣兵也可能会反噬拜占庭帝国。

在两位"尘世天使[1]"的治理下，拜占庭帝国最终乱成一团。在之前的科穆宁王朝时代，以权谋私已是屡见不鲜，但伊萨克二世掌权之后，国内买官鬻爵更是猖狂。昏庸无能的伊萨克二世居然克扣官员俸禄，命令他们"如同古代的使者，上任之时不着寸缕，竭尽全力搜刮钱财"[2]。在任用官员上，亚利克修斯三世虽然嘴上说以德才为考核标准，但实际上他的所作所为和伊萨克二世并无二致。他提拔上来的全是对他阿谀奉承、溜须拍马之人。这些人主管官员的升迁调配，为了满足自己的贪欲，他们滥用职权，从中获利。即使当时规定一些重要官位不能进行买卖，他们也会用这些官位拉拢地方上极具声望的人，防止他们造反。

伊萨克二世和亚利克修斯三世各统治拜占庭帝国十年，其分界线便是1195年亚利克修斯的叛乱。我们之所以在这里将时间段进行划分，是为了

---

[1]　当时的史官对他们的评语。——作者注

[2]　选自尼西塔斯所写的《伊萨克·安杰勒斯》中的第三卷。——作者注

细分双方责任，让大家对他们所做之事以及后果有一个更直观的了解。

伊萨克二世在位期间没能守住保加利亚和塞浦路斯，为之后的劫难种下了祸根。其实在巴西尔二世攻打保加利亚后的两百年来，保加利亚和塞浦路斯都归顺于拜占庭帝国。然而保加利亚人并非真心向拜占庭帝国臣服，所以他们一直保留着自己的语言和习惯，希望有一天可以成功复国。1187年，彼得·阿让、伊凡·阿让和卡罗赞·阿让三兄弟发起动乱，想推翻拜占庭帝国对保加利亚的统治。当时拜占庭帝国若是没有做出错误的任命，只派出常备军便可平息动乱。可惜伊萨克二世最初派出的将领昏庸无能，致使动乱越闹越大。伊萨克二世见状连忙再任命了一个将领前去平乱。此人名叫亚历克西斯·布拉纳，在军事方面颇有才干。接到任命后，他的副将向他进言，希望他可以把握时机，趁此时直接攻打君士坦丁堡，将伊萨克二世赶下台，取而代之。亚历克西斯·布拉纳思索之后，决定起兵造反。好在当时伊萨克二世手下还有对他忠心耿耿的军队，而且他还找来一个军事才能突出之人率军对抗，亚历克西斯·布拉纳的计划落空。伊萨克二世找来的这个帮手是蒙费拉侯爵康拉德，伦巴第人，一位天生的冒险家。为了得到蒙费拉侯爵康拉德的帮助，伊萨克二世不仅许诺大笔财富，而且还把自己的妹妹嫁给了他。蒙费拉侯爵康拉德击退了亚历克西斯·布拉纳的军队，将亚历克西斯·布拉纳斩于马下，伊萨克二世面临的危机终于解除。不过伊萨克二世将所有兵力放在了平定国内的叛乱上，忽略了保加利亚的动乱，保加利亚叛军势力日渐壮大，伊萨克二世只能亲自率兵奔赴战场。几次和保加利亚人交手都以失败告终，纳苏斯、索菲亚以及瓦尔纳等重要城市相继失守。

拜占庭帝国在因国内动乱而丢失保加利亚后，塞浦路斯也被人夺去。

当时曼努埃尔一世的远房表亲伊萨克·科穆宁 [1] 在塞浦路斯揭竿而起，带领当地人击退了伊萨克二世的舰队。此后六年里，伊萨克·科穆宁在塞浦路斯自立为王，与拜占庭帝国分庭抗礼。在此之前，拜占庭帝国的领土也曾被人占据，但那都是外敌所为。"塞浦路斯王国"还是首个由拜占庭人割据国内行省所成立的"国家"，虽然它还没有真正地建立起来。此前拜占庭帝国的人头脑中都有一个根深蒂固的观念——拜占庭帝国不能被分割。纵观拜占庭帝国的历史，虽然国中常有叛乱，但那些造反者所想的都是攻下君士坦丁堡，要么摄政架空帝王，要么取而代之，但是从来没有人想过分裂拜占庭帝国。伊萨克·科穆宁的惊天之举打破了大家这一观念，大家意识到拜占庭帝国并非铁板一块，自己人也可以分而食之。若非伊萨克·科穆宁后来和英格兰的狮心王理查一世起了争执，也许在拜占庭帝国的版图上真的会出现一个塞浦路斯王国。当时英格兰的一只船队遇难，船员流落到了塞浦路斯，伊萨克·科穆宁对他们并不友好，而是施以酷刑。此举惹恼了狮心王理查一世，为了惩罚伊萨克·科穆宁，他率大军攻下了塞浦路斯，活捉伊萨克·科穆宁，将他下了狱。而后理查一世又让吕西尼昂的居伊接管了塞浦路斯。吕西尼昂的居伊立刻将法兰克人的十字军聚集于此，收服全岛，在此成立了一个典型的西欧封建王国。

　　当塞浦路斯事件发生时，伊萨克二世正被保加利亚之战纠缠，分身乏术，只能任由其发展。没过多久，他便被自己的弟弟亚利克修斯·安杰勒斯推翻。亚利克修斯三世刺瞎了伊萨克二世的一双眼睛，然后将他丢到了修道院中。当伊萨克二世的拥护者知道此消息时，为时已晚。

　　亚利克修斯三世将智谋都用在了谋反上，等他登基之后，就再也没做出任何成就。之前伊萨克二世一直在和保加利亚人交战，虽然取得了胜利，

---

　　[1]　与伊萨克一世同名。——译者注

但付出的代价也极为惨重。而亚利克修斯三世与鲁姆苏丹国的塞尔柱人争斗不休。除此以外，他还和亨利六世结下了梁子。若非当年亨利六世的离世，他必将带领军队攻打拜占庭帝国。不过这些对于亚利克修斯三世来说都不足挂齿，他一心只想在博斯普鲁斯海峡上的行宫里寻欢作乐，享受美酒。

1203年，一件对于亚利克修斯三世来说算得上晴天霹雳的事情发生了，这件事击碎了他的美梦——伊萨克二世的儿子，与亚利克修斯三世同名的亚利克修斯·安杰勒斯，逃出了君士坦丁堡。为了方便区分，我们便叫他小亚利克修斯。小亚利克修斯有一个姐姐，嫁给了刚登上罗马帝国皇位的斯瓦比亚的腓力，于是小亚利克修斯便逃到了意大利寻求庇护。作为姐夫的斯瓦比亚的腓力知道这消息之后，自然要帮小亚利克修斯夺回皇位。在经过一番筹备后，他们等到了复仇的机会。

当时威尼斯境内有一队十字军，其中既有意大利人，也有法兰克人和佛兰德人。他们听从教皇的指令来到威尼斯，按照计划，威尼斯人将为其提供战船，让他们攻打埃及的苏丹马利克·阿德尔。然而马利克·阿德尔许给了威尼斯商人许多关于在亚历山大港口进行贸易往来的特权，让威尼斯人垄断了所有与印度等远东国家的海上贸易。在签订了这一系列条约之后，以利益为重的威尼斯人自然不会再给十字军提供战船。如此一来，十字军无法再攻打埃及，只能将战火转向了其他信仰基督教的国家。然而这次十字军东征的领导者没有足够的资金，不能购买战船，无奈之下只能在污水池边扎营驻军。污水中多有细菌，许多十字军因此染病，随着物资一天天的减少，十字军的耐心也一点点地被消磨掉。老谋深算的总督亨利·丹多罗自然不会放过这个天赐良机，他说服十字军同威尼斯人做了一场交易：威尼斯继续为十字军提供船资；作为交换，十字军必须听命于威尼斯人。当时达尔马提亚的扎拉发生动乱，转投于匈牙利。亨利·丹多罗向十字军承诺，十字军如果可以替威尼斯夺回扎拉，那么他们此前欠下的债务一笔勾销，而且威尼斯将会为他们提供船资让他们自由行动。

十字军东征的目的本是和穆斯林对抗，如今有人要求他们去攻打一个信奉基督教的城市，并且这还是为了解决威尼斯的内部矛盾，但凡是有良心、有脑子的人都不会答应。然而当时十字军物资短缺，大家已经顾不上考虑太多。而且近百年来，十字军对基督教的虔诚日渐降低，取而代之的是膨胀的野心和欲望。所以在有心之人的劝说下，十字军内部全部同意攻打扎拉。

在成功拿下扎拉后，寒冬已至，十字军便留在了达尔马提亚海滨。这时他们接到了另一个任务。小亚利克修斯在斯瓦比亚的腓力手下的护送下来到了十字军的军营。他找到十字军的领头人，希望十字军可以在下一次远征前帮他把被关在牢中的父亲从亚利克修斯三世的魔爪下救出；此外，十字军若是帮他推翻亚利克修斯三世，让他重新掌控拜占庭帝国，以后无论十字军有任何需求，比如金钱、战队资源、兵力等，拜占庭帝国都会一一满足。而且拜占庭帝国还将助十字军一臂之力攻打埃及。

从十字军角度来看，此前他们攻打信奉基督教的扎拉，背信弃义，已经惹恼了教皇英诺森三世，此时面对小亚利克修斯的请求他们本该拒绝，避免再激怒教会。然而这些十字军大多来自西方的名门望族，有着无尽的欲望，对于他们而言，拜占庭帝国的黄金实在太过诱人。另外，威尼斯人也希望十字军赶紧离开，不要攻打埃及，所以也帮助小亚利克修斯竭力游说。面对小亚利克修斯开出的条件，十字军的首领在经过一番挣扎后，在明知可能被逐出教会的情况下，还是热情地招待小亚利克修斯。十字军的行动都是听从首领的安排，而当时十字军中的三个首领亨利·丹多罗总督、蒙费拉侯爵博尼法斯和佛兰德伯爵鲍德温都打算答应小亚利克修斯。其实这三个人各有各的盘算。亨利·丹多罗虽然年迈，老眼昏花，但他对自己的目标很是坚定，他是威尼斯人，此前意大利便和拜占庭帝国有不解之仇[1]，他参军就是为了报仇，想将拜占庭帝国的财富送回威尼斯，据为己有。为此他可以不择手段，不顾道德，不要廉耻。在他之下的蒙费拉侯爵博尼法斯和佛兰德伯爵鲍德温分别代表着十字军内的伦巴第人和佛兰德人。佛兰德伯爵鲍德温风度翩翩，智勇双全，一心向教。他真正继承了布永的戈弗雷和最初十字军气节。他生时成就本来应该更高，死时也该更轰轰烈烈。蒙费拉侯爵博尼法斯则是老奸巨猾，他的两种武器便是武力和欺骗。他的眼中只有东方各国的宝藏和征服他国的美名，从来没有圣墓教堂[2]。以小见大，我们从这三位十字军的领导者身上可以看到西方社会的民生百态——修道院院长戎马一生只为谋夺东方的财富；男爵说着不堪入耳的话；骑士默默无名；威尼斯船员有时还会充当一下海盗，以及出身蛮族的小兵。

在蒙费拉侯爵博尼法斯和亨利·丹多罗的游说下，佛兰德伯爵鲍德温终于首肯，十字军内部也不再有反对之声。紧接着他们便和小亚利克修斯签下协约，其中详细记录了小亚利克修斯和其父伊萨克二世应给十字军的报酬：在帮助他们复辟后，他们将支付十字军二十万马克白银，并且向巴勒斯坦进贡一万名壮丁；除此以外，他们还必须认可教皇是东正教神圣不可侵犯的领导者。协约签订后，十字军开船驶向君士坦丁堡，同时，灾难的种子也已种下。

十字军不费吹灰之力便来到了达达尼尔海峡。整日沉迷于美酒之中的亚利克修斯三世并不关心十字军到了哪里，也没有派军去爱琴海一带阻拦。等到兵临城下时，亚利克修斯三世便躲在君士坦丁堡，希望这座曾保护过

---

[1] 从曼努埃尔一世起，拜占庭帝国对威尼斯的态度一直含糊不清，曾多次将威尼斯人驱逐出境，并且收缴了他们的所有钱财。——译者注

[2] 1009 年，圣墓教堂为埃及法蒂玛王朝的哈里发所毁，基督教教徒对此愤恨不已，为报复开始东征。——译者注

希拉克略一世、利奥三世等拜占庭帝国先皇的城堡可以继续保护他。可惜他忽略了一件事，十字军的攻击路线并非在陆地上，而是在海上发起的袭击。若是进行陆战，曾击退法兰克人的瓦兰吉护卫队也许还能抵御住十字军的进攻。但是海战的话，亚利克修斯一世根本没有可以出战的海军。被拜占庭帝国军队逼退的十字军从海上再度袭来，威尼斯人在甲板上搭起攻城塔，借此在君士坦丁堡的海堤上搭起了浮桥。亨利·丹多罗带领船队紧靠君士坦丁堡城墙，让部下冲锋陷阵，找到可以停靠的位置后，他们便开始往城里投射燃料，君士坦丁堡成为火海。

　　昏庸无能的亚利克修斯三世听闻十字军已经入城后，立刻抛却所有人逃之夭夭，跑到了色雷斯内地。其实当时君士坦丁堡的军队并没有败下阵来，将士还在浴血奋战，只是他们不知道自己为什么要坚持。好在这种群龙无首的情况没有持续太久。一位将军到地牢将被关在里面的伊萨克二世带了出来，重新拥立他为王。随后他便派人到十字军的军营，将这个消息告诉了小亚利克修斯，让他阻止十字军攻击君士坦丁堡，回来和父亲团圆。小亚利克修斯听到这个消息后，立刻赶回了皇宫，同他的父亲伊萨克二世一起治理国事，被后世称为"亚利克修斯四世"。

　　十字军对拜占庭帝国的攻击到此结束。我们不难推测，十字军对此心有怨言，因为当初从扎拉出发时他们就打算将君士坦丁堡洗劫一空，然而如今计划落空，任谁都不会甘心。于是在之后的三个月里，十字军只做了一件事，那便是无情地压榨伊萨克二世和亚利克修斯四世，不放过一分一厘。当时伊萨克二世的身体状况本就不好，在十字军的逼迫下，精神也开始出现问题。而亚利克修斯四世尚年轻，缺乏历练，无法妥善地处理这些情况。在和十字军的来往中，他没有强硬的态度，也未对他们坦诚以待，这使得十字军对他很是不满。而他为了满足十字军的胃口，不停搜刮民脂民膏，也惹得民怨沸腾。1203 年到 1204 年的整个冬季，亚利克修斯四世被十字军纠缠着。他畏惧十字军的力量，只能乖乖地奉上金钱，弄得民不聊生。为了凑钱，亚利克修斯四世甚至熔掉了圣索菲亚大教堂里神圣的黄金灯和银烛台，扒下圣像屏风上的金银和城中各教堂中圣像、圣物上所镶嵌的珠宝。物极必反，很快便有人揭竿而起，对抗亚利克修斯四世。对于百姓而言，一个不能维护自己国家所信奉的东正教的权力，对十字军唯唯诺诺，甚至将国家的金钱拱手送人的帝王，根本不配做他们的主君。

1204 年 1 月，君士坦丁堡爆发了一场大动乱。军民联手紧闭城门，在一位英勇军官亚利克修斯·杜卡斯的带领下，大家将怒火都撒在了尚在城内的十字军身上，并且打算推翻亚利克修斯四世。在一片混乱之中，伊萨克二世受到惊吓，当场毙命；亚利克修斯四世也被活活绞杀，安杰勒斯王朝就此覆灭。亚利克修斯·杜卡斯成功上位，被后世称为"亚利克修斯五世"。不过史学家们在提及他的时候，很少称他为杜卡斯，而是用他的绰号"穆泽弗卢斯"[1]。亚利克修斯五世之所以得了这么一个称号，是因为他脸上眉毛浓密，极具特色。

亚利克修斯五世夺位的过程一帆风顺，但此后便麻烦不断。他的皇位是从别人手上抢来的，不符合礼法，所以除了君士坦丁堡以外，没有谁愿意听从他的号令。而在此之前，拜占庭帝国已经被安杰勒斯王朝折腾了二十余年，国库空虚，人心涣散，不堪一击。海军方面，大部分的舰船被亚利克修斯三世手下的将领卖出去了，卖来的钱却被他们自己扣下，如今的舰队只剩下一个空架子而已。然而就是在这样糟糕的情况下，亚利克修斯五世的表现还是不错的，在他的带领之下，拜占庭帝国军队也曾取得过胜利。当时亚利克修斯五世拿内侍和神职人员开刀，没收他们的全部家产，以此充实国库，百姓对这些贪婪之人也是极为厌恶，所以他们很支持亚利

---

[1] 指那些眉毛很浓又比较低的人，也指面露苦相之人。——译者注

克修斯五世的做法。有了可以调配的资金之后，亚利克修斯五世立刻整顿军队，重塑军纪。在经过十字军的攻击之后，亚利克修斯五世也意识到拜占庭帝国的海上防御薄弱，所以他在海岸线上用木头搭建塔楼，增强海军的防御体系。除此以外，亚利克修斯五世还给所有的守城军械都安装了发射平台。为了加强国家的军事实力，亚利克修斯五世还在全国推行了兵民制度。在君士坦丁

教皇英诺森三世

堡，无论是名门望族还是普通百姓都必须手持武器，保家卫国。然而百姓对国家已经失去了信任，他们觉得自己已经交过了税，算是为军队出了一分力，不应该再亲自上战场杀敌。其实亚利克修斯五世所推行的这种制度对国家并没有什么好处，只是让军队在数量上有所提升，但战斗力并没有得到改变。

亚利克修斯五世每日都会率兵巡查十字军军营周围，对于出来抢劫的十字军绝不手软。闲暇时他还会巡查防御工程，或者进行演讲激励战士。如果他可以成功激起军队士气，那他必会获得最后的胜利。可惜当时拜占庭帝国颓势已定，国运将衰，无论是谁都不可能以一己之力扭转乾坤。亚利克修斯五世也是心有余而力不足。

两个月后，十字军整装待发，打算重新攻打君士坦丁堡，他们制订了完美的作战计划，势必一击即中，不会再重蹈覆辙。有了 1203 年攻打君士坦丁堡的经历，他们知道自己在陆军方面无法与之抗衡，便放弃了陆地

战场；而且他们知道君士坦丁堡的短板在海军，所以十字军打算直接从海上进攻。这次十字军实行"一对一"打法，一艘舰船攻打一段海堤，舰船上备好了所有攻城武器。而在双方交战后，十字军的舰队将依旧以浮桥攻城，同时登陆部队从城墙和水面之间的海滩上岸，用云梯和冲车攻城，双管齐下。1204 年 4 月 8 日，十字军一早便正式对君士坦丁堡发起攻击。十字军在两英里长的海堤上攻击了上百个据点，但都被拜占庭军队挡了回去。亚利克修斯五世亲自坐镇，运筹帷幄，下令炮火齐发，将爬上城墙的十字军尽数消灭，同时也击沉了十字军的舰船。双方一直打到日头高悬，十字军舰队溃不成军，这才赶紧撤兵退回了金角湾。此战，双方都折损了大半军力。

战败的十字军觉得这是老天在惩罚他们此前曾向信奉基督教的城市开火，纷纷打起了退堂鼓，想要撤回耶路撒冷。但是以亨利·丹多罗为代表的威尼斯人不肯就此放弃，想再战一场。于是他们用三天来调养生息，在 1204 年的 4 月 12 日再度攻向君士坦丁堡。经过一番调整后，十字军用锁链把两只舰船捆在一起，使船更加稳固，然后将所有的兵力都集中在一段海堤上，对此进行猛攻。他们借助船上的攻城装备，不断用弩箭攻击，终于攻下了一座防御塔楼，然后搭建浮桥，设立前哨，并由此攻进了君士坦丁堡。随后他们打开城门。在一番苦战后，城墙失守，拜占庭的军队只能撤到君士坦丁堡的巷路之中。十字军一边在城中各处点火，一边继续进攻，终于在 4 月 12 日的夜晚攻下了君士坦丁堡西北方的布雷契宫殿。

漫天的火光照亮了君士坦丁堡的夜空，亚利克修斯五世本想聚集兵力，第二日和十字军进行巷战。可惜他的手下早已没了斗志，四处逃散。屋漏偏逢连夜雨，瓦兰吉护卫队趁机要挟他即刻支付酬劳，不然便不再为他效命。安杰勒斯王朝的业障报应在了拜占庭帝国身上，1204 年 4 月 13 日，拜占庭帝国走向了毁灭之渊。

无兵可用的亚利克修斯五世陷入了绝望，只能连夜逃离君士坦丁堡。他走后，只剩下狄奥多尔·拉斯卡利斯将军还在坚守君士坦丁堡。狄奥多尔·拉斯卡利斯将军临危不乱，带领将士同十字军进行巷战，然而双方兵力差距悬殊，难以回天。4月13日凌晨，拜占庭军队败下阵来，狄奥多尔·拉斯卡利斯将军只能逃离君士坦丁堡，十字军终于完全攻下了这座城市。

在接下来的十二个小时里，在十字军首领的默许下，军队在血流成河的君士坦丁堡进行了惨绝人寰的屠城劫掠。面对放弃抵抗的君士坦丁堡居民，十字军不留任何情面，烧杀抢砸，奸淫掳掠，无恶不作。在十字军内不管是谁，只要看上的东西便直接进门将其夺走，对于屋中的拜占庭人想做什么便做什么。其中威尼斯人对君士坦丁堡居民更是残忍。严谨说来，十字军并没有下令屠城，但是人性的丑恶、欲望、贪婪在这次行动中展现得淋漓尽致。当时的教堂、女修道院遭到了十字军的凌辱。喝醉了的士兵找来一名妓女，让她坐在了圣索菲亚大教堂的宝座上，还让她在祭坛前跳艳舞，尽其所能地羞辱神灵。十字军内不乏神职人员，可他们不但没有阻止这些人亵渎信仰，还奋力抢夺教堂内的圣物。有一个希腊作家曾亲眼看到这一切，"异教徒撒拉逊人还会尊重教堂，善待妇女，这些十字军真的比他们卑鄙无耻百倍"。之后，就连西方的作家也花费了大量笔墨来描述这三天里十字军的种种作为，并对此加以斥责。

在城中洗劫三日后，十字军将抢来的金银珠宝交给了首领，让他们重新分配下去。虽然其中有人中饱私囊，但是上交的总额仍超过八十万英镑。之后史学家的考证发现，十字军所掠夺的财物价值远远超过这个数字，史学家也将此记录在史书中，让世人见证十字军的罪恶。

在此之前，即使经历了九百年的风雨，君士坦丁堡的广场上、宫殿里仍有大量古希腊的艺术雕像和各类艺术珍宝。君士坦丁堡的人们悉心守护着君士坦丁大帝留给他们的一切。曾经看到过这些珍宝的尼基塔斯·蔡尼亚提斯 [1] 将其汇聚成册，如利西普斯的赫拉克利斯、萨摩斯的赫拉、盖乌斯·屋大维建造的关于亚克兴的铜像、古罗马青铜像"母狼抚育罗慕路斯和雷姆斯""帕里斯与金苹果""特洛伊的海伦"等都在其中。然而在1204年，这些举世无双的作品都被十字军丢进熔炉，铸成了铜币。就连基督教的圣像也未能幸免。除此之外，他们还捣毁了拜占庭帝国的王陵，将其中的陪葬品洗劫一空；而教堂和祭坛也只剩下毫无价值的石头。十字军所过之处，当真是寸草不生了。

西方历史学家对此评价道："这样毁天灭地般的征服，就连亚历山大和查理曼大帝都未曾做过，可谓空前绝后。"而拜占庭人对此无比哀痛叹惋，于他们而言"坐拥世间最美风景、曾为教会起源、曾是信仰源泉、曾有正统教义、曾有先进科学的世界之眼和繁荣大国被全能之手切断了赖以生存的水源，迎来了无尽业火，步了为上帝所灭的摩押平原五城 [2] 的后尘"。

将君士坦丁堡洗劫一空后，十字军开始分配土地。他们把君士坦丁堡分给了佛兰德伯爵鲍德温，拥立他做东方之主，接管拉丁帝国，后世称其为"鲍德温一世"。不过当时的君士坦丁堡经历了两次大火，沦为废墟，城中原有的居民或被杀或逃亡，最后剩下的只有一无所有的乞丐。除此之外，鲍德温一世还得到了色雷斯以及比提尼亚、米西亚、吕底亚等拜占庭帝国在亚洲的省份，不过其中还有一些省份未归顺。鲍德温一世的朋友蒙费拉侯爵博尼法斯被封为"塞萨洛尼卡之王"，得到了马其顿、塞萨利和

---

[1] 尼基塔斯·蔡尼亚提斯(Niketas Choniates, 1155—1217年)，拜占庭人，著名的历史学家，担任过拜占庭帝国首相一职。——译者注

[2] 索多玛、蛾摩拉、押玛、洗扁和比拉五个城市。《圣经·创世记》中有关于索多玛、蛾摩拉的记载。它们本位于摩押平原，但是罪孽深重，所以上帝派人毁灭了它们。——译者注

亚利克修斯四世

伊庇鲁斯等城市，臣服于鲍德温一世，后世称其为"博尼法斯一世"。以商业利益为重的威尼斯人只看重港口和海上堡垒，于是拿下了拜占庭帝国沿达达尼尔海峡入口八分之三的领土，其中包括克里特、爱奥尼亚群岛、希腊以及阿尔巴尼亚西海岸港口。剩下的拜占庭帝国领土被分封给了军中略有声望之人。他们必须依靠自己的能力拿下封地，并且效忠于鲍德温一世。其中很多人在此之前便已经命丧黄泉。最后他们提拔威尼斯的一位高级将士担任君士坦丁堡的大教长一职，让人去告诉教皇，他们已经完成东、西教会的合并。只不过这是以血洗君士坦丁堡以及东正教为代价。

　　在此章最后，我们还是要交代一下逃亡在外的帝王亚利克修斯五世的结局。亚利克修斯五世最终还是被十字军擒获，十字军以他杀害了亚利克修斯四世为由，将其从高台上推下，结束了他的生命。至此，拜占庭人终于明白困扰预言家们多年的关于最后一位恺撒的预言是何意了。

第二十三章

不可小觑的拉丁帝国
与尼西亚帝国

1204—1261 年

拉丁帝国从成立到覆灭不过五十七年，然而这五十七年的时间里，拉丁帝国没有享受过一日的安宁，整日在痛苦中挣扎，见不到光明，完全没有一个国家该有的样子。在世界史上也很少见到这样的情况。当年攻下君士坦丁堡的三万人根本无法驾驭三十二万平方英里的疆域。同期也有很多国家面临这样的问题，但拉丁帝国无疑是最糟糕的一个。若非君士坦丁堡的城墙足够坚固，拉丁帝国可能连十年都撑不过。

对于法兰克人来说，拥有君士坦丁堡便意味着他们拥有了天时地利，就如之前历任拜占庭帝国帝王一样。因为按照当时的技术水平来看，君士坦丁堡几乎固若金汤，只需派寻常军队驻守防范，然后加强海上戒备，便可高枕无忧了。而威尼斯人接手了东方海域，其海上势力强大，拉丁帝国几乎不需要担心有人会从海上攻击他们。虽然当时拉丁帝国军队数量有限，但是他们只需要让来自意大利的移民有一定军事意识，便可以稳固君士坦丁堡。

可惜在建国之初，拉丁帝国的统治并不被人看好，因为他们的缔造者想废黜中央集权制度，推行封建制度；而且还打算开疆拓土。不过数月之后，十字军便意识到他们连当初许给别人的封地都无法攻下，更不用说收复别的领土了。鲍德温一世对此深有体会。保加利亚人从色雷斯的北部进攻，一路向南，沿途洗劫了原拜占庭帝国的省份。鲍德温一世知道此事后立刻率兵出征，想将保加利亚人驱逐出境。两军在阿德里安堡相遇，当时保加利亚的主帅是他们的国王乔安尼西奥斯。法兰克人英勇无畏，可惜在数量上和保加利亚军队相差甚远，最终还是败下阵来。鲍德温一世和他的手下都被擒获。1025 年，保加利亚国王在囚禁了鲍德温一世数月之后，决定将他处死。鲍德温一世死时才做了不到一年的皇帝。

鲍德温一世死后，其弟佛兰德斯的亨利继位，成为拉丁帝国第二任君主。佛兰德斯的亨利守信义，也肯脚踏实地地做事，然而他也没有办法收服亚洲各省和拜占庭人、击退保加利亚人，解除拉丁帝国所面对的危机。他从登基以来就不停地防备周边对拉丁帝国虎视眈眈的对手；直至他死时，拉丁帝国的领土也还是在马尔马拉海内，从加里波利到君士坦丁堡一带。拉丁帝国尚且如此，其他由十字军所成立的小国家情况更是不妙。1207 年，曾经打败了鲍德温一世的保加利亚军队攻打了塞萨洛尼卡王国，并且杀死了博尼法斯一世。此战让十字军终于意识到无论是君士坦丁堡的拉丁帝国还是塞萨洛尼卡王国，都很难收复原来属于拜占庭帝国的省市。博尼法斯一世只有一个尚在襁褓之中的孩子，他阵亡后这个婴儿接过了皇位。不过还没等到这个孩子长大，塞萨洛尼卡王国便在 1222 年被拜占庭军队消灭了，拜占庭军队的统帅正是伊庇鲁斯之王狄奥多尔·安杰勒斯。

位于巴尔干半岛南部的拉丁公国情况要比塞萨洛尼卡王国好一些。在威廉·查普利特的带领下，他们攻下了伯罗奔尼撒半岛的西部一带，在此成立了一个拥有十二个男爵和一百三十六个骑士封地的国家。由于当地的希腊人并没有进行过多的反抗，所以威廉·查普利特只打了一仗便攻下了伊利斯和麦西尼亚海滨平原，不过马伊纳半岛的山地人、阿尔戈利斯和拉科尼亚沿海城市都没有归顺威廉·查普利特，所以伯罗奔尼撒半岛上仍然有希腊人的一席之地。

十字军内一个名叫奥托·德·拉·罗奇的小领袖带着他的手下在希腊

中部成立了一个小小的拉丁人国家，管辖阿提卡和维奥蒂亚，大家便叫他"雅典公爵"。奥托·德·拉·罗奇不像其他领袖那样残暴，所以他是诸多拉丁国家之主中少数几个受到百姓爱戴的领导者之一。在 1204 年十字军攻下君士坦丁堡后，雅典公国的领土面积是各拉丁国家中最小的，但却是最繁华热闹的。

接下来我们将要讲述的是，为什么法兰克人在攻下君士坦丁堡之后没有拿下拜占庭帝国别的领土。之前拜占庭帝国的行省对拜占庭帝国的掌权者都是言听计从，绝不反抗，让人觉得软弱可欺。但是当十字军占领君士坦丁堡之后他们才意识到拜占庭帝国之前一直实行的中央集权制度让那些省份只会服从于拜占庭帝国，绝不会听命于拉丁人。只要有人站出来反抗，不管是皇室后裔还是当地总督，抑或是略有声望的地主，百姓都会自发跟随他斩木揭竿。拜占庭帝国就是一种动物，即使没了头，身子也还是会动。只要有人反抗，拜占庭帝国的人们就不会屈服于"法兰克海盗"，更不会效忠于比海盗更让他们憎恨的罗马教会。

有十多个拜占庭帝国的人带头起义，领兵抗敌，其中有三位建立起了自己的王国。而在这三人之中，狄奥多尔·拉斯卡利斯举足轻重。他便是我们在前文中提到的在君士坦丁堡率兵同十字军进行巷战的将军。他的妻子正是亚利克修斯三世的女儿，所以他对外宣称自己有资格继承拜占庭帝国的皇位。不过大家之所以敬佩他，是因为他勇气可嘉，永不放弃。在他站出来反抗时，拜占庭帝国残存的军队都为他效命，比提尼亚城的百姓也对他大开城门，迎他入城。当拉丁人攻向亚洲，将其领土分给男爵、骑士时，狄奥多尔·拉斯卡利斯毫不犹豫地把枪口对准了他们。狄奥多尔·拉斯卡利斯死守布鲁萨城，佛兰德斯的亨利无法攻城，阻止了拉丁帝国的侵略。同时法兰克人也没有占到什么便宜，只拿到了海滨的几座城堡。1206 年，在成功阻止了侵略的步伐后，狄奥多尔·拉斯卡利斯于尼西亚举行登基大典，自立为王，被后世称为"狄奥多尔·拉斯卡利斯一世"。在掌管尼西亚帝国时，狄奥多尔·拉斯卡利斯一世为了拜占庭帝国，又带兵投入了新一轮的战争之中。

当时，除了狄奥多尔·拉斯卡利斯一世外，还有一个人也说自己有资格继承拜占庭帝国，他便是亚利克修斯·科穆宁[1]。亚利克修斯·科穆宁是安德洛尼卡一世之孙，虽然爷爷很卑劣，但他却很有胆识。在君士坦丁堡沦陷后，亚利克修斯·科穆宁占据了东边特拉比松和黑海东南岸一带，在此养精蓄锐。虽然亚利克修斯·科穆宁已经拥有了法色斯入口到锡诺普一带，但他还是想收复拜占庭帝国之前在亚洲的领土。于是他让自己的兄弟戴维·科穆宁领兵进攻比提尼亚。不过在狄奥多尔·拉斯卡利斯一世的守护下，他们没能成功，只好继续待在庞蒂克。此后三百年间，亚利克修斯·科穆宁的子孙便是在这里做着特拉比松国王，而且无人问津。

对于狄奥多尔·拉斯卡利斯一世的尼西亚帝国来说，塞尔柱人是他们的头号大敌。当时塞尔柱人的领导苏丹凯霍斯鲁一世生性好战，常常跑到尼西亚帝国周边抢夺财物。不过他最终还是败在了狄奥多尔·拉斯卡利斯一世手下。在塞尔柱人和尼西亚人的安条克－迈安德之战中，狄奥多尔·拉斯卡利斯一世一人一骑，直接斩杀苏丹凯霍斯鲁一世，此后，这一带的塞尔柱人再也没有骚扰过尼西亚帝国。

除了亚利克修斯·科穆宁一世和狄奥多尔·拉斯卡利斯一世外，还有一个希腊人也在西边建国，他便是米海尔·安杰勒斯。米海尔·安杰勒斯是亚利克修斯三世和伊萨克二世的堂弟，所以他觉得自己也有皇位继承权。不过由于米海尔·安杰勒斯是个私生子，所以他继位显得有些名不正言不顺。他在伊庇鲁斯登基，自称是伊庇鲁斯帝国唯一的统治者，后世称其为

---

[1]　和亚利克修斯一世名字相同。——译者注

"米海尔·安杰勒斯一世"。此前米海尔·安杰勒斯一世便是在阿尔巴尼亚最善战的部落之中起兵，此后屡战屡胜，从未失败。他在位时击退了雅典和塞萨洛尼卡两国的法兰克人，守护了伊庇鲁斯帝国。可惜天妒英才，他早早离世，给弟弟狄奥多尔·安杰勒斯留下了一大笔财富。狄奥多尔·安杰勒斯登基之后只用了几年时间便完全攻下了塞萨洛尼卡王国。

伊庇鲁斯帝国和尼西亚帝国的君主说自己才是拜占庭帝国的继承人，那么他们之间必有一战，拉丁帝国也必将被他们中的一人终结，只是谁才是最后的赢家呢？ 1241 年，伊庇鲁斯帝国和尼西亚帝国交战，大家终于等到了答案。

当时，尼西亚帝国国王狄奥多尔·拉斯卡利斯一世离世，他的女婿杜卡斯·瓦塔特泽斯·约翰继位，后世称其为"杜卡斯·瓦塔特泽斯·约翰三世"。在伊庇鲁斯帝国，约翰·安杰勒斯从父亲狄奥多尔·拉斯卡利斯一世手中接过了皇位。而当时位于君士坦丁堡的拉丁帝国，皇位更是常常易主。1216 年，佛兰德斯的亨利去世，继位的科特奈的彼得一年后便死在了伊庇鲁斯人手中，其子科特奈的罗伯特继位，后世称其为"罗伯特一世"。1228 年，罗伯特一世离世，其弟弟科特奈的鲍德温继位，后世称其为"鲍德温二世"。科特奈王朝的两任君主在位期间并无政绩，拉丁帝国的领土相继叛主自立，最终拉丁帝国便只有君士坦丁堡了。

杜卡斯·瓦塔特泽斯·约翰三世在接过狄奥多尔·拉斯卡利斯一世的江山后，并没有辜负他。杜卡斯·瓦塔特泽斯·约翰三世无论是在战事方面，还是在经济、财政方面，都表现得极为出色，在他的带领下，尼西亚帝国越发繁荣。这是约翰二世统治结束以来，拜占庭帝国最为繁荣的时期。1230 年，尼西亚军队攻下欧洲，将色雷斯南方的法兰克人全部清除；1235 年，杜卡斯·瓦塔特泽斯·约翰三世围攻君士坦丁堡，然而威尼斯人的舰队及时支援了拉丁帝国，所以杜卡斯·瓦塔特泽斯·约翰三世没能攻下君士坦丁堡。

　　杜卡斯·瓦塔特泽斯·约翰三世知道时机未到，便将精力放在了和塞萨洛尼卡的安杰勒斯王朝相争一事上。两国军队在战场上交锋，杜卡斯·瓦塔特泽斯·约翰三世获胜，紧接着他在 1241 年攻下了塞萨洛尼卡的都城。安杰勒斯王朝向尼西亚帝国俯首称臣，约翰·安杰勒斯的称号不再是帝王，而是"专门统治伊庇鲁斯之人"。杜卡斯·瓦塔特泽斯·约翰三世心满意足地回到了尼西亚帝国。约翰·安杰勒斯在 1244 年离世，两年后杜卡斯·瓦塔特泽斯·约翰三世拿下塞萨洛尼卡全境，将其纳入尼西亚帝国版图之中。约翰·安杰勒斯的继承者逃亡至阿尔巴尼亚并在此定居，也给后世子孙留下了一小块领土。

　　1254 年，杜卡斯·瓦塔特泽斯·约翰三世离世，其子杜卡斯·拉斯卡利斯·狄奥多尔继位，后世称其为"杜卡斯·拉斯卡利斯·狄奥多尔二世"。杜卡斯·拉斯卡利斯·狄奥多尔二世继承先人遗志，把马其顿境内的保加利亚人全部逐出，然后把阿尔巴尼亚人控制在丘陵一带。可惜杜卡斯·拉斯卡利斯·狄奥多尔二世身患癫痫之症，于 1258 年逝世，享年三十七岁。

　　杜卡斯·拉斯卡利斯·狄奥多尔二世的离世无疑是对尼西亚帝国的沉重打击，其子杜卡斯·拉斯卡利斯·约翰继位时年仅八岁，后世称其为"杜卡斯·拉斯卡利斯四世"。无数历史事实证明，新君年幼向来多事端，总有人会觊觎皇位，此次也不例外。杜卡斯·拉斯卡利斯四世登基后，大臣对皇位虎视眈眈，皆想挟天子以令诸侯。最终，米海尔·巴列奥略将军如愿以偿，成为杜卡斯·拉斯卡利斯四世之师，大家称其为"独裁者"。不过此人虽有才华，但毫无原则。

　　在成功摄政后，米海尔·巴列奥略欲壑难填，开始向往万人之上的皇位。所以他一边向小皇帝表示忠诚，一边暗自图谋，打算谋朝篡位。他先是将小皇帝的亲友和支持者都贬出帝都，然后将自己的心腹提拔上位。他还借助宗教力量，贿赂神职人员，四散谣言，说新帝年幼，难堪大任，必得择一能人取而代之。在获得舆论支持后，米海尔·巴列奥略终于正式登基为帝，后世称其为"米海尔八世"。米海尔八世上位后忽视了小皇帝杜卡斯·拉斯卡利斯四世一段时间，然后在杜卡斯·拉斯卡利斯四世将近十岁的时候将他双眼挖出，丢进地牢，一关便是十三载。

尼西亚帝国皇位更替，这对于外人来说是天赐良机。于是伊庇鲁斯同希腊、意大利一同攻打马其顿；拉丁帝国则让威尼斯人洗劫了尼西亚边界。1260 年，佩拉岗尼亚之战爆发，米海尔八世成功击退希腊和伊庇鲁斯，立下不世军功。经此一役后，希腊和伊庇鲁斯元气大伤，无法再威胁尼西亚帝国，米海尔八世也稳坐皇位，高枕无忧。

在解决西方的敌人后，米海尔八世将重心放在了君士坦丁堡内的拉丁帝国上，打算重建拜占庭帝国。其时拉丁帝国气数已尽，鲍德温二世掌权时，他将近一半时间都在游说西方各国，希望他们可以助拉丁帝国一臂之力，然而并没有什么人给予他帮助。1244 年，之前曾受鲍德温二世所赠摩西之杖、耶稣荆棘冠等文物的圣路易九世给了鲍德温二世一大笔钱财作为回报，这也是鲍德温二世游说西方以来得到的最大收获。

1261 年，拉丁帝国的财政陷入绝境。鲍德温二世为了筹钱做出了一系列匪夷所思的事情：他扒下宫殿屋顶上的铅块卖给威尼斯商人，拆了外殿横梁当柴火，他甚至把自己的儿子当给了威尼斯卡佩利银行。一个国家穷困潦倒至此，更无军力可言，全是靠着威尼斯人的舰队才能勉强御敌。于是米海尔八世的手下、色雷斯的总司令亚历克修斯·斯特拉特哥普鲁斯趁威尼斯舰队出航后，带兵攻打并成功拿下了君士坦丁堡。

城中的叛乱者见状立刻给尼西亚军队打开了城门，十字军见到亚历克修斯·斯特拉特哥普鲁斯和他的八百人常备军、少数志愿军后，放弃了抵抗，各自逃命。拉丁帝国便在这一片混乱之中走到尽头，而拜占庭帝国便在此重生。

可怜的鲍德温二世在逃出君士坦丁堡后，又开始游说西方各国和教会，寻求他们的帮助。他死后，这段故事也成为他在人们脑海中唯一的记忆。一些传奇小说还将这个故事记录下来——一位无处可去的帝王游走于各处，只为寻得能人相助。之后的五十个骑士传奇中的一个故事还是以鲍德温二世为原型。

第二十四章

拜占庭帝国渐入末路

1261—1328 年

　　拜占庭帝国重生了。看到这里，若是不仔细研究，有些读者可能认为巴列奥略王朝只是伊萨克二世和亚利克修斯三世之间的一个过渡，若是不考虑其他，在亚利克修斯三世死后只看米海尔八世及其儿子的所作所为，有人甚至会觉得这只是故事的一环，拜占庭帝国没有被十字军征服过，只是君士坦丁堡曾被法兰克人攻下并管辖而已。

　　其实对于这种看法，我们不用大加批判，因为拜占庭帝国在 1204 年和 1270 年并没有太大差别。只是在这个时期里，它确实发生过巨变。最有力的证明就是米海尔八世掌权后，拜占庭帝国的领土比亚利克修斯三世时期的领土少多了。其中拜占庭帝国丢失的欧洲领土最多，亚洲领土的丢失情况要稍微好些。这是因为狄奥多尔·拉斯卡利斯一世和杜卡斯·瓦塔特泽斯·约翰三世都成功阻止了塞尔柱人的侵略，使穆斯林只攻下了两个地方——南边拥有阿黛利亚海港的彼西底海和北边拥有锡诺普海港的帕夫拉戈尼亚海岸。不过特拉比松帝国拿下了远方的庞蒂克省。

　　拜占庭帝国失去的欧洲领土极多，且一直未能收复。首先便是在巴尔干山南坡的色雷斯以北和马其顿地区，它们是被保加利亚人夺去，并且再次建立了斯拉夫国家。其次是如今以阿尔巴尼亚为主的地区。之前提到过，塞萨洛尼卡被约翰三世消灭后，约翰·安杰勒斯的继承人逃回了阿尔巴尼亚，在此建立了伊庇鲁斯君主国，繁衍生息。后来他们又和希腊以南的拉丁王国结盟，形成统一战线，共同抵抗君士坦丁堡。

然后便是希腊本土，被维尔哈杜因家族[1]的亚该亚君主和雅典公国的继承者——布里耶纳家族[2]分食。而伯罗奔尼撒半岛大半地区被巴列奥略王朝统治，没过多久他们就和邻国法兰克人兵戎相见。最后就是爱琴海各岛，基本都被威尼斯政府及其冒险者所统治。虽然那些冒险者是独立的，但是他们的政治立场没有改变。

1261年，拜占庭帝国的领土已经远逊于1204年时期了。之所以会出现这样的情况，原因很多。首先，亚利克修斯三世在位时拜占庭帝国状况极差，可若是当时采取一系列措施，帝国其实是可以被挽救回来的。如果当时皇帝能选贤任能，重用人才，革新官员体系，整理内政，重振经济，即使拜占庭帝国不能恢复到巅峰时期，其状况也绝对会有所改善。然而到了米海尔八世时期，拜占庭帝国已是病入膏肓，难以挽回了。尼西亚帝国的三位君主都曾击退塞尔柱人和法兰克人，维护了国家主权，但是在经济和行政方面都无能为力。杜卡斯·瓦塔特泽斯·约翰三世虽然勤政节俭，为了增加国库收入，他大力扶持本地产业，甚至亲自饲养家禽，但是都没能挽回衰落的经济，国家的财政和行政还是一蹶不振。

究其根本还是在于巴列奥略王朝始终没能收复海洋主权，才使得拜占庭帝国的商业和经济毫无起色。当初拜占庭帝国是海上霸主，每一任帝王都被视为基督世界的贸易之主，君士坦丁堡也因此成为商业中心。当时叙利亚和波斯的商队都会来到君士坦丁堡进行贸易活动，而埃及和黑海的货

---

[1] 维尔哈杜因（Villehardouin）家族历史悠久，源远流长。其名字来自一个村庄或城堡，位于如今的法国奥布省。1209年到1278年，十字军征服希腊伯罗奔尼撒半岛，维尔哈杜因家族便在此建立了亚该亚公国。——译者注

[2] 布里耶纳（Briennes）家族是法国贵族，其族人一直在宫中担任要职，位高权重，也曾出过拉丁帝国皇帝、耶路撒冷国王和雅典公爵。——译者注

物从海上运输也要到达君士坦丁堡。任何东方商品都可以在君士坦丁堡的货仓中找到，西方各国也会来此交易。所以拜占庭帝国的经济才能繁荣昌盛，国库充盈。然而十字军开始让意大利人从叙利亚和埃及跳过中间商直接向生产者购买东方商品，使拜占庭帝国失去了垄断性。其实在1204年前，君士坦丁堡的商业地位就开始下降，同时阿卡和亚历山大港的商业地位逐渐上升。之后十字军的攻击让君士坦丁堡彻底垮掉。威尼斯人接管了博斯普鲁斯海峡，在叙利亚和埃及的港口贸易之间扮演了重要角色，完全不在意君士坦丁堡，只将它作为黑海贸易的一个驿站，或者马莫拉海周边国家农产品的一个市场。

而在1204年以后，意大利便成了新的商业中心，为了巩固自己的地位，意大利各国都不想让拜占庭帝国的舰队恢复如初，所以极力排斥。在这种环境下，拜占庭帝国的海上力量越来越弱，既不能抵御侵略者也不能将黎凡特划分到海洋贸易航线中。

重新回到君士坦丁堡后，巴列奥略王朝没有一个帝王能挽救拜占庭帝国的经济。他们虽然竭尽全力抵抗外敌，守护拜占庭帝国的领土，但除此之外，他们再无建树。尼西亚帝国的三位君主都是出自拉斯卡利斯家族，骁勇善战，都是合格的统治者。谋朝篡位的米海尔八世虽然夺回了君士坦丁堡，但面对伤痕累累的国家他已经没有精力和心思将其修复。

米海尔八世并非优秀的统治者，他只是靠着阴险狡诈的手段才得到了帝王之位。也许是出于做贼心虚的心理，米海尔八世害怕别人会像他篡位那样取代他，所以为了保证自己的权力，他不在乎拜占庭帝国的生死，只想将拜占庭帝国本土的军队全部遣散，并且不再任用任何一个拜占庭人为将军统领。当时的史学家也认为他这是害怕百姓对他心生怨怼，从而起兵造反。

有传言称塞尔柱的土耳其人之所以会侵犯拜占庭帝国，是因为米海尔八世从中作梗，而这也是拜占庭帝国灾难的根源。之前拜占庭帝国将亚洲领土交给了亚洲当地民兵守护。这些人驻扎在比提尼亚和弗里吉亚山区附近的城堡和要塞，守护着脚下的土地。这种酷似欧洲封建制度的民兵制度效果极佳。他们在和鲁姆苏丹国的塞尔柱人对抗的一百五十年里，从未后退一步。

其中比提斯的民兵是听命于杜卡斯·拉斯卡利斯·约翰四世的杜卡斯家族。这让篡位后并且罢黜了约翰四世的米海尔八世十分畏惧，所以他打算遣散比提斯的民兵。为此他采取了一系列措施，许多人也因此丧命。而在当时，一旦解散比提斯的民兵，那么拜占庭帝国将无法继续守护亚洲领土。因为拜占庭帝国国库空虚，根本不能建设庞大的军队。米海尔八世却一意孤行，废黜了民兵制度，拜占庭帝国东边就没有了防御。而这对于正处在发展期的奥斯曼帝国来说，无疑是一个天赐良机。奥斯曼帝国的开国之君奥斯曼一世只用了十年便创建并且壮大了自己的帝国，其能力可见一斑。

再回到君士坦丁堡这边。米海尔八世在夺回君士坦丁堡后，又做了二十一年的皇帝，然而在此期间他没有做出任何贡献。他既不能对抗欧洲陆地上的保加利亚人和法兰克人，也不能对抗海上的热那亚人和威尼斯人。之所以会被两股海军势力针对，是因为米海尔八世言而无信，立场不坚定。最初威尼斯人支持君士坦丁堡的法兰克人，所以米海尔八世打算和热那亚人结盟。不过拜占庭帝国和热那亚人在黑海贸易上各有规划，很难达成一致，米海尔八世对此便有犹豫，打算再同威尼斯人寻求合作。可威尼斯人在乎的只有叙利亚和埃及之间的海上贸易，不想和米海尔八世来往。米海尔八世如同墙头草的做法使得热那亚人和威尼斯人都对他失去了信任。虽然双方没有同时进攻过君士坦丁堡，但他们也不会在米海尔八世被某一方攻击时施以援手。米海尔八世也只能让拜占庭的舰队缩在金角湾，眼睁睁地看着自己国家的海岸线被人侵略。唯一稳定的只有陆地战场，因为雅典公爵和伊庇鲁斯专制者虽不臣服于他，但听从他的指挥。

而在亚洲领地上，米海尔八世也受到威胁。虽然鲁姆苏丹国分崩离析，塞尔柱人纷纷自立为王，但是他们仍旧联手，攻打拜占庭帝国，拿下了卡里亚和吕底亚腹地，占领了拜占庭帝国在小亚细亚南边的领土，攻打到比提尼亚东边的珊伽里乌斯河。

拜占庭帝国在亚洲的领土丢失大半，当米海尔八世之子安德洛尼卡二世登基时，拜占庭帝国只有一点亚洲领土了。而安德洛尼卡二世不仅完美地继承了他父亲残忍冲动、不守信用的所有缺点，还十分懦弱、迷信。他在位期间，只对教会感兴趣，但不理宗教。他最爱做的便是折腾君士坦丁堡的神职人员，罢免了不下九位大教长。

拜占庭帝国在安德洛尼卡二世和大教长的争吵声中走向末路。小亚细亚高原的塞尔柱人一直没有放弃对爱琴海的侵略。他们攻下以弗所和士麦那，来到马尔马拉海岸的尼西亚和布鲁萨城。安德洛尼卡二世这才意识到事态的严重性，开始抗击塞尔柱人。

1302年，安茹王朝和阿拉贡王朝打了多日的西西里晚祷之战终于了结。安德洛尼卡在战争落下帷幕后便将散于各处的雇佣兵聚集起来，让他们攻打塞尔柱人。雇佣兵以骁勇善战和纪律严明闻名于欧洲，但他们同时也十分残酷，不守律法。在安德洛尼卡二世的雇佣下，曾为阿拉贡国王腓特烈二世的雇佣兵之首的马耳他伯爵罗杰·德·弗洛尔带着六千雇佣兵于1303年来到了君士坦丁堡，为安德洛尼卡二世所用。看着这浩浩荡荡的大军，安德洛尼卡二世欣喜不已，封其为"大佣军团"，同时他还封了马耳他伯爵罗杰·德·弗洛尔为"大公"并且将皇室之女赐予他为妻，赏赐颇丰，有求必应。"大佣军团"成功击退了塞尔柱人后，便留在马尔马拉海南边的海岸线一带过冬。然而这些人经常在当地抢夺财物，态度嚣张，对于当地人来说他们的恶行和塞尔柱人并无二致。1304年，马耳他伯爵罗杰·德·弗洛尔跟随安德洛尼卡二世到了拜占庭南方，肃清了吕底亚和卡里亚的塞尔柱人。然而马耳他伯爵罗杰·德·弗洛尔每收复一处，便将自己的部下留于此处，将当地的税款据为己有。他显然是不打算将这些属于拜占庭帝国的失地归还于安德洛尼卡二世，而是要将其收入囊中，自立为王。而后马耳他伯爵罗杰·德·弗洛尔越来越嚣张，甚至因为费拉德尔菲亚的人服从君士坦丁堡之令不让他进城而围攻费拉德尔菲亚。1307 年，在安德洛尼卡二世的哄骗之下，马耳他伯爵罗杰·德·弗洛尔来到了阿德里安堡。他刚出现在城中便被阿兰的乔治杀死。阿兰的乔治是安德洛尼卡二世麾下干将，其子死于马耳他伯爵罗杰·德·弗洛尔部下之手。这场刺杀也许就是安德洛尼卡二世授意的，所以他并没有抓捕阿兰的乔治。

在马耳他伯爵罗杰·德·弗洛尔死后，他手下的雇佣兵打算为他报仇，于是便将小亚细亚送给了塞尔柱人，起兵攻向君士坦丁堡，沿途进行报复。安德洛尼卡二世见状便让自己的儿子小米海尔挂帅出征，然而小米海尔年纪尚幼，没有经验，和善于作战的雇佣兵交手后，节节败退。雇佣兵打砸抢烧，穿过色雷斯，攻到了君士坦丁堡城外。在欧洲的援助下，他们拥有了塞尔柱人的后勤部队，差点儿重现当年十字军攻陷君士坦丁堡的情景。不过他们在色雷斯驻扎了两年，都无法攻下君士坦丁堡和阿德里安堡。拜占庭帝国也在这两年被雇佣兵洗劫一空。后来雇佣兵发现拜占庭帝国再没有任何财物能让他们抢夺后，便向南边和西边行动，攻打了马其顿和塞萨利，来到了希腊。他们杀死了雅典公爵沃尔特·德·布里耶纳，拿下雅典后便对雅典公国发起进攻，并在此建国，安身立命，不再像以前那样肆无忌惮，四处抢劫。拜占庭帝国也终于逃脱了雇佣兵的魔爪。在这场战争中，拜占庭帝国失去了小亚细亚，色雷斯和马其顿也被雇佣兵损毁。塞尔柱人也趁此机会重新攻下了吕底亚和弗里吉亚，将战线往北扩张，围攻了米西亚和比提尼亚。拜占庭帝国的疆域越来越小。至 1325 年，拜占庭帝国在博斯普鲁斯海峡东边的领土便只剩下了比提尼亚山一带，以及达达尼尔海峡到博斯普鲁斯海峡北边之间一块极窄的领土。塞尔柱人攻下了拜占庭帝国南边的门特瑟、吕底亚的亚丁和撒罗坎、米西亚的喀拉斯、奥斯曼等地区，这些地区被塞尔柱人的五位领导者平分，并由此展开了他们的宏图伟业。

原本人口密集的小亚细亚西部地区，在被奥斯曼一世和其他人侵略后，人口急剧减少，变成了一个适合游牧的地方。而当时的安德洛尼卡二世正在全心应付一场毫无意义的内战。之所以有这场内战，是因为安德洛尼卡二世不想让其孙子继承皇位。面对这样的情况，他的孙子自然也不会坐以待毙，于是开始想方设法保护自己，最后甚至动用了武力。祖孙俩就此开始内战，1328 年才休战。安德洛尼卡二世最终妥协，他的孙子成为共治皇帝，后世称其为"安德洛尼卡三世"。不过安德洛尼卡三世并不满足于现状，他上位后便架空了安德洛尼卡二世，自己慢慢接管了拜占庭帝国的政府。即使当时硬币和祷告词上都有安德洛尼卡二世和安德洛尼卡三世的名字，安德洛尼卡二世也无法参与朝政。1332 年，统治拜占庭帝国半个世纪的安德洛尼卡二世离世，全国上下没有任何一个人为他流泪。而在这半个世纪里，拜占庭帝国已经失去了近三分之一的领土。

第二十五章

土耳其人来到了欧洲

1328—1370 年

安德洛尼卡三世在位的表现要比他的爷爷好一些。虽然他也言行不一、纸醉金迷、愚昧昏聩，但他还有些志向。我们可以将其比作没有能力的曼努埃尔一世。曼努埃尔一世是一位优秀的军事家，在体育和战争方面都极具天赋，不过他并不勤俭，花钱大手大脚。在这一点上，安德洛尼卡三世深得其真传。安德洛尼卡三世虽然能力不足，但是在面对穷途末路的拜占庭帝国时，他竭尽全力想要挽救，不像他的爷爷安德洛尼卡二世那样坐以待毙。

然而安德洛尼卡二世给他留下了一个烂摊子，塞尔柱人已经占据了拜占庭帝国在亚洲的省份。在此情况下，安德洛尼卡三世只好拼命和奥斯曼·加齐对抗，后期逐渐失去领土的拜占庭帝国和塞尔柱部落已经不再相邻。

这时候我们必须得花一些笔墨去描述一下拜占庭帝国面对的新对手了。奥斯曼·加齐是埃尔托格鲁尔之子，鲁姆苏丹之臣。为了让奥斯曼·加齐带兵进攻拜占庭帝国，鲁姆苏丹赏赐了他一大片位于弗里吉亚高原的封地。之前奥斯曼·加齐在小亚细亚西北大高原的中心地区便有封地，紧靠丘陵高地，前有比提尼亚山。比提尼亚山的交通要塞上都有民兵驻扎，若非当年米海尔八世遣散了这些民兵，奥斯曼·加齐和他一无所有的父亲埃尔托格鲁尔是无法继续进攻拜占庭帝国的。1270 年，米海尔八世解散民兵，拜占庭帝国的军队不堪一击，奥斯曼·加齐带领土耳其军队一路畅通无阻。

奥斯曼·加齐这辈子经历了两件大事——拜占庭帝国安德洛尼卡二世离世和宗主国鲁姆苏丹国分崩离析。1294 年，塞尔柱人最后一位合法且未有非议的苏丹盖亚萨丁离世。1307 年，自称为“高高在上的苏丹”的阿拉丁三世也死在了流放途中。奥斯曼·加齐在此时自立为王，在尊贵的“苏丹”称号和低调一些的“埃米尔”称号中，他选择了后者，被后世称为“奥斯曼一世”。

1281 年至 1326 年，奥斯曼一世完全掌控了拜占庭帝国边界的米提尼亚和米西亚地区。他没有像之前的首领那样在拜占庭帝国内建立一个据点，而是用了二十年的时间攻下一个大城。比提尼亚平原一望无际，奥斯曼一世的手下便在此不停骚扰百姓，大家要么只能搬走，要么只能归顺。罗马时代修筑的城墙依然保护着平原上的城市，只有轻骑兵的奥斯曼一世无法进攻。于是奥斯曼一世便围攻了当地的首府和重要城市布鲁萨[1]。他们围着布鲁萨城搭建城堡，阻止布鲁萨城的物资流动，城中百姓得不到粮食物资——除非布鲁萨城派大队人马护送粮草进出，双方就这样坚持了十年。1326 年，布鲁萨的百姓实在坚持不下去了，便向奥斯曼一世屈服了。当时奥斯曼一世已经缠绵病榻许久，命不久矣。之后，塞尔柱人打到了马尔马拉海，这是他们在 1097 年十字军被驱赶出境后，首次回到海滨地区。

奥斯曼一世死后，其子奥尔汗·加齐接任奥斯曼帝国埃米尔之位。当时拜占庭帝国的帝王是安德洛尼卡三世。奥尔汗·加齐在位期间，完成了他父亲留下的事业，攻下了比提尼亚全境。1327 年，奥尔汗·加齐拿下尼科米底亚；1333 年，尼西亚归顺于奥斯曼帝国。至此拜占庭帝国的领土便只剩下了卡尔西登和君士坦丁堡。而后奥尔汗·加齐带兵围攻了君士坦丁

---

[1]　现在的土耳其布尔萨。——译者注

堡。不过他只在 1329 年贝勒卡侬之战中和安德洛尼卡三世交过一次手。安德洛尼卡三世负伤，拜占庭军队无人统筹指挥，最终败下阵来，逃回了君士坦丁堡。之后安德洛尼卡三世便再未与奥尔汗·加齐直接交手。

奥尔汗·加齐拿下比提尼亚后，声威大增，塞尔柱人的其余埃米尔都对他有所畏惧。之后他又自己创立了一个步兵军团——加尼沙里军团，其厉害程度在当时东方诸国中史无前例。那时候，奥尔汗·加齐免除了比提尼亚的基督教教徒的岁贡，条件是每年送一批男童过来。他把这些小孩子放在军营中，让其接受严格训练，并且向他们灌输穆斯林法典的思想。即使当时奥斯曼帝国不缺乏战马，奥尔汗·加齐也还是让军团练习刀剑骑射，训练他们步行作战。而且军团的训练极为严苛，对大家的仪容仪表也有要求。为了控制军团成员的思想，奥尔汗·加齐还向他们灌输了军人应服从军令的理念和信仰，同时给他们勾勒出前程似锦的未来。军团成员在这样封闭式的教育中长大，早就不再信仰基督教了，只对奥斯曼帝国尽忠。多年后他们踏上战场，阵容整齐，无论敌人如何凶猛，他们都能坚守阵形，没有丝毫混乱。此后包括奥尔汗·加齐在内的奥斯曼帝国之主都会从军团中选拔人才，加以重用。有数据表明，从 14 世纪到 16 世纪，奥斯曼帝国的大维齐尔 [1] 中至少有三分之二是来自加尼沙里军团。

在奥尔汗·加齐掌权后期，第一批 "加尼沙里" [2] 终于可以上阵杀敌了。作为他们第一任君王的奥尔汗·加齐把加尼沙里军团派遣到了博斯普鲁斯海峡，以此作为他们首个战场。

1341 年 [3]，安德洛尼卡三世离世，其子继位，后世称其为 "约翰五

----

[1] 相当于奥斯曼帝国的丞相。——译者注

[2] 新兵之意。——作者注

[3] 作者笔误写成了 1241 年。——译者注

世"[1]。然而这位年幼帝王所面对的只有他父亲给他留下的为数不多的领地以及新帝年幼的风险。历史即将重演，内战将起，拜占庭帝国已经陷入绝境。

当时拜占庭帝国的丞相是约翰·坎塔库震努斯，此人狡猾奸诈，城府颇深，宛如来自地狱的魔鬼。他有文采，却不擅长军政，管理能力也一般。为了达到不可告人的目的，他曾仔细钻研过米海尔八世的生平。所以当安德洛尼卡三世离世后，他意识到此时的拜占庭帝国恰如 1258 年之景，于他而言，这是一个绝佳的机会。约翰·坎塔库震努斯想借鉴米海尔的行为，先做共治皇帝，再架空幼主约翰五世，独掌国家大权。于是约翰·坎塔库震努斯先用金钱培养了一股自己的势力，为之后的政变打下基础。然而约翰·坎塔库震努斯魄力不够，做事瞻前顾后，缺乏魄力，因此错过了发动政变的好机会。最终他谋朝篡位的意图被约翰五世的母亲、太后萨伏伊的安妮识破，双方对峙之下，约翰·坎塔库震努斯只能放弃原计划，直接自立为王，后世称其为"约翰六世"。约翰六世手下的军队无法攻下君士坦丁堡，他也知道自己不占优势，所以他做了一个决定，同外敌联手攻打自己的国家。这是小人行为，也是失败者最常用的伎俩。约翰六世相继与塞尔维亚国王史蒂芬·杜山·乌罗什四世和奥尔汗·加齐以及其对手亚丁的埃米尔奥马尔结盟。此番行径对于拜占庭帝国而言无疑是致命一击，这也是拜占庭帝国历史上最后一次内外勾结。

想要夺得皇位的约翰六世已经疯狂，他根本没有考虑过，这些人会对拜占庭帝国做些什么，所以最终导致了拜占庭帝国的灭亡。史蒂芬·杜山·乌罗什四世攻下了马其顿和色雷斯的乡村土地，只有塞萨洛尼卡等几个城镇幸免于难。随后他又向南进军，拿下了塞萨利，迫使伊庇鲁斯专制者归顺

---

[1]　作者笔误写成了"约翰三世"。——译者注

于他。史蒂芬·杜山·乌罗什四世将都城设在了马其顿的乌斯卡帕,宣称自己是"塞尔维亚人和罗马人之主"。至此拜占庭帝国的领土只剩下君士坦丁堡、阿德里安堡和塞萨洛尼卡一带。

史蒂芬·杜山·乌罗什四世若是能够攻下君士坦丁堡,覆灭拜占庭帝国,这对于基督教而言也许并非坏事。因为这样一来,巴尔干半岛便只剩下一方势力,可以全心攻打塞尔柱人,让他们无暇再骚扰西欧。可惜史蒂芬·杜山·乌罗什四世没能成功,而且他在 1355 年便离世了。他的儿子乌罗斯继承了他从多瑙河带到塞莫皮莱的王国,然而乌罗斯很快便被杀死,刚成立不久的塞尔维亚帝国也随之分崩离析,被各方势力吞噬。

约翰六世的盟友还剩下奥马尔和奥尔汗·加齐,他也更依赖这两人。约翰六世把塞尔柱人的骑兵放进了色雷斯,随他们在此肆意妄为,劫掠百姓。数万名拜占庭帝国人因此被卖到了士麦那和布鲁萨,沦为奴隶。色雷斯被这帮塞尔柱人践踏侵略,最终寸草不生。没有原则的约翰六世又将自己的女儿狄奥多拉[1]献给了奥尔汗·加齐,成为他众多女人之一。约翰六世就这样和太后萨伏伊的安妮交战了六年,终于取得了胜利。萨伏伊的安妮答应约翰六世登基为共治皇帝,掌握国家大权,双方签下了和约,就此停战。这场内战让本就摇摇欲坠的拜占庭帝国失去了马其顿和塞萨利,色雷斯也被毁于一旦。帝国已经满目疮痍,领地也只剩下了君士坦丁堡、阿德里安堡、塞萨洛尼卡以及博斯普鲁斯海峡一带的城市,实在是难以再被称为帝国。而约翰六世也成为继伊萨克二世和亚利克修斯三世后,第三位拜占庭帝国的"掘墓人"。

---

[1] 此为约翰六世的女儿。此前本书提到名叫狄奥多拉的女子分别是查士丁尼一世之妻、查士丁尼二世的外祖妻子、狄奥斐卢斯的续弦、君士坦丁九世之女狄奥多拉女皇。——译者注

除了勾结外敌之外，约翰六世还犯下了许多罪行。他和约翰五世一同掌权七年，此间他曾主动攻击塞尔维亚人，想要收复史蒂芬·杜山·乌罗什四世夺走的土地。而在 1354 年，二十四岁的约翰五世想要独掌大权，于是他动用了军方势力打算强迫约翰六世下台。约翰六世也不会坐以待毙，立刻向他的女婿——身在亚洲的奥尔汗·加齐求助。奥尔汗·加齐趁机发兵色雷斯，连续攻下了拜占庭帝国的几个要塞，将之前支持巴列奥略王朝的人全数换下。之后约翰五世在深夜里从海上发动袭击，守住了君士坦丁堡，并且抓住了约翰六世。他按照以前的规矩，让约翰六世削发为僧，将其禁闭于修道院中。不过约翰五世手下留情，没有剜出约翰六世的眼睛。所以约翰六世之后还可以在修道院中为他自己编撰书籍，记录他掌权时候发生的事情。

即使约翰五世取得了胜利，但前来帮助约翰六世的奥尔汗·加齐及其军队并没有离开色雷斯，他们打算在此成立国家。奥尔汗·加齐之子苏莱曼攻下了加里波利，并且带来了大批土耳其人，让他们在此定居。土耳其人终于踏上了欧洲，并且开始扩大自己的势力范围。

奥尔汗·加齐在 1359 年离世。穆拉德一世继承了皇位，他打算派兵攻打欧洲。此时拜占庭帝国在任的皇帝是约翰五世，他的能力并不逊色于人，然而约翰六世对拜占庭帝国造成了极大的损害，以至于约翰五世现在手上可用的资源少之又少。他虽然竭力和土耳其人对抗了两年，但是仍旧没有保住色雷斯。1361 年，约翰五世的军队和穆拉德一世的军队在阿德里安堡大战一场，约翰五世败下阵来，阿德里安堡落在了穆拉德一世手上。至此拜占庭帝国领土便只剩下君士坦丁堡、塞萨洛尼卡以及博斯普鲁斯海峡，如同一个被斩断四肢和身体，只剩下头部的巨人。而约翰五世的统治权也只限于君士坦丁堡内了。

关于穆拉德一世未能攻下君士坦丁堡的说法很多，有人说是因为君士坦丁堡的高大城墙阻挡了土耳其部队，也有人说是拜占庭帝国得到了热那亚人和威尼斯人的帮助。还有人说这是因为穆拉德一世瞧不上约翰五世，想寻找一个实力相当的对手。关于最后一个说法，其根据是，即使君士坦丁堡城墙再高，土耳其人也可以将它团团围住，切断城中粮草，假以时日，穆拉德一世一定可以攻下君士坦丁堡。纵观穆拉德一世的生平，他在位三十年，相继战胜了塞尔维亚人、保加利亚人以及小亚细亚南部的多位塞尔柱埃米尔，可谓骁勇善战，无往不胜。他还将自己国家的领土扩大到了巴尔干，攻下了多个塞尔柱埃米尔在小亚细亚的地盘。

约翰五世被迫向穆拉德一世称臣后，曾向教皇求助，但没有任何人愿意帮他。于是这位昔日的帝王终于认命，安心做他的封臣，甚至感谢穆拉德一世让他可以安度余生。土耳其人对待下属极为严苛，经常会教给他们一些很难完成的事情，约翰五世也曾有过这方面的经历。当时拜占庭帝国在亚洲的各省份都被土耳其人夺去，只有费拉德尔菲亚幸免于难。此前因为费拉德尔菲亚位于吕底亚丘陵地区，位置偏僻，所以渐渐脱离了君士坦丁堡的管辖，成为一个独立城市。它是基督教在亚洲的最后领土，穆拉德一世想征服它，于是他下令让约翰五世和他的儿子曼努埃尔前去攻打费拉德尔菲亚。约翰五世听命照做了，他带着兵马将费拉德尔菲亚包围了起来。拜占庭帝国皇室的战旗和土耳其将军帕夏的战旗并排而立，费拉德尔菲亚见此情景，也只好投降。身为查士丁尼和巴西尔的后世，约翰五世居然如此没有骨气，甘心听命于一个土耳其的首领，对自己的同胞拔剑相向，这对于拜占庭帝国来说是何其大的差辱！

第二十六章

尾声：拜占庭帝国沉入历史长河

1370—1453 年

在最后这七十五年中，拜占庭帝国的历史最多只算得上是地方志，对于基督教而言，这七十五年也无关紧要。若是穆拉德一世在 1370 年攻下君士坦丁堡，其实也不会影响 15 世纪的东欧历史。因为拜占庭帝国自 1370 年便不再是基督教对抗土耳其人的重要基地了，塞尔维亚人和匈牙利人成为攻打土耳其人的先锋，在此之后的一百五十年内，他们都身先士卒，一直和土耳其人对抗。此时拜占庭帝国名存实亡，巴列奥略王朝也成了土耳其之臣。

若是君士坦丁堡在 1370 年便灭亡了，欧洲历史也许会有两种改变。其一，是君士坦丁堡没落，无法再作为欧洲和东方航线的中转站，此时人们还没有发现绕开好望角到达印度的航线，那么热那亚和威尼斯的商业也许会一落千丈。其二，拜占庭帝国在此时灭亡，对于意大利人而言，他们就无法学习和借鉴拜占庭文明，那么发生在 15 世纪的欧洲文艺复兴将会黯然失色。除此以外，君士坦丁堡何时没落对于世界历史来说无足轻重。

当穆拉德一世忙着攻打塞尔维亚人和保加利亚人的时候，约翰五世已经垂垂老矣。他做了五十多年的皇帝，但他的子孙并不安分。其子安德洛尼卡·巴列奥略便两次起兵造反，也做过几天皇帝，后世称其为"安德洛尼卡四世"。当时，穆拉德一世的儿子萨夫哲·贝也在密谋推翻穆拉德一世，自己登基为帝。他们二人便达成了共识，结盟合作。然而萨夫哲·贝根本不是穆拉德一世的对手。政变失败后，萨夫哲·贝便被穆拉德一世擒获，双眼被废。而且穆拉德一世还把他五花大绑后送到了约翰五世面前，让约翰五世也如此处罚安德洛尼卡四世。懦弱的约翰五世听命照做了。不过在废掉安德洛尼卡四世双眼时发生了一点意外，安德洛尼卡四世因此没有完全失明，并且策划了第二次政变。

发生这些事情后，心灰意冷的约翰五世剥夺了安德洛尼卡四世的继承权。所以在1391年，约翰五世于临终前将皇位传给了他的二儿子曼努埃尔·巴列奥略，后世称其为"曼努埃尔二世"。在巴列奥略王朝的历史中，曼努埃尔二世不失为一位优秀的君王，但是当时拜占庭帝国的领土所剩无几，没有军队，也没有金钱，在这样的情形下即使帝王才能颇高，也无法和土耳其人一战，真是回天乏术。

不过曼努埃尔二世在位期间，也曾有机会带领拜占庭帝国逃离奥斯曼帝国的魔爪。1402年，以征战四方而闻名的帖木儿带着突厥化的蒙古将士攻打了小亚细亚。当时奥斯曼帝国的统治者是穆拉德一世的继承者巴耶塞特一世，他率军迎敌。双方在加拉提亚省的安哥拉交战，巴耶塞特一世成为帖木儿的手下败将，被囚禁了起来；奥斯曼帝国最为强大的加尼沙里军团也被全歼。帖木儿带着他的兵马踏过小亚细亚，直接拿卜了奥斯曼帝国的都城布鲁萨。这对于奥斯曼帝国来说，可谓致命一击。之前臣服于穆拉德一世的塞尔柱埃米尔纷纷趁此机会重新自立为王。巴耶塞特一世死于军中后，他的几个儿子便赶紧将奥斯曼帝国瓜分，苏莱曼·切莱比得到了阿德里安堡，以萨·切莱比拿下了尼西亚，两个人都自称是奥斯曼帝国的苏丹。

鹬蚌相争，渔翁得利。看着奥斯曼帝国的两兄弟互相争夺，曼努埃尔二世意识到这是拜占庭帝国翻身的好机会。因为切莱比两兄弟都想掌控博斯普鲁斯海峡，所以曼努埃尔二世以此为条件，和双方进行谈判。苏莱曼·切莱比为了阻止以萨·切莱比经过博斯普鲁斯海峡，便把奥斯曼帝国在欧洲的领土斯特里蒙河谷、塞萨利海岸以及从博斯普鲁斯海峡入口到瓦尔纳黑海的全部海港都送给了曼努埃尔二世。

在曼努埃尔二世的努力下，拜占庭帝国的领土终于有所扩张，勉强配得上"帝国"之称了。对于曼努埃尔二世而言，稳住当前局面虽然有些困难，但还是可以做到，前提是奥斯曼帝国一直内斗下去。不过在以萨·切莱比和苏莱曼·切莱比争斗的第十年，他们的弟弟穆罕默德·切莱比和穆萨·切莱比不约而同地杀死了他们，并且取而代之。奥斯曼帝国内斗仍旧在进行。在东方人看来，内斗不休的奥斯曼帝国最终一定会覆灭。毕竟成立并管理一个全新的国家比拼命维持一个分崩离析的国家要轻松许多。然而穆罕默德·切莱比天生奇才，他不仅从兄弟之争中脱颖而出，而且还成功统一了奥斯曼帝国，成为名正言顺的奥斯曼苏丹，后世称其为"穆罕默德一世"。1421年，穆罕默德一世已经夺回了奥斯曼帝国的大部分领土，只有塞尔柱埃米尔占据的小亚细亚、塞尔维亚人夺去的欧洲领土以及送给曼努埃尔二世的领地还没有收复。

曼努埃尔二世眼光独到，在奥斯曼帝国内斗的最后几年站在了穆罕默德一世这边，与他结盟，因此保住了苏莱曼·切莱比在1403年送给他的所有领土。

1402年到1421年，欧洲本来可以将土耳其人一举歼灭，可惜欧洲诸国没有把握住这个机会。吉斯蒙德同时担任匈牙利和罗马帝国两国的皇帝，是最高统治者。然而那时他发起了宗教之争，和胡斯教徒在波西米亚争斗不休，匈牙利的大半兵力也被挪到了北方。当时南边的塞尔维亚人才结束了安哥拉之战，残存的兵力根本不能将巴尔干地区的土耳其人驱逐出境。而塞尔维亚人和匈牙利人之间除了对付穆斯林外，根本没有什么来往。况且匈牙利国王向来对外宣称自己对塞尔维亚有宗主权，想要以武力强迫塞尔维亚信奉罗马天主教。所以两边的关系可以说水火不容，自然也不会联合起来攻击土耳其人。

1421 年，拯救了奥斯曼帝国的穆罕默德一世离世，其子穆拉德登基，后世称其为"穆拉德二世"。他的上位对于基督教和拜占庭帝国来说，都是噩梦的开始。首先发觉不对的是曼努埃尔二世，为了应对穆拉德二世，他私下全力支持穆拉德二世的对手——自称奥斯曼帝国合法继承人的穆斯塔法·切莱比和库苏克·穆斯塔法，他们分别是穆拉德二世的叔父和弟弟。然而曼努埃尔二世这样做无异于以卵击石，加快了拜占庭帝国的灭亡。穆拉德二世借此机会正式决定攻打曼努埃尔二世，苟延残喘了九十余年的拜占庭帝国即将走向末路。穆拉德二世主动出击，将苏莱曼·切莱比在 1043 年送给拜占庭帝国的领土一一攻下，接着再攻打君士坦丁堡。君士坦丁堡的城墙坚固如初，阻挡了穆拉德二世的脚步。即使穆拉德二世动用了第一次在东方战场上出现的火炮，搭起塔楼掩护攻城先锋，派出了加尼沙里军团，也还是未能成功。身为君士坦丁堡守护者的贞女祭祀 [1] 在人群中进行演讲，鼓舞士气，使拜占庭帝国的百姓同仇敌忾，坚持守城。而另一方，小亚细亚的库苏克·穆斯塔法在曼努埃尔二世的帮助下举兵造反。为了平息这场叛乱，穆拉德二世打算从君士坦丁堡撤军，掉头对付库苏克·穆斯塔法。撤军前，穆拉德二世和曼努埃尔二世签下条约，穆拉德二世将君士坦丁堡、塞萨洛尼卡以及博斯普鲁斯行省留给拜占庭帝国，其余地盘皆归奥斯曼帝国所有。拜占庭帝国又屈服于奥斯曼帝国。

七十七岁的曼努埃尔二世在 1425 年逝世，这位帝王终其一生，也曾给君士坦丁堡带来一缕光明，但他还是无法挽救拜占庭帝国。在他死后的三十年中，拜占庭帝国的大厦慢慢倾塌，回天乏术。

曼努埃尔二世死后，其子约翰·巴列奥略登基，后世称其为"约翰八

[1] Virgin，译为贞女祭祀。——译者注

世"。约翰八世自登基起便小心翼翼，对奥斯曼帝国不敢有丝毫违背，其实没有外界力量的支持，他也根本无法反抗奥斯曼帝国。曼努埃尔二世生前曾说如今的拜占庭帝国已不需要有政治才能之人统治，随便一个官员便可接手管理这个帝国。对于约翰八世来说，战斗、和约、结盟这些东西都和他没有关系，他只想赚一些钱修砌城墙。然而，即使是如此微小的心愿，他也不能实现。

纵观拜占庭帝国在 15 世纪的作品，可以发现不管是拜占庭作家还是西方作家都花了大量笔墨描述拜占庭帝国的衰败，从他们的文字中，我们也可以看到拜占庭帝国的倒塌之势。君士坦丁堡城外寸草不生；城内人烟稀少，曾经辉煌璀璨的拜占庭帝国，如今已是一片荒芜，四处都是废墟；位于城中的奥古斯都广场见证了拜占庭帝国的皇权更迭，而今无人问津；曾被拜占庭人视为圣殿的圣索菲亚大教堂破败不堪；皇室成员挤在宫殿一处。君士坦丁堡的人口不到十万，且都生活潦倒，困苦不堪。君士坦丁堡之所以会潦倒至此，是因为热那亚人和威尼斯人掌控了君士坦丁堡所有的财政收入。他们在加拉塔和佩拉建立了工厂，让货物在此流通，摧毁了君士坦丁堡的商业功能。

在军事方面，拜占庭帝国只有四千左右的雇佣兵，其中很多是法兰克人，毫无忠诚可言。而之前被誉为"东西方奇迹"的辉煌宫殿已经毁去大半，一些来君士坦丁堡游玩的保加利亚人甚至还看到拜占庭帝国皇后在圣索菲亚大教堂进行朝拜的时候，只带了八个护卫。

即使约翰八世循规蹈矩，谨小慎微，安分守己，却还是没能守住拜占庭帝国的领土。当时掌管塞萨洛尼卡的人是约翰八世的弟弟安德洛尼卡·巴列奥略。这个贪财之人为了五万枚威尼斯金币，便将塞萨洛尼卡拱手卖给了威尼斯人，背叛了自己的国家。他在做这些事情的时候，也没有向奥斯曼帝国禀报，如此自作主张的行为自然惹怒了穆拉德二世。于是穆拉德二世在 1430 年发兵攻打塞萨洛尼卡时将城中的威尼斯人全部驱逐出境，并且将此城收入囊中，纳入了奥斯曼帝国的版图。

为了保护拜占庭帝国，约翰八世经常卖惨哭穷，想以此获得他人的同情，得到帮助。为此他甚至皈依罗马天主教，甘心跪在教皇脚下，想和西欧各国结盟。1438 年，约翰八世带领君士坦丁堡的大教长和东正教的神职人员到达了意大利，参加了菲拉拉和佛罗伦萨的教会。1439 年 6 月 6 日，罗马教会于佛罗伦萨大教堂正式接见了约翰八世。可惜约翰八世忽略了一些事情。罗马教皇的权力江河日下。十一二世纪，他们可以随意废黜君王，收服十字军。可是在东西方教会大分裂后，罗马教皇的权力就开始减弱，如今教皇尤金四世又在和巴塞尔宗教会议争权，避免巴塞尔宗教会议免去他的教皇之位。在这样的情形下，尤金四世无暇顾及东正教教徒，所以约翰八世所做的这一切都是竹篮打水一场空。

背叛了东正教的约翰八世只说服了跟他去佛罗伦萨的神职人员信奉罗马天主教，但是君士坦丁堡的神职人员根本无法接受罗马天主教。由此引发了一场宗教之争，百姓纷纷抗议约翰八世的所作所为；东正教的神职人员也不再为他进行祷告。大家在圣索菲亚大教堂举办弥撒，以表示对罗马天主教的鄙夷，随后便不再踏入圣索菲亚大教堂。约翰·诺塔拉斯人公用一句话总结了当时拜占庭人的心情："宁见苏丹方头巾，不看教皇三重冠。"

在约翰八世统治的后期，哈尼爱兹和拉迪斯拉斯在欧洲波兰揭竿起义，对抗土耳其人。得到"边境守护神"庇护的波兰和匈牙利国王联手肃清了穆拉德二世在巴尔干半岛上的势力。当时基督教迎来了曙光，圣索菲亚大教堂上似乎可以再现胜利之旗，然而一切希望都在 1444 年的瓦尔纳之战中烟消云散。当时拉迪斯拉斯死在了战场上，巴尔干半岛的收复计划半途中止。土耳其人之后屡战屡胜，重新拿下了巴尔干半岛。在此期间约翰八世一直处于观望状态，没有任何行动。懦弱了一辈子的他，根本不敢违抗穆拉德二世派兵支援匈牙利人，他害怕拜占庭帝国毁在自己的手上。

1448 年，约翰八世离世，其弟君士坦丁·巴列奥略登基，他是拜占庭帝国最后一位信仰基督教的帝王，后世称其为"君士坦丁十一世"。三年后，穆拉德二世离世，他的小儿子穆罕默德登基，后世称其为"穆罕默德二世"。君士坦丁十一世和他的父亲一样是罗马天主教教徒，所以拜占庭人对他并没有好感，即使这位皇帝是巴列奥略王朝历任君主中最优秀的一位。君士坦丁十一世英勇聪慧，待人以诚，风度翩翩，但末路皇帝注定要承受前人造成的后果，纵然他们没有做错任何事。当初以色列之主何西阿是这样，今日的君士坦丁十一世也是如此。

穆罕默德二世是奥斯曼帝国最果决的一位苏丹。他从登基之后便打算攻下君士坦丁堡，将其设为奥斯曼帝国的都城。他迟迟没有动手，就是在等一个时机，一个可以让他光明正大对自己的附属国开战的时机。而君士坦丁十一世最终也给了他这个机会。当时土耳其的一位王子奥尔汗住在君士坦丁堡，为了掌握他的行踪，穆罕默德二世给了君士坦丁十一世一大笔钱，让其留意奥尔汗。谁知君士坦丁十一世坐地起价，要求穆罕默德二世再额外给他一笔钱，为了让穆罕默德二世有危机感，他还对穆罕默德二世暗示奥尔汗有不臣之心。这便是穆罕默德二世等待的时机，他都没有提前打招呼，直接派军队和匠人去君士坦丁堡四英里外的博斯普鲁斯海峡最窄处建筑要塞，如此一来，任何人都不能在海上支援君士坦丁堡。对于穆罕默德二世的这一行为，君士坦丁十一世敢怒不敢言。

但土耳其人在修建要塞时打算将拜占庭人看中的一座教堂拆除，用以建造要塞。几个拜占庭人为了保护教堂便想把这些土耳其人赶走，却被奥斯曼卫兵当场杀死。君士坦丁十一世借此向穆罕默德二世索要赔偿，穆罕默德二世对他的回应就是发兵开战。1452 年秋天，奥斯曼帝国正式攻打君士坦丁堡。

穆罕默德二世先派轻骑兵围困君士坦丁堡，然后在阿德里安堡架起火炮，又在亚洲港口聚集了一支巨型舰队。万事俱备后，他在 1453 年的春天将炮火指向了君士坦丁堡。

当穆罕默德二世宣战时，君士坦丁十一世便知道拜占庭帝国已是强弩之末，难以抗衡强大的奥斯曼帝国。所以他在 1452 年的冬天开始不停地向罗马教皇和意大利求助。由于之前拜占庭帝国已经归顺罗马天主教，所以教会对君士坦丁十一世的请求不能视而不见。不过，他们能做的也仅仅是派了一位红衣主教带着一些钱和教会在意大利临时招募的雇佣兵前往君士坦丁堡。威尼斯人和热那亚人倒是有能力帮助拜占庭帝国，可鉴于之前拜占庭帝国信用不佳，所以他们对君士坦丁十一世的求助并没有上心。若是他们知道穆罕默德二世铁了心想要攻下君士坦丁堡，也许会派百只船舰、上万士兵前去支援拜占庭帝国。可惜他们并没有这样做，热那亚让乔瓦尼·朱斯蒂尼亚尼带着两只帆船和三百人去了君士坦丁堡；威尼斯则让加拉塔工厂的管理者带着工厂的人全副武装，帮忙守城。于是在这场战争中，君士坦丁堡可用之人只有法兰克人、雇佣兵和城中百姓，连三千人都不到。

君士坦丁十一世为了扩充军队，打算招募全城男子参战，于是他当众进行演讲，激情澎湃、言辞恳切，希望大家可以共同捍卫君士坦丁堡，守护东正教中心。然而百姓并不相信他的话，将他视作归顺罗马教皇的叛徒，所以对他的演讲充耳不闻。正如之前约翰·诺塔拉斯大公所说，在这些人心中，他们更偏向的是土耳其人。所以演讲结束后只有两千人自愿参加守卫战。

穆罕默德二世在 1453 年开启陆地战场，他投入了七万精兵攻打君士坦丁堡。此外，他也没有忽略海上战场，直接派了上百只船舰，将博斯普鲁斯海峡包围了起来。奥斯曼帝国精兵良将甚多，军队受过训练，拜占庭帝国不过几千人马，根本无法抵抗他们的攻击。在穆罕默德二世下令开炮后，君士坦丁堡坚不可摧的城墙也遭到了连续不断的炮火袭击，出现裂缝。

君士坦丁十一世和副指挥乔瓦尼·朱斯蒂尼亚尼临危不乱，指挥将士抵御敌人的进攻。他们一马当先，带人从海上突袭土耳其舰队，同时架起火炮进行反攻。可是很快他们便发觉君士坦丁堡的城墙狭窄，无法放下火炮。于是他们改变策略，将火炮吊起发射。可是火炮的后坐力极强，对拜占庭帝国的军队造成了威胁，他们只好放弃了用火炮进攻的方法。

拜占庭帝国在海上战场赢得了胜利，他们从爱琴海开出四艘船舰，强行突破土耳其人的封锁，过关斩将，来到了金角湾安全区，毁掉了奥斯曼帝国的多只战舰。然而拜占庭帝国寡不敌众，短暂的胜利对于大局而言并没有什么影响。穆罕默德二世用滑轮将船只从博斯普鲁斯海峡拖出，然后走陆路将其拖到了加拉塔内河。如此一来，博斯普鲁斯海峡入口海港就被穆罕默德二世全面控制，使君士坦丁堡处于四面楚歌的境地。

这场大战在 1453 年 5 月 29 日结束。君士坦丁堡的城墙被火炮打出了缺口，其中西北角的圣罗曼努斯门损毁最为严重，两座塔楼以及中间的墙全部倒塌。穆罕默德二世随即发起猛攻，君士坦丁十一世已是无力回天。希腊的史学家在描述这位帝王人生最后的时光时无不扼腕叹息。5 月 29 日夜晚，君士坦丁十一世走下城墙来到了圣索菲亚大教堂，以拉丁仪式做了一次圣礼，然后在破旧的宫殿中休息了，他睡得并不安稳。5 月 30 日凌晨，他醒来，骑马前去城墙。一路上朝臣都跟在他的身侧，陪伴他走过人生最后的一段路。君士坦丁十一世对于接下来要发生的事情并不畏惧，他甚至还和身边的人聊天，希望他们可以原谅自己之前的一些过错。在一片痛哭声中，君士坦丁十一世缓缓前行，神色坦然。

1453 年 5 月 30 日清晨，奥斯曼帝国继续攻打君士坦丁堡。他们找到城墙破损最严重的地方，进行了三次大规模攻击以及数次小型攻击。而君士坦丁十一世就站在圣罗曼努斯门旁最大缺口的中间，和乔瓦尼·朱斯蒂尼亚尼以及身边的士兵一起以血肉之躯阻挡奥斯曼帝国的攻击，这是拜占庭帝国最强大的兵力了。加尼沙里军团中的一万两千余名士兵拿着马刀向拜占庭帝国军队攻击。拜占庭帝国动用的是 5 世纪便有的重甲装备，头戴毡帽、未穿盔甲的加尼沙里军团就是活靶子，数千人死于拜占庭军队刀下。即使如此，他们仍旧前仆后继，绝不后退。在奥斯曼帝国的人海战术下，拜占庭守军精疲力竭，难以招架，一名又一名士兵就此倒下。而乔瓦尼·朱斯蒂尼亚尼被箭矢射中，最终死在了自己的船上，君士坦丁十一世战到了最后，即使胜败已成定局，他也没有逃避。指挥奥斯曼帝国军队的人是乌鲁巴德的哈山。此人生平传奇，极受史学家青睐。乌鲁巴德的哈山最后强攻君士坦丁堡，将君士坦丁十一世踩于脚下，进入了城内。然而当奥斯曼帝国的军队来到君士坦丁堡内时，没有一人可以和他们对抗。躲在教堂拼命向天祈祷，希望上帝可以拯救这座城市的拜占庭人在听到奥斯曼帝国军队的欢呼声后，陷入了绝望之中。他们被奥斯曼军队拖了出来，沦为了奴隶。这座城市的财富也被这些侵略者搜刮到一起，作为战利品重新分配。

　　骑着骏马的穆罕默德二世带着他的军队从城墙缺口处踏进了君士坦丁堡，走在让无数东方军事家魂牵梦萦的街道上。在他的指挥下，奥斯曼军队将君士坦丁十一世的遗体从众多尸体中找了出来。此时君士坦丁十一世已是面目全非，血肉模糊，只有战靴上的金色雄鹰一如往昔。为了炫耀，奥斯曼人把君士坦丁十一世的头颅割了下来，在几个城市中轮番展出。穆罕默德二世穿过大竞技场，打算去圣索菲亚大教堂看看。在此途中，他看到了屹立于路边的三蛇德尔斐鼎。自君士坦丁大帝将其放在这里，已经过去了一千一百年。穆罕默德二世看着极具攻击力的蛇像，不知是因为愤怒还是想试试自己的力气，他挥动狼牙棒，全力打下了一条蛇的下颚。穆罕默德二世并不知道他毁掉的是西方首次战胜东方后建造的纪念性标志，所以他这个动作极具象征意义。当年所向披靡的希腊在普拉塔亚之战中大败波斯，随后便打造了三蛇德尔斐鼎表达胜利的喜悦。之后的漫长岁月中，无论是薛西斯、库思老一世、莫斯利玛还是其他东方帝王都曾想征服西方，但都未能成功。如今穆罕默德二世终于拿下了君士坦丁堡，完成了先辈的遗志，他这一击恰到好处地向世界宣告了希腊自由时代的结束。

而后穆罕默德二世骑马来到了圣索菲亚大教堂前，自东门而入。他将沦为奴隶的拜占庭人分配给了手下的士兵后，让毛拉[1]站在台上，在这个有过三十任基督教教长歌颂的基督教堂里，大声诵读伊斯兰教义。歌颂上帝和穆罕默德先知的声音在此响起，基督世界建国最久的拜占庭帝国就此退出了世界舞台。

---

[1] 伊斯兰教的职位。——译者注

附录一

拜占庭帝国皇帝年表

皇帝名		在位时间（年）
君士坦丁大帝	Constantine the Great	324—337
君士坦丁二世	Constantine Ⅱ	337—340
君士坦斯一世	Constans Ⅰ	337—350
君士坦提乌斯二世	Constantius Ⅱ	337—361
尤利安	Julian	361—363
约维安	Jovian	363—364
瓦伦提尼安一世	Valentinian Ⅰ	364—375
瓦伦斯	Valens	364—378
狄奥多西一世	Theodosius Ⅰ	379—395
阿卡狄奥斯	Arcadius	395—408
狄奥多西二世	Theodosius Ⅱ	408—450
马尔西安	Marcianus	450—457
利奥一世	Leo Ⅰ	457—474
芝诺	Zeno	474—491
阿纳斯塔修斯一世	Anastasius Ⅰ	491—518
查士丁一世	Justinus Ⅰ	518—527
查士丁尼一世	Justinianus Ⅰ	527—565
查士丁二世	Justinus Ⅱ	565—578
提比略二世	Tiberius Ⅱ, Constantinus	578—582
莫里斯	Mauricius	582—602

皇帝名		在位时间（年）
福卡斯	Phocas	602—610
希拉克略一世	Heraclius Ⅰ	610—641
赫拉克洛纳斯	Heracleonas	641—642
君士坦斯二世	Constans Ⅱ	642—668
君士坦丁四世	Constantine Ⅳ	668—685
查士丁尼二世	Justinian Ⅱ	685—695
利昂提奥斯	Leontius	695—697
提比略三世	Tiberius Ⅲ, Apsimarus	697—705
查士丁尼二世	Justinian Ⅱ（restored）	705—711（复位）
菲利普科斯	Philippicus	711—713
阿纳斯塔修斯二世	Anastasius Ⅱ, Artemius	713—715
狄奥多西三世	Theodosius Ⅲ	715—717
利奥三世	Leo Ⅲ, the Isaurian	717—740
君士坦丁五世	Constantine Ⅴ, Copronymus	740—775
利奥四世	Leo Ⅳ	775—779
君士坦丁六世	Constantine Ⅵ	779—797
伊琳娜女皇	Irene	797—802
尼斯弗鲁斯一世	Nicephorus Ⅰ	802—811
斯达乌拉焦斯	Stauracius	811 年在位
米海尔一世	Michael Ⅰ, Rhangabe	811—813

皇帝名		在位时间（年）
利奥五世	Leo V, the Armenian	813—820
米海尔二世	Michael II, the Amorian	820—829
狄奥斐卢斯	Theophilus	829—842
米海尔三世	Michael III	842—867
巴西尔一世	Basil I, the Macedonian	867—886
利奥六世	Leo VI	886—912
亚历山大	Alexander	912—913
君士坦丁七世	Constantine VII	913—920
罗曼努斯一世	Romanus I	920—944
斯蒂芬和君士坦丁七世	Stephen，Constantine VII	944—945
君士坦丁七世	Constantine VII	945—958（复位）
罗曼努斯二世	Romanus II	958—963
尼斯弗鲁斯二世	Nicephorus II, Phocas	963—969
约翰一世	John I	969—976
巴西尔二世	Basil II	976—1025
君士坦丁八世	Constantine VIII	1025—1028
罗曼努斯三世	Romanus III, Argyrus	1028—1034
米海尔四世	Michael IV, the Paphlagonian	1034—1042
米海尔五世	Michael V	1042 年在位
君士坦丁九世	Constantine IX, Monomachus	1042—1055

皇帝名		在位时间（年）
狄奥多拉女皇	Theodora	1055—1057
米海尔六世	Michael Ⅵ, Stratioticus	1056—1057
伊萨克一世	Isaac Ⅰ, Comnenus	1057—1059
君士坦丁十世	Constantine Ⅹ, Ducas	1059—1067
罗曼努斯四世	Romanos Ⅳ	1067—1071
米海尔七世	Michael Ⅶ	1071—1078
尼斯弗鲁斯三世	Nicephorus Ⅲ, Botaniates	1078—1081
亚利克修斯一世	Alexius Ⅰ, Comnenus	1081—1118
约翰二世	John Ⅱ, Comnenus	1118—1143
曼努埃尔一世	Manuel Ⅰ, Comnenus	1143—1180
亚利克修斯二世	Alexius Ⅱ, Comnenus	1180—1183
安德洛尼卡一世	Andronicus Ⅰ, Comnenus	1183—1185
伊萨克二世	Isaac Ⅱ, Angelus	1185—1195
亚利克修斯三世	Alexius Ⅲ, Angelus	1195—1203
伊萨克二世	Isaac Ⅱ（restored）	1203−1204（复位）
亚利克修斯四世	Alexius Ⅳ Angelos	1203—1204
亚利克修斯五世	Alexius Ⅴ, Ducas	1204 年在位
狄奥多尔一世	Theodore Ⅰ, Lascaris	1204—1222
约翰三世	John Ⅲ, Ducas	1222—1254
狄奥多尔二世	Theodore Ⅱ, Ducas	1254—1258

皇帝名		在位时间（年）
约翰四世	John IV, Ducas	1258—1260
米海尔八世	Michael VIII, Paleologus	1260—1282
安德洛尼卡二世	Andronicus II, Paleologus	1282—1328
安德洛尼卡三世	Andronicus III, Paleologus	1328—1341
约翰五世	John V, Paleologus	1341—1391
曼努埃尔二世	Manuel II	1391—1425
约翰八世	John VIII	1425—1448
君士坦丁十一世	Constantine XI	1449—1453

附录二

专有名词对照表

A	
阿米安·马塞林	Ammianus Marcellinus
亚马孙人	Amazons
阿里斯蒂德	Aristeides
亚历山大	Alexander
安东尼王朝	Antonines
安条克	Antioch
奥古斯都广场	Augustaeum
海洋女神	Amphithrite of Rhodes
阿里乌斯教派	Arianism
阿普西玛斯	Apsimams
奥里利乌斯	Aurelius
柳林战役	Ad Salices
阿萨纳里奇	Athanarich
阿卡狄奥斯	Arcadius
阿拉里克	Alaric
阿迈勒	Amals
阿卡狄亚	Arcadia
埃利亚·优多克西娅	Aelia Eudoxia
安特米乌斯	Anthemius
雅典娜	Athena
阿提拉	Attila
阿斯帕尔	Aspar
安东尼娜	Antonina
阿塔拉里克	Athalaric
阿玛拉逊莎	Amalasuntha

安科纳	Ancona
安达鲁西亚	Andalusia
亚述	Assyria
特拉勒斯的安提莫斯	Anthemius of Tralles
亚得里亚海	Adriatic
亚他那修	Athanasius
阿布·贝克尔	Abu Bekr
阿布比克	Abu Klea
阿布·奥贝尔	Abu Obeida
艾因纳丁	Aiinadin
阿姆鲁	Amrou
亚历山大港	Alexandria
阿拉德斯港	Aradus
安德里亚斯	Andreas
阿里	Ali
阿卜杜勒·拉赫曼	Abderrahman
阿卜杜勒·麦利克	Abdalmalik
阿尔忒弥斯·阿纳斯塔修斯	Artemius Anastasius
阿默西亚	Amasia
阿摩利阿姆	Amorium
安奇阿卢斯	Anchialus
爱琴海	Aegean
《帝国行政论》	*Administration of the Empire*
阿巴斯王朝	Abbasides
阿卜杜拉·埃斯·萨法	Abdallah-es-Saffah
阿勒颇	Aleppo

小亚细亚	Asia Minor
阿曼努斯山	Amanus
亚达纳	Adana
阿巴斯吉安人	Abasgians
阿尼	Ani
阿尔普·阿斯兰	Alp Arslan
安德洛尼卡·杜卡斯	Andronicus Ducas
亚利克修斯·科穆宁	Alexius Comnenus
安娜·科姆尼娜	Anna Comnena
阿卡	Acre
安德洛尼卡·科穆宁	Andronicus Comnenus
亚利克修斯·安杰勒斯	Alexius Angelus
亚历克西斯·布拉纳	Alexis Branas
亚利克修斯·杜卡斯	Alexius Ducas
亚克兴	Actium
阿尔戈利斯	Argolis
安条克－迈安德战役	Antioch-on-Maeander
亚历克西斯·斯特拉特戈普鲁斯	Alexius Strategopulus
阿黛丽亚	Adalia
亚该亚	Achaia
安茹王朝	Anjou
阿拉贡王朝	Aragon
亚丁	Aidin
阿拉丁三世	Alaeddin Ⅲ
萨伏伊的安妮	Anne of Savoy
帖木儿	Amir Temu

阿马尔菲	Amalphi
安哥拉	Angora
雅典	Athens
阿米达	Amida
B	
博斯普鲁斯海峡	Bosphorus
比提尼亚	Bithynian
巴尔干半岛	Balkan Peninsula
比萨拉比亚	Bessarabia
贝利撒留	Belisarius
布拉	Bulla
巴杜伊拉	Baduilall
贝萨斯	Bessas
巴姆斯	Barmes
博努斯	Bonus
博斯特拉	Bostra
巴纳	Baanes
布塞拉里安	Bucellarian
布莱克尼城门	Blachemae
马其顿人巴西尔	Basil the Macedonian
《大教堂》	*Basilika*
布里恩尼乌斯	Bryennius
巴西尔·迪吉尼斯·阿克里塔斯	Basil Digenes Akritas
布哈维德王朝	Buhawid
伯茨	Burtzes
巴尔达斯·弗卡斯	Bardas Phocas

保加利亚屠夫	Bulgaroktonos
巴尔达斯·斯克雷罗斯	Bardas Skleros
巴里	Bari
塔伦特姆的博希蒙德	Bohemund of Tarentum
蒙费拉侯爵博尼法斯	Boniface Marquis of Montferrat
佛兰德伯爵鲍德温	Baldwin Count of Flanders
布雷契	Blachem
维奥蒂亚	Boeotia
科特奈的鲍德温	Baldwin of Courtenay
布里耶纳家族	Briennes
巴耶塞特	Bayezid
布鲁萨	Broussa
波希米亚	Bohemia
巴塞尔	Basle
C	
科尔基斯	Colchis
风暴角	Cape of Storms
好望角	Cape of Good Hope
卡尔西登	Chalcedon
西门	Cimon
康茂德	Commodus
卡拉卡拉	Caracalla
克劳狄二世	Claudius II
君士坦丁大帝	Constantine the Great
科尔索	Corso
迦太基	Carthage

喀尔巴阡山脉	Carpathian
卡帕多西亚	Cappadocia
库思老	Chosroes
卡拉布里亚	Calabrian
坎帕尼亚	Campania
哥多华	Cordova
卡塔赫纳	Cartagena
加的斯	Cadiz
库思老安条尼亚	Chosroantiocheia
阿瓦尔汗王	Chagan
西里西亚	Cilicia
泰西封	Ctesiphon
卡西奥多罗斯	Cassiodoms
西布莉神	Cybele
卡诺普斯	Canopus
卡尔基斯	Chalcis
哈里发奥斯曼	Caliph Othman
西比尔拉霍特	Cibyrrhaeot
西比拉港	Cibyra
昔齐库斯	Cyzicus
谢尔森	Cherson
克里米亚	Crimea
凯西玛	Cathisma
哈里发韦尔德	Caliph Welid
哈里发兹德	Caliph Yezid
科普罗尼穆斯	Copronymus

迦勒克岛	Chlake
查理曼大帝	Charles the Great
科穆宁	Comnenus
《宫廷礼仪》	*Court Ceremonies*
坎迪亚	Candia
君士坦丁·莫纳马科斯	Constantine Monomachus
君士坦丁·杜卡斯	Constantine Ducas
巴里伯爵	Count of Bari
科西嘉岛	Corsica
埃德萨伯国	County of Edessa
黎波里伯国	County of Tripoli
卡利亚	Caria
狮心王	Coeur-de-Lion
威尼斯卡佩利	Capelli
D	
多里安人	Dorian
第聂伯河	Dnieper
德尔斐	Delphi
大流士一世	DariusI
得墨忒尔	Demeter
德米特里一世	Demetrius I
戴克里先	Diocletian
多多纳	Dodona
大夏人	Dacians
德涅斯特河谷	Dniester valley
顿河	Don

达拉镇	Dara
达尔马提亚	Dalmatia
达斯塔格德	Dastagerd
达芙妮	Daphne
大马士革	Damascus
德涅斯特河	Dniester
达德利	Dudley
戴奥真尼斯	Diogenes
杜拉佐	Durazzo
戴维·科穆宁	David Comnenus
杜卡斯·拉斯卡利斯	Ducas Lascaris
伊庇鲁斯君主国	Despotate of Epirus
三蛇德尔斐鼎	Delphictripod
阿普利亚公国	Duchy of Apulia
E	
爱德华·吉本	Edward Gibbon
黑海	Euxine
埃及	Egypt
尤金尼厄斯	Eugenius
欧特罗皮乌斯	Eutropius
优多西娅	Eudocia
尤德米乌斯	Eudemius
埃德萨	Edessa
伊特鲁利亚	Etruria
艾普森	Empson
欧佛洛绪涅	Euphrosyne

伽利埃努斯	Gallienus
加莱里乌斯	Galerius
格拉提安	Gratian
盖恩斯	Gainas
高卢	Gaul
贡多瓦尔德	Gundovald
盖利默	Gelimer
盖塞里克	Genseric
甘萨卡	Ganzaca
加巴萨	Gabatha
加布里埃尔	Gabriel
乔治·梅尼亚克斯	George Maniakes
热那亚人	Genoese
热那亚	Genoa
布永的戈弗雷	Godfrey of Bouillon
吕西尼昂的居伊	Guy of Lusignan
加里波利	Gallipoli
阿兰的乔治	George the Alan
盖亚撒丁	Gaiaseddin
大维齐尔	Grand-Viziers
加拉提亚省	Galatia
加拉塔	Galata
东西方教会大分裂	Great Schism
约翰·诺塔拉斯大公	Grand-Duke John Notara
乔瓦尼·朱斯蒂尼亚尼	Giovanni Giustiniani

H	
达达尼尔海峡	Hellespont
希腊	Hellas
希斯提亚埃乌斯	Histiaeus
帕提乌斯	Hypatius
希拉波利斯	Hierapolis
荷诺里	Honorius
希罗底	Herodias
伊帕迪奥斯	Hypatius
希尔德里克	Hilderic
哈德良	Hadrian
汉尼拔	Hannibal
赫拉克勒亚	Heraclea
海罗马克斯	Hieromax
赫里奥波里斯	Heliopolis
赫拉克洛纳斯	Heracleonas
哈伊莫司	Haemus
亨利·丹多罗	Henry Dandolo
亨利六世	Henry VI
亨利七世	Henry VII
哈伦·拉希德	Haroun-al-Raschid
匈牙利人	Hungarian
哈罗德·戈德温森	Harold Godwineson
佛曼多瓦的休	Hugh of Vermandois
安条克公国	the Principality of Antioch
利西普斯的赫拉克利斯	Heracles of Lysippus

萨摩斯的赫拉	Hera of Samos
佛兰德斯的亨利	Henry of Flanders
胡斯	Hussites
哈尼爱兹	Huniad
乌鲁巴德的哈山	Hassan of Ulubad
何西阿	Hosea
I	
爱奥尼亚	Ionia
爱奥尼亚起义	Ionic Revolt
伊利里亚	Illyrian
伊利昂	Ilium
伊苏里亚人	Isaurian
伊利里库姆	Illyricum
《法学总论》	*Institutes*
伊比利亚	Iberia
伊比利亚人	Iberians
伊苏里亚	Isauria
以土利亚	Ituraea
苏伊士地峡	Isthmus of Suez
伊迪格德	Isdigerd
伊斯佩里奇	Isperich
伊苏里亚王朝	Isaurian Dynasty
伊玛德丁	Imadud−din
伊赫希德王朝	Ikshides
伊萨克·科穆尼努斯	Isaac Comnenus
伊萨克·安吉卢斯	Isaac Angelus

J	
乔南德斯	Jomandes
约翰·赫里索斯托姆	John Chrysostom
朱利乌斯·尼波斯	Julius Nepos
查士丁	Justinus
查士丁尼	Justinian
卡帕多西亚的约翰	John of Cappadocia
约翰·吕斯	Johannes Lydus
耶利米	Jeremiah
朱文诺	Juvenal
约翰·罗斯金	John Ruskin
雅各派	Jacobites
约翰·齐米塞斯	John Zimisces
约翰·杜卡斯	John Ducas
约翰·科穆宁	John Komnenos
乔安尼西奥斯	Joannicios
约翰·安杰勒斯	John Angelus
施洗者约翰	John the Baptist
加尼沙里军团	Janissaries
约翰·坎塔库震努斯	John Cantacuzenus
K	
卡迪斯马	Kathisma
科巴德一世	Kavadh I
国王阿尔博因	King Alboin
哈扎尔	Khazar
卡勒德	Khaled

卡德西亚	Kadesia
可萨人	Khazars
国王克鲁姆	King Crumn
克库阿斯	Kerkuas
基辅	Kief
霍斯鲁一世	Kaikhosm Ⅰ
喀拉斯	Karasi
国王阿萨纳吉尔德	King Athangild
库尼蒙德国王	King Cunimund
L	
"执事官"利奥	Leo the Deacon
智者利奥	Leo the Wise
利西马科斯	Lysimachus
李锡尼	Licinius
卢皮奇努斯	Lupicinus
利昂提乌斯	Leontius
拉齐卡	Lazica
卢卡尼亚	Lucanian
莱达里斯	Leudaris
利贝里乌斯	Liberius
伊苏里亚的利奥	Leo the Isaurian
黎凡特	Levant
拉扎勒斯	Lazarus
黎巴嫩山	Lebanon
劳迪西亚	Laodicea
拉迪斯拉斯	Ladislas

拉里萨	Larissa
利考尼亚	Lycaonian
吕底亚	Lydia
拉科尼亚	Laconia
M	
莫里斯	Maurice
迈加拉	Megara
迈加拉人	Megarian
密卡尔	Mycale
马洛尼亚	Maronea
马可·奥勒留	Marcus Aurelius
米利安	Milion
默西亚	Moesia
默西亚人	Moesian
摩尔多瓦	Moldavia
马尔西诺波镇	Marcianopolis
马格纳斯·马克西姆斯	Magnus Maximus
摩拉瓦河	Morava
玛丽娜	Marina
马尔西安	Marcianus
阿特拉斯山	Mount Atlas
马拉加	Malaga
摩利亚山	Moriah
马丁洛波利斯	Martyropolis
密特拉神	Mithras
马蒂尼－亨利	Martini－Henry

奥马尔清真寺	Mosque of Omar
玛蒂娜	Martina
穆阿维叶	Moawiah
马克西米连·罗伯斯庇尔	Maximilien Robespierre
莫斯利玛	Moslemah
米海尔·兰加贝	Michael Rhangabe
梅森布瑞亚	Mesembria
阿摩利阿姆人米海尔	Michael the Amorian
摩尔人	Moors
摩尼教	Manicheanism
摩苏尔	Mosul
美索不达米亚地区	Mesopotamia
摩普绥提亚	Mopsuestia
马札尔	Magyar
米海尔·帕夫拉戈尼亚	Michael the Paphlagonian
米海尔·斯特罗蒂科斯	Michael Stratioticus
马其顿王朝	Macedonian Dynasty
曼齐科尔特	Manzikert
马赛	Marseilles
曼努埃尔·科穆宁	Manuel Komnenos
密列奥塞法隆	Myriokephalon
蒙费拉侯爵康拉德	Marquis of Montferrat Conrad
马利克－阿德尔	Malek－Adel
穆泽弗卢斯	Murtzuphlus
麦西尼亚	Messenia
马伊纳	Maina

米海尔·巴列奥略	Michael Paleologus
门特瑟	Menteshe
穆斯塔法	Mustapha
N	
内索斯	Naissus
尼西比斯	Nisibis
纳尔西斯	Narses
努凯里亚	Nuceria
尼布甲尼撒	Nebuchadnezzar
纽豪德	Nehauend
尼斯弗鲁斯	Nicephorus
尼斯弗鲁斯·福卡斯	Nicephoms Phocas
叙利亚北部	North Syria
尼斯弗鲁斯·博塔内亚	Nicephoms Botaniates
纳苏斯	Naissus
尼基塔斯·蔡尼亚提斯	Niketas Choniates
尼科米底亚	Nicomedia
尼古拉五世	Nicholas V
O	
奥斯曼苏丹	Ottoman Sultans
东哥特	Ostrogoth
奥多亚塞	Odoacer
东哥特人	Ostrogoth
奥西莫	Osimo
奥罗修斯	Orosius
奥巴塞	Obsequian

倭马亚王朝	Ommeyades
奥赫里德	Ochrida
阿姆河	Oxus
奥特兰托海峡	Otranto
奥托·德·拉·罗奇	Othodela Roche
奥斯曼一世	Othman Ⅰ
奥尔汗·加齐	Orkhan
P	
普罗科匹厄斯	Procopius
马尔马拉海	Propontis
帕夫拉戈尼亚	Paphlagonia
波塞冬	Poseidon
马其顿的腓力二世	Philip Ⅱ of Macedon
罗马帝国大治	Pax Romana
佩森尼尔斯·尼格尔	Pescennius Niger
佩林托斯	Perinthus
普拉提亚	Plataea
皮蒂宫	Pitti
普鲁特河	Pruth
潘诺尼亚	Pannonia
皮尤斯	Pityus
普尔喀丽娅	Pulcheria
波林斯	Paulinus
菲利波波利	Philippopolis
《法学汇编》	*Pandects*
帕维亚	Pavia

巴勒莫	Palermo
普雷内斯丁	Prasnestine
波图斯	Portus
教皇维吉利	Pope Vigilius
普利斯库斯	Priscus
潘菲利亚	Pamphylia
教皇霍诺里乌斯	Pope Honorius
菲利普科斯	Philippicus
弗里吉亚	Phrygia
佩尔加蒙	Pergamus
斯蒂芬教皇	Pope Stephen
丕平	Pipin
教皇利奥三世	Pope Leo Ⅲ
保罗派	Paulicians
福卡斯	Phocas
佛提乌斯	Photius
普雷斯拉瓦	Presthlava
帕茨尼亚克部落	Patzinak
佩切涅格人	Patzinaks
比萨人	Pisan
隐士彼得	Peter the Hermit
教皇乌尔班	Pope Urban
皮西迪亚	Pisidia
本都	Pontus
斯瓦比亚的腓力	Philip of Suabia
教皇英诺森三世	Pope Innocent Ⅲ

帕里斯与金苹果	Paris with the Golden Apple
伯罗奔尼撒半岛	Peloponnesus
布鲁萨城	Prusa
法色斯	Phasis
庞蒂克	Pontic
科特奈的彼得	Peter of Courtenay
佩拉岗尼亚	Pelagonia
彼西底	Pisidian
帕夫拉戈尼亚	Paphlagonian
费拉德尔菲亚	Philadelphia
贝勒卡侬	Pelekanon
佩拉	Pera
Q	
维多利亚女王	Queen Victoria
R	
鲁非诺	Rufinus
鲁姆	Roum
里西默	Ricimer
罗慕路斯·奥古斯都	Romulus Augustulus
拉文纳	Ravenna
利基翁	Rhegium
里米尼	Rimini
拉扎特	Rhazates
纵火者拉尔夫	Ralph Flambard
罗曼努斯·利卡潘努斯	Romanus Lecapenus
罗曼努斯·安格拉斯	Romanus Argyms

罗曼努斯·第欧根尼	Romanus Diogenes
罗伯特·吉斯卡德	Robert Guiscard
科特奈的罗伯特	Robert of Courtenay
罗杰·德·弗洛尔	Roger de Flor
S	
西西里岛	Sicily
塞西亚	Scythia
萨拉米斯	Salamis
斯巴达	Sparta
罗马元老院	Senate
塞普蒂米乌斯·塞维鲁	Septimius Severus
叙利亚	Syria
西尔米乌姆	Sirmium
撒尔底迦	Sardica
沙普尔二世	Shapur II
斯提里科	Stilicho
塞丽娜	Serena
萨韦河	Save
萨巴提乌斯	Sabatius
圣维塔莱教堂	San Vital
沙赫巴兹	Shahrbarz
赛纳克里布	Sennacherib
塞尔吉乌斯	Sergius
苏萨城	Susa
西罗斯	Siroes
辛马库	Symmachus

撒拉逊人	Saracen
索弗罗尼乌斯	Sophronius
锡拉库扎	Syracuse
塞巴斯塔波利斯	Sebastopolis
斯蒂芬纳斯	Stephanus
塞瓦斯托波尔	Sebastopol
亚速海	Sea of Azof
锡诺普	Sinope
苏莱曼	Suleiman
斯达乌拉焦斯	Stauracius
锡拉库扎港	Syracuse
斯蒂芬·莱奇皮诺斯	Stephen Lecapenus
萨摩斯	Samos
赛义夫·乌德·道利	Seyf-ud-dowleh
斯瓦托夫	Swiatoslaf
西里斯提亚	Silistria
苏塞克斯	Sussex
森拉克	Senlac
塞缪尔	Samuel
塞尔柱人	Seliouk Turks
圣斯蒂芬	St Stephen
撒丁岛	Sardinia
士麦那	Smyma
萨迪斯	Sardis
珊伽里乌斯河	Sangarius
西西里晚祷	Sicilian Vespers

撒罗坎	Saroukhan
史蒂芬·杜山·乌罗什	Stephen Dushan
萨夫哲·贝	Savcl Bey
斯特里蒙	Strymon
西吉斯蒙德	Sigismund
圣罗曼努斯门	St Romanus
T	
瑟摩敦河	Thermodon
马尔伯勒公爵	The Duke of Marlborough
特勒贝里乌斯·波里奥	Trebellius Pollio
台伯河	Tiber
底格里斯河	Tigris
泰斯河	Theiss
特兰西瓦尼亚	Transylvania
特比吉德	Tribigild
西奥菲勒斯	Theophilus
狄奥多米尔	Theodemir
特里厄斯	Triarius
狄奥多拉	Theodora
狄奥达哈特	Theodahat
的黎波里	Tripoli
特里卡梅伦	Tricameron
提图斯	Titus
提乌德里克一世	Theuderic I
德亚	Teia
特雷博亚努斯·加卢斯	Trebonianus Gallus

特里波尼安	Tribonian
色雷斯人	Thracian
忒勒马科斯	Telemachus
塔玛伊	Tamaai
塞萨洛尼卡	Thessalonica
托罗斯	Taurus
狄奥多特斯	Theodotus
提比略·阿普西玛斯	Tiberius Apsimams
特贝尔	Terbel
阿德拉姆的狄奥多西	Theodosius of Adrammytium
泰纳	Tyana
塔苏斯	Tarsus
托马斯	Thomas
狄奥斐卢斯	Theophilus
土耳其人	Turk
《论军区》	*Themes*
西奥多·斯蒂塔	Theodore Studita
沙皇	Tzars
兰戈巴第亚军区	Theme of Langobardia
图格鲁勒·贝克	Togml Beg
提尔	Tyre
狄奥多尔·拉斯卡利斯	Theodore Lascaris
特拉比松	Trebizond
特拉雷斯	Tralles
塞莫皮莱	Thermopylae

U	
乌菲兹宫殿	Uffizi
乌尔菲拉主教	Ulfilas
乌尔德斯	Uldes
乌斯库普	Uskup
乌兹人	Uzes
乌斯卡帕	Uscup
乌罗斯	Urosh
V	
维斯帕先	Vespasian
伏尔加河	Volga
瓦伦斯	Valens
瓦伦提尼安	Valentinian
维塔利安	Vitalian
维罗纳	Verona
西哥特人	Visigoth
威尼斯	Venice
瓦兰吉护卫队	Varangian
瓦尔纳	Varna
维尔哈杜因家族	Villehardouin
W	
瓦拉吉亚	Wallachia
维蒂吉斯	Witiges
威廉·爱德华·哈特普罗·莱基	William Edward Hartpole Lecky
威廉二世	William Ⅱ
维丁	Widdin

罗慕路斯和雷姆斯	Wolfwith Romulusand Remus
沃尔特·德·布里耶纳	Walter de Brienne
威廉·查普利特	William of Champlitte
X	
薛西斯	Xerxes
Y	
亚鲁拉	Yalulah
叶兹德	Yezid
Z	
芝诺	Zeno
扎卡赖亚斯	Zacharias
琐罗亚斯德	Zoroaster
萨佩特拉镇	Zapetra
佐伊	Zoe
扎拉	Zara